PAN**O**RAMA
D E L A L A N G U E F R A N Ç A I S E

Study Guide and Workbook

Jacky GIRARDET

Jean-Marie CRIDLIG

Julia MESSENGER

CLE
INTERNATIONAL

EUROPEAN SCHOOLBOOKS PUBLISHING

CRÉDITS PHOTOGRAPHIQUES

8 : EXPLORER/Iconos/Hazat ; 9 : M. Gounod ; 10 : Canal + ; 11 g : Skyrock ; 11 d : Radio France ; 15 : Claude Gascian ; 18 h : GAMMA/ Madame Figaro ; 18 m : GAMMA/Scorcalletti ; 18 b : Cat's collection ; 24 h : Archives Nathan ; 24 m : EXPLORER/Lipnitzki ; 24 b : DIAF/Valdin ; 37 hg : GAMMA/Reglain ; 37 hd : DIAF/Février ; 37 bg : GAMMA/Simon ; 37 bd : GAMMA/Gaillarde ; 38 : Archives Nathan ; 42 : Archives Nathan ; 43 hg : TOP/Fleurent ; 43 hd : TOP/Subiros ; 43 bg : TOP/Barberousse ; 43 bd : EXPLORER/Overseas ; 51 g : Conseil général de la Haute-Garonne/Bacon ; 51 hd : Archives Nathan ; 51 bd : Comité départemental de tourisme de l'Aude ; 54 : Archives Nathan ; 56 : EXPLORER/Royer ; 58 : M. Gounod ; 74 h : EXPLORER/Thouvenin ; 74 b : GAMMA/Etchelecou ; 87 h : TF1/Chognard ; 87 b : France 2/Pimentel ; 88 h : France 3/Bedeau ; 88 b : France 3/Triquet.

38 : Miró © Adagp 1996.

Avec la collaboration de Christine Morel.

Édition : Françoise Lepage, Martine Ollivier
Traductions : Eileen Rezwin, Adriana Santomauro, Patrizia Molteni, Ewa Held, Danièle Najdyor, Calliope Panthier, Carine Valène, Christine Grall
Illustrations : Lulu Larsène
Maquette et mise en page : CND International, France
The Chapman Partnership, England

All enquiries should be addressed to:
European Schoolbooks Publishing Ltd
The Runnings
Cheltenham GL51 9PQ
England

ISBN 0-85048-452-9

Printed and bound in Great Britain by Redwood Books, Trowbridge, Wiltshire

Sommaire/**Contents**

Preface

Welcome to Panorama, your new French course, and to this Study Guide.

On the inside back cover of your textbook, you can see all the countries that use French as their first or second language. Learning a language is like visiting a new country: the newcomers are struck both by the "foreign-ness" of everything, and by the curious similarities to their own, familiar world. French is very like that - glancing the first time at a page, or hearing it rattled off at bewildering speed, the differences may seem overwhelming, but in fact, a lot of it is very much the same. English and French have common ancestors. The basic shape of a sentence is the same :

Le chien mange un gros os

The dog eats a big bone.

Not all sentences are as obvious as this one, but as a general rule it works. Many words are either the same, because they have been adopted into English - **café, beige, courgette, après-ski, limousine** - or because they are common to the two languages, **position, train, lion**. Hundreds more words, not identical, are so similar as to be readily guessed, **montagne, collège, cathédrale, hôpital, autoroute, supermarché**, plus many terms used in the book: **grammaire, unité, leçon**, etc..

Do not be dismayed if at first you find it hard to understand. In your own language, you probably only need to grasp about a third of the actual words in a sentence to understand it. If you are going to Paris, and at the airport you hear:

"Passengers ... Paris ... gate three ... embarkation"

the intervening words are not necessary to know what you have to do. Apply this to French.

Voyagers ... Paris ... porte trois ... embarquement

English speakers are well-known as diffident language learners, but you mustn't be. Always remember that you have already mastered your own language, one that many foreigners find singularly difficult, so you are well-equipped to absorb a new one!

About the course

True to the French obsession with cartoons, the course makes extensive use of drawings: they have a lot of detail in them, showing typical aspects of everyday life. The voices on the cassettes have been chosen to reflect the ages and personalities of the characters.

There are six **unités**, each of three **leçons**. Each lesson has its own set of exercises and, at the end of each unit, there is a **Bilan**, a balance sheet of what has been covered. This is to monitor your progress, and this study guide will not help you with them! If you cannot cope, go back and have another look through the unit. There are notes, maps and tables in the back of the course book to help you.

Each lesson has been designed to be done in three stages: opening section **A** + double page **grammaire**; opening section **B** + double page **vocabulaire**; opening section **C** + double page **civilisation**. All the stages interlock, and you may prefer to approach each page in turn. If you do, it pays to remind yourself of each opening section at the start of its double page continuation. The three cassettes are divided in the same way.

About this study guide

This guide is to help you to progress on your own, outside the classroom. It provides practical help for you to understand and learn. The lessons are followed step by step in English with explanations, hints and supplementary information, and exercises. At the back there is a bilingual list of the grammatical terms used (SOS), and a glossary, **lexique**, plus the answers to the exercises.

Make your own notes and records of structures, words and expressions as you go along. Everyone has an individual style of learning, so be bold and experiment. The best way for you may be the traditional format, as used in the book, but you might like to try spider charts and other graphic displays, Bezan mind-maps, contrastive lists, colour coding, etc.

Learn vocabulary as you go along - it saves a lot of time in the end.

Be very accurate - the French hate sloppiness in language.

Make efficient retrieval the key to your system, classify alphabetically, chronologically, by theme. The French are adept at using small, filed cards, **fiches (nf)**: you could try that method.

The guide follows the book page by page, but you may find it works better to "do" **A** + **grammaire**; **B** + **vocabulaire**; **C** + **civilisation**. In fact, that was the approach envisaged in the course book.

Things that English speakers find especially hard

1. Pronunciation

The link between written and spoken French is not always the same as English, but the rules are applied with greater consistency. This means that reading may help you to understand, but not help you to say it correctly. Careful listening is the key to success. Look at the pictures as you listen to the dialogues, and try to follow what the people are saying. Play the tape phrase by phrase, repeating them. Imitate the speakers, in the same way that you might learn a song. Don't pay too much attention to how the words are divided up when written, but keep in mind the sound of the whole phrase. Notice the differences in the spelling and the pronunciation you might expect.

It is very helpful if you have a tape recorder to record yourself regularly, and experiment.

Here are some hints:

• French is spoken very lightly, using the front of the mouth a lot. Watch French speakers and you will see how mobile their faces are, how their lips move constantly;

• the syllables are very short because the vowel sounds are short. Your accent will be better the faster you speak;

• the final letter is only pronounced if it is **é, a, i, o** or **u**. A final, mute **e** only makes the preceding letter pronounced: **Émile, Elle** but **Chanel, tunnel**;
notably, the -**ent** at the end of verbs is silent:
aime = aiment;
this can mean that whole chunks of a word are redundant:
(ils) travaillent = travail;

• the final consonant is sometimes pronounced if the next word starts with a vowel, (no commas etc. in between): **c'est une bonne idée = c'es t'une bonne idée** This is called the **liaison**;

• **le, la, ne, de** all lose the e before a vowel: **j'aime, l'année, d'Orléans** but **le onze mai**

• **c**: where the spelling would normally make it hard, but it needs to be soft, a cedilla is added: **France > Français**

• **ch** is usually pronounced as in **chalet**.

• **qu** is nearly always pronounced like "k" in English.

• **r** is rolled in the back of the throat, like a cat purrring. Try gargling with water.

• Most of these rules have exceptions, but they will be pointed out.

2. Genders

Everything in French is either masculine *(m)* or feminine *(f)*, and it is important to get it right. Getting it wrong can make you ridiculous, and in extreme cases, completely misunderstood, **un livre** is a book, **une livre** is a pound. Gender is a grammatical, not a biological, term, so that **un enfant**, can be a girl or boy, **un docteur** or **une victime** can be male or female. Whenever the biological gender is pre-eminent, however, the grammatical gender follows : **un père, une mère** are father and mother. Articles have the same gender as their noun, *(m)* **un chat, le salon,** *(f)* **une voiture, la lampe.**

Adjectives with a feminine noun must end in e, and add one when necessary: **un joli chateau, une jolie maison.** Sometimes a more radical change is required: **un beau chateau, une belle maison.** Exceptions are explained as you go.

With nouns, learn the genders. Acquire an "eye" for gender, which the French have instilled from birth. Here are some ideas to help:

• the ending gives the clue to gender, and **e** is usually feminine, as in **un/une, il/elle**;

• first names are a guide: **Yvon *(m)*, Yvonne *(f)*; François *(m)*, Françoise *(f)*; Clément *(m)*, Clémence *(f)*; Hilaire *(m)*; Claude *(m & f)*, Claudine/ette *(f)*.** etc. Apply these to ordinary things: **crayon *(m)*; vocabulaire *(m)*; croyance *(f)*; cigarette *(f)*** etc.;

• always note the gender. One way is to use pink (for a girl) and blue (etc.) highlighters in your lists.

• try to find some logic to the genders, in cases where all else fails; for instance, the only masculine word ending in -**ence** is **le silence**.

3. Verbs

There is good and bad news for English speakers. French irregular verbs are proverbial for their complexity, and the forms of the verbs - the way they change with different persons and tenses - can be hard to master. BUT, compared to English verbs with the number of tenses, variety of forms and intricacies of use, French verbs are child's play and the irregularities as nothing.

There are several different groups, **conjugaisons**, of verbs, but two thirds are in the -**er** group. There are many irregular verbs too, but they all have a certain pattern to them, which will be pointed out.

This is an area where translating word for word is very misleading, so always think in terms of equivalents, which means understanding how each tense is used.

4. Word order

The French speak fast, and they are not afraid of using lots of words, while in English, compression is much prized. Remember the phrase **la plume de ma tante**, my aunt's pen, because this is how it works. If you can remember **la plume de ma tante âgée**, my elderly aunt's pen, that is even better. The order of the words in phrases like these is reversed.

Don't be daunted: sharpen your wits, take heart and enjoy yourself:

Bon Courage et Bon Amusement!

UNIT 1 - Introduction

Meetings, greetings and making new friends

The first step when arriving in a new place is getting to know people, and here in Unit 1, that is just what four young French people are doing. Each nation has its own rituals regarding such matters, and attaches great importance to manners in this sort of way, and it will always be assumed that you know them already. Don't be alarmed: with very little language, but lots of smiles and adherence to the "social niceties," you will go far.

Monsieur, madame and **mademoiselle** are all used as a sign of politeness, without the surname more often than not. They are an important sign of respect and good-will, and are very convenient with strangers whose name you don't know. **Mademoiselle** is used for unmarried women if you know them, otherwise only for girls and women who look too young to be married.

A firm hand-shake is essential when meeting people. **Serrer la main** means to squeeze rather than shake hands, so a firm grasp is the order of the day. This ritual greeting is repeated every day when people meet, not just on introduction. With family, friends, or small children (even met for the first time), they kiss on both cheeks (**se faire la bise**), anything up to four times being normal. A student arriving in class may shake 20 hands and kiss 40 cheeks before starting, and again, when saying goodbye! Omission of these rites is regarded as rude, so be aware of them. While **la bise** is more widely used between the sexes and among women, French men are not shy of kissing each other, especially within a family.

to tu or not to tu : this can be a dilemma for English speakers, as there is no equivalent. There are two ways of saying "you": **vous** is formal, **tu** is more intimate. (When speaking to more than one person, **vous** must always be used.) There is no hard and fast rule whether to use **tu** or **vous**: it varies between generations, regions, individuals, even on the circumstances: at the end of a convivial soirée, everybody calls everybody **tu**, but may revert to the safer **vous** in the cold light of the following day.

As a general rule use **tu** with a person you would call by their first name, or a special name (like **Mamie**, Grandma); always with a child; never to mark your superiority. Between adults, using **tu** is nearly always mutual, so if a French person calls you **tu**, respond in kind, as it is a friendly gesture, (unless it is a **gendarme** who is arresting you on suspicion of some crime!), and passing from **vous** to **tu** is an important step. Amongst the young, **tu** is almost universal. And don't worry: few French people are offended by the well-intentioned foreigner (**étranger/ère**) making a mistake.

Hello! and / or **Goodbye! Bonjour** is the most widely used day-time greeting, and it is suitable for all situations, up to the end of the working day, say 18.00. It can even be used when being introduced for the first time, although it is grander to say **Enchanté!**, but it cannot be used to take leave. After about 6 in the evening, or when it gets dark, people switch instinctively to **Bonsoir!**, which can also be used for "good-bye" as can **Salut!**, an informal greeting, rather like Hi!

Au revoir is goodbye, suitable for all occasions. It's literally "till we see each other once more", whereas **à bientôt** is "see you soon". Last thing at night, you can also say **Bonne nuit**, (good night). **Adieu** means goodbye for ever: very dramatic and final.

Vos papiers, s'il vous plaît! In France, by law, you must have available for inspection by the authorities, a proof of identity with a signature and photograph. The **Carte d'identité** is theoretically carried at all times, and is valid as a passport within the E.U. With no British equivalent, you must be able to produce a **passeport**(m).

It is not for nothing that bureaucracy is a French word: there are constant forms to fill in, and nearly always a photograph is necessary. Forms have the entry: **état civil**, (**Marié, célibataire, divorcé, veuf/veuve**). The word **nom** means name, but here it is surname, **prénoms** are forenames; (by law, the French have to have at least two, even if they only use them on official papers.) Married women keep their maiden name for official purposes, so **Mme. Desprès** would be called **Mme. Bourdeille**, épouse (=wife) **Desprès**.

Out and about: the evenings are much more active in French towns than British. France has the highest cinema attendance in Europe, and the **café** is very popular. This is not a place to get drunk: the French have the dubious distincton of being the world's heaviest drinkers, but are rarely drunk: alcohol consumption is nearly always linked to eating (**apéritif** before, **digestif** after, wine during). Incidentally, in France, **alcool** means "spirits" in ordinary conversation.

Grammar
- present tense of **être** and regular **-er** verbs
- masculine/feminine
- using adjectives

Vocabulary
- professions
- countries and nationalities
- dates

Speaking
- greetings
- introductions
- information about who you are and what you do
- identifying objects

Page 6

 Tout nouveau, tout beau

Brand new and beautiful

Salon de l'auto is the biennial Paris motor-show.

(Do not forget the SOS list if uncertain of any grammatical term used.)

First poster: **aimer** means to like, or to love; (the complete verb is on p.8.)

Notice the pronouns; all nouns are either masculine (m) or feminine (f) and have different pronouns. "Ils" = they (m. or mixed,) **elles** = they (f).

The parts of the verbs change slightly, (as in English, I like, she likes), as shown on p.8.

The famous slogan "I ♥ New York" etc., was **J'♥ Paris**.

Second poster: **elle est belle**: it (lit. she) is beautiful

elle is the feminine singular pronoun (f). The masculine singular pronoun is "il".

est is part of the verb **être**, to be, (see p.8).

the adjectives also change between masculine and feminine, **beau** (m), **belle** (f).

s'appeler is the equivalent formula for "to be called", see p.8.

Magazine: featuring the car of the year, **la voiture de l'année**, the new Renault Diva!

pilote means both racing-car driver (as here) and airline pilot.

Page 7 Dialogues

For hints as to how to use the dialogue, have a look at the Preface, under Pronunciation.

B The people are strangers and use fairly formal language. This is verbal flirtation, **la drague**, where a boy (usually!) tries to pick up a girl. In such encounters, humour is a vital ingredient.

Bonjour is the most widely used day-time greeting.

They call each other **vous**.

He calls her **mademoiselle** politely, not **madame**, as he hopes she's single.

The car is spelt RENAULT, pronounced the same as the name of the French singer, Renaud.

C The young men know each other, and are less formal.

They use **tu** to each other, but **vous** to Margot.

Salut! is like "Hi!".

Ça va as a question and as an answer is a most useful expression, like "all right", or "O.K." Listen carefully to the difference in pronunciation, and copy it.

Try acting out the dialogue with a partner, with the book, and then without, substituting your own name and nationality, likes and dislikes.

Page 8 Grammaire (Grammar)

French verbs change more than English ones (see Preface), but while the spelling changes a lot, the pronunciation is the same for **aime/aimes/aiment**, only changing for **nous** and **vous**.

The table gives you the whole present tense of three verbs, headed by the infinitive, corresponding to English "to like", "to call oneself", "to be".

aimer and **appeler** are examples of regular verbs from the largest group. Notice how the endings change, while the main part, the stem, remains the same. (The middle "l" of **appeler** is a slight problem. It is double when the following syllable is not pronounced.)

être is a much used irregular verb, and must be learnt.

There are similarities in all verbs: highlight any you can see in all three (ex : **tu** > -s) here, and cut down the amount of learning.

1 Give the correct part of the verb, as above.

Comédien/ne means "actor/ress" rather than "comedian".

Nationalities only have a capital letter if they mean "a Spaniard, an Italian" etc. (See **Ex.4**)

2 Find the correct answer to each question. Sentences 2, 3 and 4 are only questions if asked with a rising intonation (your voice goes up at the end of the phrase). You can do the same in English: ("You're learning French?" "You're learning French." "You're learning French!!").

3 🎧 Listen and repeat, and use the dialogue to meet the student next to you.

Students often call each other **tu**, even when strangers. Using the verb table, adapt the dialogue for this, and meet your neighbour again!

Page 9 Grammaire

All nouns are either masculine or feminine and have different articles, shown in the table on this page, and shown in the dialogues and the posters on p.6/7 (**un journal / le journal de l'auto; une fille / la fille d'Orléans**).

Adjectives usually add an **e** for feminine words; adjectives ending in **-ien, -on** also double the **n**; adjectives ending in **-eau** become **-elle**. (If they already end in **e**, as with **rouge** (red), they stay the same.)

Adjectives typically go after the noun, but some short, frequently used words like **beau, long** and **nouveau** normally go before; two groups, colours and nationalities, must go after. Otherwise, there is a certain amount of flexibility.

The definite articles **le** and **la** (both become **l'** in front of a vowel: **l'auto**) are specific, (the), while the indefinite articles, **un** or **une**, are general; ("a" or "an"; they can also mean "one").

In French, articles are essential, (**J'aime le pain**); in English, they are often left out ("I like bread").

4 Complete the sentences, using the table, changing the adjectives where necessary (see **Ex.2, Ex.5 & 6**).

5 Famous places in Paris. This is to illustrate the difference between **une rue**, unspecified, and **la rue de Rivoli**. The **Rue de Rivoli, Louvre Museum, Place de la Concorde, Montmartre**, (a **quartier** built on a hillock **la butte**), are all famous sights in Paris. The Latin Quarter, **le quartier latin**, with its **Boulevards Saint-Michel** and **Saint-Germain, and the Café de Flore**, is the student area.

NB **musée** is masculine.

🎧 **Entraînez-vous** (Practise)
I & 2 Practise here the different intonations, as described under Act. 2. (This is the easiest way of asking questions.)

3. Listen to the descriptions and say if they are of a man or a woman. Give your answer in French, with the correct ending.

Page 10 Vocabulaire (Vocabulary)

The table shows how to talk of people's work. You may well need other words to talk of yourself and friends. Note that some can be used for both sexes, while others have different m/f forms.

See the use of **c'est...** and **il est...**, when you must leave out the article (See **Ex.7**).

1 Oral, in pairs:
1. Using the list of famous people, say who they are. (Louis de Funès is a French comic actor.)

2. Ask your neighbour about some different people (Shakespeare, Gandhi ...).

3. Working individually, introduce five people whom you like. **Admirer** is a regular verb like **aimer**, and you might try using it as well.

Page 11 Vocabulaire

The calendar
The table gives the days of the week and the months of the year. There is a complete table of French numbers on p.180.

Days:

1. all end in **di**, except **dimanche**;

2. have no capital letter*;

3. each is a saint's feast, **la fête** (see panel). The French celebrate the day of the saint after whom they are named almost as much as their own birthday, with cards, gifts, etc.

Months:

4. do not have a capital letter;

5. it is very usual to say **le mois de mai** rather than just **mai** as in English.

When giving a date, the formula is: **le 3 juillet, le onze janvier** (see p.6).

Numbers
Learn these progressively; they get complicated later on.

2 Fiche d'inscription (enrolment form)
Fill in using Margot's details.

Nom : name, but here it is surname, **prénoms** : forenames. **Nom de jeune fille** means maiden name, and often forms have the entry: **état civil**, (**marié, célibataire, veuf/veuve**).

🎧 From the tape, find the names, dates of birth and professions of the three boys, who will appear again further on in the book. There is other information too: can you complete their **Fiches**?

Prononciation

1. **Alphabet** : listen and pick out the letters that are different from English, and concentrate on those, especially "E, I, G, J", which are confusing.

2. **Sigles** : (the initials from a composite name, like NATO, ICI. Popular in France, they are often pronounced as a word) CD : Compact Disc; **le TGV : Train à grande vitesse** (high speed train), **le RER : Réseau express régional** (express underground network in Paris); **la RFI : Radio France Internationale** (French equivalent of the BBC World Service).

3. **Poème** : poems and songs are excellent for pronunciation. Listen and repeat carefully. Cross out any letters that are not pronounced at all: (final letters of **appelle, et, mais**) and many more.

Pages 12 & 13 Civilisation

Bonjour la France

These two pages show in action the system of greetings/goodbyes. These follow complex rules, which are briefly outlined in the unit introduction.

The use of **tu/vous** is also illustrated, and how they underline how formal or informal the greeting is.

connaître is an irregular verb: it means to know, but is used for knowing people or places, never for facts.

1 Les scènes de rencontre

Here are four scenes of people meeting; some are strangers, others friends.

Listen to the dialogues, and work out the situations.

Do the people know one another? Do they call each other **vous** or **tu?**

(The lady on the left in the first picture is **la directrice:** headmistress)

Can you think of alternative dialogues for these scenes?

2 Observez les photos

There are several ways of asking what something is. The most common being :

Qu'est-ce que c'est? (pronounced as one word : "quesquer-say?"). Informally, you can use **C'est quoi?** to friends.

You can ask what something is called. **Comment ça s'appelle?**

To ask who someone is, use **Qui est-ce?** (pronounced "key ess?") or **C'est qui?** ("say key?")

Picture 1 : **la terrasse d'un café** : a typical street café, with people sitting outside.

Picture 2 : **le Centre National d'art et de culture Georges Pompidou** (also called **le Beaubourg**) in Paris : a museum of modern art, with cinema and Boulez' contemporary music centre. Violently controversial when first opened, because of its uncompromising modernism, (by Richard Rodgers, the British architect and Renzo Piano, the Italian architect), it is now one of Paris' most popular venues, attracting a wide range of people. In this photo, you see the Heath-Robinsonesque fountains in the square beside it, (designed by Jean Tinguely and Niki de Saint-Phalle.)

Picture 3 : **le jardin public** : notice the number of trees: shade is valued in parks. These are not so much green and flowery spaces, more children's play areas, since few townspeople have private gardens.

Using the photos:
- make up questions about the places they show;
- compare with your own country;
- create scenes of people meeting in these various places.

* In French, capital letters are used sparingly, only for proper nouns and at the beginning of a sentence.

The following exercises provide further practice. The solutions are at the back of the book.

VOCABULAIRE

1 Les professions

Quelle est leur profession ?

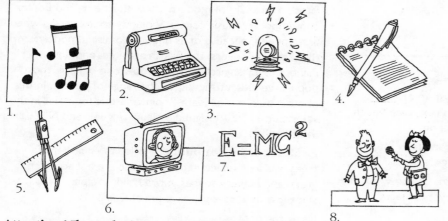

Attention ! Il y a plusieurs possibilités.

1. Il est ....
2. Elle est ....
3. Il est ....
4. Elle est ....
5. Il est ....
6. Elle est ....
7. Il est ....
8. Elle est ....

2 Les nationalités

Quelle est leur nationalité ?

1. Il est britannique.
   Elle est britannique.
2. Il est ....
   Elle est ....
3. ....
   ....

3 Les mois de l'année

À quels mois de l'année correspondent ces images ?

a. en France   b. dans votre pays

Exemple :   1. En France, c'est le mois de mai ou de juin.
         En Suède, c'est ....

         2. ....

There are two words for year: **an** as a point of time, (**l'an 1789**); **l'année** as a duration (**les 12 mois de l'année**).
Also for day (**jour / journée,**); morning (**matin / matinée**); evening (**soir / soirée**)

GRAMMAIRE ET ORTHOGRAPHE

4 Conjugaison des verbes

a. Mettez les verbes des publicités suivantes à la forme qui convient.
Put the verb in brackets into the form needed.

Tu (être) belle en Chanel.

Vous (connaître) *Le Monde* ?

Nous (parler) comme vous.

Ils (habiter) les maisons Logeco.

Elles (aimer) Carare.

Nous (travailler) pour vous.

b. Vous ne connaissez pas encore tous les verbes. Trouvez le pronom en observant la terminaison.

Nous	comprenons le français.
....	es italien.
....	est espagnol.
....	allez en France.
....	partent en Italie.
....	regardons les films français à la télévision.
....	demandes une explication.

5 Masculin ou féminin

Voici des titres de romans ou de films.
Dites si on parle d'un homme ou d'une femme.

Exemple : La Chinoise → F

Le Beau Serge ...   Madame Bovary ...

La Petite Fadette ...   Le Bourgeois gentilhomme ...

Belle de jour ...   La Femme du boulanger ...

6 Le féminin des adjectifs

Observez le tableau.
Mettez les mots entre parenthèses à la forme qui convient.

> • + e
> un joli stylo
> → une jolie fille
>
> • ien → ienne
> Il est italien.
> → Elle est italienne.
>
> • eur → euse
> Il est chanteur.
> → Elle est chanteuse.
> Attention ! En grammaire française, il y a souvent des exceptions aux règles :
> Il est professeur.
> → Elle est professeur.

— Madame Duparc est (vendeur).

— Marie est (étudiant). Elle est (mexicain).

— Maria est (brésilien). Elle est (employé) dans une banque.

— Pierre : « Marie, regarde la photo ! Tu es (joli). c'est une (beau) photo. »

— Isabelle est (musicien).

7 C'est … / Il est …

Complétez avec *c'est*, *il est*, *elle est*.

Fill in the gaps

– Qui est-ce ?

– C'est Maria Dolores Domingo.

– .... une étrangère ?

– Oui, ... espagnole. .... une grande architecte.

– Elle travaille en France ?

– Oui, ... l'architecte de la banque BPE.

– Ah, ... architecte !

– .... une bonne architecte. Et .... jolie, hein ?

8 Les particularités de l'orthographe (Spelling)

a. Les lettres non prononcées

Barrez les lettres non prononcées.

Renaud est étudiant. Il habite à Orléans, 5, boulevard du Musée. Il connaît Vincent.

Barrez les lettres finales non prononcées.

Exemple : Il est français. Il est étudiant.

Nous aimons l'Allemagne. Nous connaissons un écrivain allemand.

Vous habitez Paris mais vous travaillez à Orléans.

b. Les lettres doubles

Cherchez dans la leçon des mots avec des lettres doubles.

Exemple : un pa**ss**eport – Je m'a**pp**elle.

c. Les différentes écritures des sons

Complétez les tableaux avec d'autres mots.

son [O]	o	ô	au	eau
	une auto	un hôpital	une auto	beau

son [E]	è	ê	ai	e + double consonne	autres orthographes
	célèbre	être	j'aime	il s'appelle	septembre connaître

ÉCRITS ET ÉCRITURES

9 Papiers d'identité

a. **Complétez le passeport avec les mots de la liste.**

1.

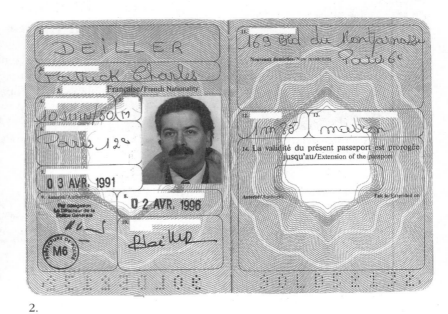

2.

- date de naissance
- date de délivrance
- date d'expiration
- nom
- prénoms
- domicile

- lieu de naissance
- nationalité
- signature
- couleur des yeux
- sexe
- taille

Three different **pièces d'identité**.

In France, by law, you must have available for inspection a proof of identity with a signature and photograph.
The **Carte d'identité** is supposed to be carried at all times, and is valid as a passport within the E.U. The French have to have at least two forenames, often only used on official papers.

b. **Observez ces deux autres pièces d'identité françaises. Comparez avec les papiers d'identité de votre pays.**

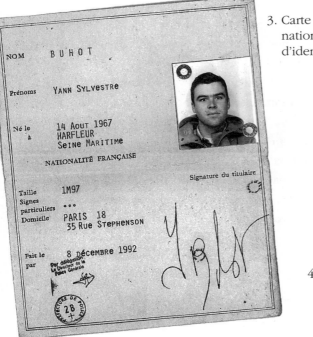

3. Carte nationale d'identité

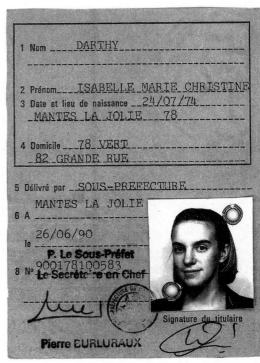

4. Permis de conduire

10 Présentations écrites

a. Identifiez les trois présentations :
l'article de journal, la légende de la photo, la carte de visite.

Study these three kinds of presentation: the newspaper article, the photo caption and the business card.

Nouveau directeur
à Roméo-Automobiles

Il est italien. Il a 40 ans. Il aime les voitures de sport et la musique. C'est le nouveau directeur de Roméo-Automobiles. Il est milanais mais il parle très bien français et, à Paris, il connaît tout le monde.

Enzo Martini. *Nouveau directeur de Roméo-Automobiles.*

Enzo Martini

Roméo-Automobiles
Directeur général

3, avenue Mozart
Paris 75016

b. Rédigez une carte de visite, un bref article et une légende de photo :

– pour vous
– pour une personne imaginaire.

Prepare a business card, a short article and a photo caption
– for yourself
– for an imaginary person

11 Test. Vous connaissez un peu la France ?

Est-ce que vous connaissez ?

	oui	non
• la capitale de la France	☐	☐
• le nom du président de la République française	☐	☐
• le nom d'un joueur de football	☐	☐
• le nom d'un joueur de tennis	☐	☐
• le nom d'un comédien	☐	☐
• le nom d'une comédienne	☐	☐
• le nom d'un chanteur	☐	☐
• le nom d'une chanteuse	☐	☐
• le nom d'un écrivain	☐	☐
• le nom d'un musicien	☐	☐
• le titre d'un film	☐	☐
• le titre d'un roman	☐	☐

	oui	non
• une marque de voiture	☐	☐
• une marque de vêtements	☐	☐
• une marque d'eau gazeuse	☐	☐
• un monument de Paris	☐	☐
• un musée de Paris	☐	☐
• un café de Paris	☐	☐
• un monument en France (sauf à Paris)	☐	☐
• la date 1789	☐	☐
• le nom d'un grand journal	☐	☐
• trois villes de France (sauf Paris)	☐	☐
• le sens du mot « champagne »	☐	☐
• le sens des mots « je t'aime »	☐	☐

De 18 à 24 oui : Bravo !
De 10 à 18 oui : C'est bien.
De 4 à 10 oui : Refaites le test dans 3 mois.
De 0 à 4 oui : Refaites le test dans 6 mois.

Grammar
- definite and indefinite articles
- shortened articles with **de**
- plurals with an **-s**
- questions with **est-ce que**
- negatives

Vocabulary
- drinks
- class-room objects
- descriptive adjectives
- money

Speaking
- requests
- expressions used in buying
- apologising

Page 14

For hints as to how to use the dialogue, have a look at the Preface, under Pronunciation.

Les hommes sont difficiles

Men are so particular

difficile means both difficult and fussy.

Ⓐ Orléans, le 10 novembre

Margot has invited Vincent and Carine to her flat in Orléans (see map p.172). They all use **tu**.

Un café means both coffee, (if you want milk with it, it is called **café au lait**), and a place you go to drink it.

un coca alors - putting **alors** at the end of a question is like saying "a coke, then?"

Campari is an Italian **apéritif**; it is very usual to offer this sort of drink, but sherry is rare.

Notice the negative. He can say **Pas d'alcool** (no alcohol), but with a whole sentence, it needs two words **Je n'aime pas; je ne sais pas**. The latter means "I don't know", (of facts etc.) and is worth learning.

dis donc : to give emphasis, "you *are* fussy".

NB French pronunciation is light: emphasis is given not by heavy stress, but by adding words, (see **un coca alors** above, and **je voudrais bien** below).

All she has left to offer is **eau de robinet**, (tap water).

She suggests listening - écouter (no "to" is needed) - to a record. **Écouter** means "to listen to", **entendre** means "to hear" (and, sometimes, "to understand"). **Ex. 3** practises the difference.

NB She uses **on** : this is an important word. It corresponds to the English "one", and takes the 3rd person singular verb (**on écoute un disque** : "one is listening to a record"). It is used very widely in modern French, virtually replacing the use of **nous**, so that **on aime la musique moderne** really means "we like modern music".
It is also used to mean "people in general" (**En France, on aime beaucoup bien manger**)

Vincent asks what records she's got (**tu as**); (she has two modern French singers).

les années 60 - the sixties, **les années 30** - the thirties etc. (The Doors were a 60s group).

Page 15

Ⓑ Margot and Patrick at the famous **marché aux puces** (flea market) in Paris.

excusez-moi (**excuse-moi** if using **tu**) = **pardon**, a useful phrase, when interrupting someone or apologising. ("I'm sorry")

BD = bande dessinée : strip cartoon, comic book, very popular, almost cult status, in France.

chercher : to seek, look for, (no preposition in French), opposite **trouver**, to find.

je ne comprends pas : I don't understand.

je voudrais : I would like, polite way of asking for something.

je voudrais bien : emphatic, I *would like* to see the clothes.

Ⓒ Orléans, **Salle de spectacle** could be for any venue for "shows": concert hall, theatre, even cinema.

Margot and Renaud are buying seats (**places**) for the singer Renaud's concert.

l'entrée : the entrance

la caisse is the cash-desk (box office, checkout, etc.), **le caissier**, the cashier, ticket seller, etc.

tiens (lit. "hold") means "here you are" in this context.

s'il te plaît = s'il vous plaît to a person you call **tu**.

bon (lit. "good") here means "all right".

partager ; to share, **on partage / partageons** : let's share/go halves.

zut! is a mild expletive ("blast!"). Renaud realises he has no money: **je n'ai pas d'argent**.

Try acting out the dialogue with partners, with the book, and then without, substituting other situations.

Page 16 Grammaire

The top panel shows you:

1. the articles. Notice that the plural m. and f. articles are the same.

De means literally "of" (**la voiture de Margot** : the car of Margot, Margot's car); but **de** + article also means "some" (**du pain** : some bread, or simply, bread.) This use is called the partitive article.

De can also mean "from" : **de Paris** : from Paris.

2. "noun sets", showing how the article, noun, and adjective all have to agree, with -s in the plural, and -e on the adjectives in the feminine.

Under **Attention!** they show you:

1. how **des** is shortened to **de** when the adjective is, (which is unusual), before a plural noun.

2. The rule with **beau**, **nouveau** followed by a vowel. (see also **vieux > vieil**)

1 and **2** : Insert the correct article, as shown above. Remember, you need a definite article when it is specific: **une voiture, la voiture de Margot**.
"**La reine Margot**" is a film set in 16th century France.

Page 17 Grammaire

3 Complete these nostalgic recollections of Paris with **de** etc. **ami** : friend, **sourire** : smile.

The verb table on p.16 gives you the whole present tense of **avoir**, (to have). It is irregular, and very important. Highlight features that are common to the other verbs you know.

The panel on p.17 shows you how to answer questions in the negative. The negative has two parts, sandwiching the verb and the first part is always **ne**, > **n'** , in front of a vowel. (In conversation, French people often don't pronounce the **ne**, but technically this is not allowed!)

4 Answer all the tramp's questions. Make sure you get the last one right! **pièce** : coin. (See **Ex.6**)

 Entraînez-vous

1. & 2 Answer the questions, saying **non**, and using a verb in the negative.

3. This introduces another way of asking questions: by putting **est-ce que** (pronounced "esk") in front of a sentence, just like "do" in English. **Tu aimes le café. Est-ce que tu aimes le café?** : "You like coffee." "Do you like coffee?" In English, the "do" changes with person and tense ("Does he like coffee?") but in French the **est-ce que** is invariable, although the verb changes as usual: (**Est-ce qu'il aime le café?**)

Page 18 Vocabulaire

Requests and wishes

The table shows how to use descriptive adjectives, making them agree. Note the irregular feminines, and that **beau** takes an **x** in the plural, (this is also true of most nouns ending in -**eau**, **chateau > chateaux**). Short adjectives often go before the noun, long adjectives go after, but this is not an absolute rule, see note for p.9.

1 A straightforward drill to practise adjectival agreements. They do not all have to change in order to agree.

2 Here you must make the whole noun set agree, putting them into the plural.

3 Think of as many adjectives as you can to describe what you like in each of these items. All are plural, some are m, some f. You could use a dictionary here.

Demander / répondre : the panel shows how to make and reply to requests. **Je voudrais** is polite ("I would like"), more informal is **je veux** ("I want".)

Use the expressions given to make mini-conversations, drawing on the other material you have already seen. Work with a partner to prepare, and then:

4 Act the scenes out. Then:

a) continue the dialogue on p.14 between Margot and Vincent,

b) 🎧 listen to Margot, Vincent, Renaud and Patrick. They are having a drink in a café. Can you guess what the list given means? **Orangina** is a popular orange drink. Both list and dialogue feature **Menthe**, (mint). This is a common flavouring, for tea and as a sort of squash (**sirop de menthe**). Never with lamb!

Page 19 Vocabulaire

c) to ask for these items, use the polite **je voudrais**, in the places listed. The list **Cours de français** gives all the basic equipment necessary for a French class. (**Librairie** (f) : bookshop, **bibliothèque** (f) : library.)

The panel **Demander une information**, has the present tense of **savoir** and **comprendre**, (there are several important verbs in this group).
There are examples of the different uses of **savoir** v. **connaître**. **Connaître** is shown on p.12. **Savoir** is used for "to know" of facts and things that can be learnt and would sometimes be translated by "can" in English: **je sais nager** : I can swim.

5 Which of the three verbs is needed here? You might do **Ex. 2** first, as it is simpler.

6 **Les vœux** : wishes

Make a wish in French as you do in English, **je voudrais + infinitif**. Work in pairs and be imaginative!

Prononciation

To check the accuracy of your accent, you could always get a friend to listen to you.

1. **Les sons** Listen closely to the difference, especially between **su / sous**. For most English speakers, there is no **u**, but the Scots say it in "true". Your mouth needs to be fairly flat, with a small opening. The **ou** is very round, like "fool". Try pouting.

2. **Les Questions** Listen carefully and copy the sounds and the intonation.

3. **Poème** as in **leçon 1**, cross out any letters that are not pronounced. Highlight the exception to the rule.

Page 20 Civilisation

Acheter (Buying)

French money: the **franc** is the main unit, and is divided into **100 centimes**. Since **1 centime** is worth nothing, for everyday purposes things are rated in 5 or 10, (12,50 or 352,25, never 352,27). There is sometimes a comma, sometimes an "F" (12F50 on the marked prices).

There are notes, **billets** (m) and coins, **pièces** (f), and their values are listed in the panel.

combien means:

a) "how much?": (**Combien coûte un ticket de métro?** = How much does a metro ticket cost? **Combien ça fait?** : how much is that? **Combien de sucre?** : how much sugar?)

b) "how many?" **Combien d'élèves il y a dans la classe?** : How many pupils are there in the class?)

It is used both to ask prices, (**les prix**), and numbers or quantities.

il y a is a useful expression. It means "there is", (**il y a du pain** : there is some bread) and "there are" (**il y a des croissants** : there are some croissants)

Page 21 Civilisation

Observez les photos

1 These show how to buy (**acheter**) and how to pay (**payer**)

Photo 1 : **une librairie-papeterie** : bookshop-stationer's.

Photo 2 : **une terrasse de café**.

Photo 3 : **un magasin de vêtements** : clothes shop

Photo 4 : **une station de métro**. Only the metro has 'stations' - other stations are 'gares' - and RATP, the Paris transport system, (underground trains and buses), issues **tickets**, elsewhere called **billets**. Tickets cost less if bought in books of 10 (**un carnet de 10**), usable all over the system.

Photo 5 : **un débit sandwich**. Sandwich bars are relatively new. **Crêpes** (pancakes) are a native alternative. There are two sorts: with sweet fillings or savoury, in which case they are called **galettes**, and made with brown flour.

Photo 6: **un bureau de change**.

Apply the phrases as appropriate to the six photos.

b) **une carte bancaire** : "smart" credit cards or bank debit cards are very widely used.

d) **L'addition** : bill, but only in a café or restaurant.

e) **votre numéro de code** to guarantee a cheque or debit card. In photo 2 the customer is entering his PIN on a special machine which the waiter is holding.

la monnaie : means small change, in this context: "Have you the right money?"

c'est cher : it's dear! (i.e. expensive) / **gratuit** : free.

2 Situations d'achat

Using the photos and the phrases supplied, make up the dialogue that could go with each picture.

Be adventurous, and adapt them for buying other things, as suggested, (**cravate** (f) is a tie), and anything else you might fancy. Try to devise reasonable prices, using an up-to-date exchange rate with your own currency.

VOCABULAIRE

1 Les objets de la classe

Trouvez les objets de la liste sur la photo.

- un stylo
- un crayon
- une gomme
- une feuille de papier

- un cahier
- un livre
- un dictionnaire
- un magnétoscope

- un lecteur de cassette
- une cassette vidéo
- une cassette audio

Quels objets sont utiles pour :

– l'architecte ?

– l'interprète ?

– l'écrivain ?

– le cinéaste ?

2 Savoir et connaître

Savoir...	Connaître...
parler français, écrire	la France
comment il s'appelle	Monsieur Blanc
le nom du directeur	le directeur

Ex. 2 Savoir / connaître : They both mean "to know" in different contexts. If you can learn something, use **savoir**. **Connaître** is for people and places.

Complétez avec *savoir* ou *connaître*.

Un policier interroge un garçon de café.

– Vous .... John Devon ?

– Vous .... où il habite ?

– Est-ce qu'il .... parler français ?

– Vous .... les amis de John ?

– Vous .... comment ils s'appellent ?

3 Écouter et entendre

Complétez avec *écouter* ou *entendre*.

– Vous entendez ?

– Non, je n(e) .... pas. Qu'est-ce qu'il y a ?

– La musique ! ....

– Ah, oui, j' .... maintenant. Ça, c'est *Le Boléro* de Ravel.

– Vous aimez ça, vous ?

– Oui, j' .... *Le Boléro* de Ravel, tous les matins dans ma voiture.

GRAMMAIRE ET ORTHOGRAPHE

4   Les articles

Complétez avec *un*, *une*, *des*, *le*, *la*, *l'*, *les*.

a. – Vous connaissez Margot ?

– Oui, c'est … amie de Carine. C'est … fille intéressante et sympathique.

– Elle a … amis à Orléans ?

– Oui, elle connaît Renaud, … garçon du Café des Sports. Elle connaît aussi … vendeur du magasin Gerbier et … Parisien : Patrick.

b. – Vous connaissez … chanteurs français ?

– Oui, je connais Patricia Kaas. C'est … bonne chanteuse. Elle est célèbre à … étranger.

– Vous connaissez … nom d'un disque de Patricia Kaas ?

– C'est … titre d'… chanson. Ça s'appelle *Je te dis vous.*

5   *De, du, de la, de l', des*

Complétez.

les amis … Margot

la voiture … année

le prix … livres

la rue … cinéma « La Pagode »

l'affiche … film

le directeur … banque

6   La négation

a.   Pierre et Marie sont différents. Continuez comme dans l'exemple.

– Pierre aime la musique.

– Pierre aime les bandes dessinées.

– Pierre écoute des disques.

– ....

– ....

– ....

– Marie n'aime pas la musique.

– ....

– ....

– Marie regarde la télévision.

– Marie comprend l'anglais.

– Marie a des amis étrangers.

b.   Mettez les verbes entre parenthèses à la forme négative. Modifiez l'article du mot suivant si c'est nécessaire.

– Vous regardez la télévision ?

– Non, Pierre et moi, nous (aimer) la télévision. (Il y a) de bons programmes. Et nous (avoir) un téléviseur.

– Alors, vous (regarder) les hommes politiques ?

– Ils (être) intéressants. Ils parlent. Ils parlent. C'est tout. Je (comprendre) la politique.

– Et vous (connaître) les « Guignols de l'info » ?

– Non, je (savoir) qui c'est.

– Ce sont des humoristes. Avec eux, on comprend la politique.

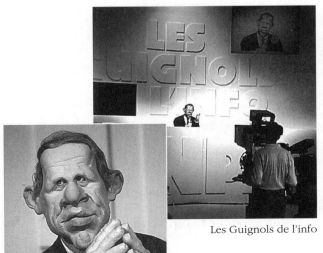

Les Guignols de l'info

7 Féminin et pluriel dans le groupe du nom

Mettez les mots entre parenthèses à la forme qui convient.

Opinions

– Moi, j'écoute Sky Rock. Il y a des présentateurs (jeune et sympathique). La musique est (bon). Ils ont les (nouveau) disques des chanteurs d'aujourd'hui.

– Moi, j'écoute France Musique. Ils ont des programmes (intéressant), avec de la musique (ancien). Mais la (nouveau) musique contemporaine est difficile.

8 Les nouveaux verbes

Mettez les verbes entre parenthèses à la forme qui convient.

Pierre et Marie (chercher) un livre ancien.

PIERRE : Vous (avoir) des romans de Dickens ?

LE LIBRAIRE : En français ou en anglais ?

PIERRE : En français. Je ne (comprendre) pas l'anglais.

LE LIBRAIRE : J'(avoir) *Les Grandes Espérances* dans une édition de 1911. (Regarder) ! C'est écrit : 1911. Vous (voir) ?

PIERRE : Je (voir). Il (coûter) combien ?

LE LIBRAIRE : 600 F. … Vous (payer) comment ?

PIERRE : Je (payer) par chèque.

"Les Grandes Espérances" is Dickens' "Great Expectations."

9 L'orthographe des sons [s] et [z]

a. Recherchez des mots correspondant à ces différentes orthographes.

son [s]	s	ss (entre voyelles)	c	ç (devant a – o – u)	autres orthographes
	salut	un passeport	la place	la leçon	un dictionnaire

sons [z]	s (entre voyelles)	z
	un musée	zut !

b. Notez le son que vous entendez dans ces liaisons : [s] ou [z].

Exemple : Les‿amis de Marie sont‿tous‿anglais[1].
　　　　　[z]　　　　　　　　　　[s]

Au théâtre, il y a une pièce intéressante sur les‿années 60.

Nous‿avons‿un bel appartement.

ÉCRITS ET ÉCRITURES

10 La lecture en langue étrangère

Lisez cette bande dessinée. Cherchez le sens des mots nouveaux sans utiliser le dictionnaire.

Reading. Read this without using a dictionary. Guess and deduce what the words mean, using the drawings. It can help if you look at all the drawings, as the end of the story provides information for the beginning. Pool resources. Marie-Antoinette was the French queen at the time of the revolution. You might find it helpful to do (b) (linking phrases meaning the same thing) first. Only check meanings AT THE VERY END.

a. Complétez le récit.

Images 1, 2, 3. Un homme est avec ....

Il achète .... pour ....

Image 4. L'homme veut ....

Mais ....

b. Reliez les mots nouveaux avec ceux que vous connaissez.

– Il n'est pas mal.
– J'ai envie
– Offrir à Colette
– Il a appartenu à Marie-Antoinette.
– Il est magnifique.
– C'est entendu.

– C'est un bijou de Marie-Antoinette.
– Oui, c'est d'accord, je veux bien.
– Il est joli.
– Il est très beau.
– Je voudrais
– C'est pour Colette.

c. Entourez les mots de la bande dessinée utilisés pour parler du collier.

« Regarde ce collier. Il n'est pas mal. J'ai envie de l'acheter…

21

11 Écrire les nombres

a. Écrivez en chiffres et observez l'orthographe de *cent*, de *vingt* et de *mille*.

Deux cents …

Trois cent quatre-vingts …

Quatre mille …

Mille sept cent quatre-vingt-neuf …

Deux cent cinquante …

Trois cent quatre-vingt-trois …

Quatre mille trois …

> When writing a number over 200, the word "cent" needs an "s" if it is the last word of the number, e.g.
> 200 : **deux cents**,
> 230 : **deux cent trente**.
> **Mille** never has an **s**.

b. Observez comment on écrit les sommes d'argent sur un chèque.

200 F	Deux cents francs
218 F	Deux cent dix-huit francs
1850,20 F	Mille huit cent cinquante francs (et) vingt centimes
	Mille huit cent cinquante francs (et) 20 c (20 cts)
300,05 F	Trois cents francs (et) cinq centimes
	Trois cents francs (et) 5 c (5 cts)

c. Entraînez-vous à remplir le chèque.

1 500 F	pour Madame Jeanne Rémy
850 F	pour l'Agent comptable de l'Université Paul-Valéry
150 F	pour le Docteur Dupuis

> To be valid, signatures in France must be accompanied by the date and place of signing, both handwritten.

Banque Nationale de Paris

B.P.F. *854,20 —*

Payez contre ce chèque non endossable sauf au profit d'un établissement bancaire ou assimilé :

Huit cent cinquante quatre francs et vingt centimes

A *Françoise Lepage*

PAYABLE

PORT ROYAL
49 AVENUE DE
L'OBSERVATOIRE
75014 PARIS

tél. (1) 43 22 21 42
compensable à
PARIS

chèque n° 4 843 914

agence n°   compte n°
00161 01921765
M PATRICK DEILLER
159 BLD DE MONTPARNASSE
75006 PARIS

A *Paris*
le *15 Janvier 1996*

P. Deiller —

Grammar
- present tense of **aller, venir, faire**
- questions with **qui, que, quand, où**
- emphatic pronouns, **moi, toi, etc.**

Vocabulary
- verbs of motion, **aller - venir**
- leisure time activities
- shows, and going out

Speaking
- expressions of taste and preference in leisure time activities

UNITÉ 1

Leçon
3

Page 22

All the places mentioned can be found on the map on p.172.

Vive la Liberté! Long live Freedom!
N.B. **Liberté! Égalité! Fraternité!** "Freedom! Equality! Brotherhood!" the battle-cry of the French revolution.

Ⓐ End of January

The three letters: Lucky Margot has been invited by Patrick, Vincent and Renaud to spend the February break* with them.

The first and third letters start **Chère (f) Margot** : Dear Margot. Compare **Cher (m) Patrick** in Ⓒ.

- **Paris, le 25 janvier**, this is the normal way to head a letter, with the place you are writing from, and the date. The full address goes on the back of the envelope.

je vais < **aller**, to go (see p.24)

le salon de la B.D. à Angoulême: Patrick invites Margot to join him and some friends in Angoulême (about 80 miles north of Bordeaux), which has a museum of strip cartoons, whose **salon** (annual show) allows enthusiasts to meet the writers and see the latest publications.

Est-ce que tu voudrais venir avec nous? : would you like to come with us?

voudrais < **vouloir** : to want (see p.29)

- Renaud suggests walking (**faire de la marche**)

faire : to do/make (see p.24). One of the most important verbs, (irregular, of course!); widely used, as here, for activities, unlike English: **Je fais de la marche / du tennis etc.** : (lit.) I do walking, tennis etc. (see **Ex.3, faire / jouer**)

une fille : they are looking for a girl, i.e. any girl, not necessarily Margot.

sympa, short for **sympathique**, is important and untranslatable. It means "nice, amenable, friendly, kind", and can also be used of places, events and atmospheres.

sportive (m - sportif) : sporty (of people)

cuisinière (m - cuisinier) : cook. They are looking for a good cook!

Tu viens? : (Are you) coming? Compare this to Patrick's polite ending. This invitation is offhand, even rude: he doesn't even put **Chère** in front of **Margot**.

- Vincent proposes a 10 day **stage** (course), **de nature** (**nature** is often used in French for "wild-life" rather than "nature") and **santé** (health), in Burgundy, (**Bourgogne**.) Note the French word order.

du 10 au 20 février : from the tenth to the twentieth of February; (see other letters)

Voudrais-tu venir avec moi? he's going alone. Turning round the verb and its subject is another way of asking questions. It is the most formal.

The letters are very different, because the writers are. Which letter, and which picture go together, and how do they reflect their owners?

Page 23

Ⓑ Dialogue

Margot and Carine discuss the letters at a **salle de sport** : sports hall.

certainement pas : certainly not.

j'aime beaucoup : I like a lot. There is only the word **aimer** for to like, love, be fond of etc., so extra words are needed to convey the difference.

beaucoup : a lot, many

mais : but

gentil : nice, kind (**c'est très gentil!** : That's very kind!)

il est gentil, lui : the **lui** is to give emphasis, to distinguish nice Patrick from not very nice (**pas très sympathique**) Renaud (see p.25).

tu vois (here) = **tu comprends**, you see < **voir** : to see (see p.26)

moi, j'aime : as with **lui** above, and at the start of the next sentence.

Va en Bourgogne : go to Burgundy

un régime : a diet. Vegetarianism is not widely understood in France.

---

* French schools have 2 weeks **vacances d'hiver** in February. Many people go ski-ing.

je ne peux pas : I can't < **pouvoir** (see p.29)

J'ai horreur de ça! : I (absolutely) loathe that!

C Lettre

je suis vraiment désolée : I am really very sorry (lit. desolated, a strong but widely used term.)

je dois : I must, I have to, < **devoir** (see p.29)

après : after, afterwards

les congés : leave, holiday

je veux : I want < **vouloir** (see p.29).
La Plagne is a ski-resort in the Alps.

Merci beaucoup pour l'invitation : Many thanks / Thank (you) very much for the invitation. Useful and adaptable phrase. (**Merci beaucoup pour le parfum / bouquet de roses rouges / la visite**, etc.)

Bon salon de B.D. : the French like to wish people a good time, (like **bon voyage!**)

Bises : literally "little kisses", equivalent to "love from". With only one word for love (**amour**), it is used sparingly. She could also have put : **Affectueusement**, or **Je t'embrasse**.

What is the tone of Margot's reply to Patrick?

Page 24 Grammaire

Verbs of action

The top panel shows you the verbs **aller** / **venir** (to go / to come); the one below is **faire** (to make, to do)

aller / **venir** need prepositions, **je vais à Paris**, just as they do in English, "I'm going to Paris". Unfortunately, it is not possible to give a single translation: prepositions are peculiar in all languages, and have to be learnt. **A Paris** means "in Paris", "to Paris", and "at Paris", according to context, and **au cinéma** is "at" or "to". The contracted forms of the preposition **à** > **au, aux**, are similar to the rules for **de**, see p.16.

N.B. with countries, English always uses "in", but French uses **en** (no article) for feminine countries, (**en France, en Angleterre**) but **à** (with article) for masculine countries, (**au Japon, au Pays de Galles**) All countries starting **Pays** or **États** are masculine, but there is no discernable logic otherwise.

chez has no English equivalent. Here it means "at / to your place", "at / to the doctor's"; (like German "bei", Italian "da")

1 Complete the dialogue, making plans for Sunday, using the correct part of whichever of the three verbs given above is needed to make good sense. The **Bois de Boulogne** is a large wooded park on the edge of Paris.

2 Insert the correct preposition, as shown above. **gratuit** : free. (See **Ex. 6**)

3 Using **1** as a guide, with the bubbles below, make up role-plays giving invitations for the weekend, an evening out (**sortie le soir**), holidays.

Page 25 Grammaire

Interroger

The first panel shows you how to ask open questions. So far, the two question forms that you know (**Tu vas à Paris? Est-ce que tu vas à Paris?**) can be answered **oui** or **non**.

The four words given correspond to what? : **que?**; who? : **qui?**; where? **où?**; when? : **quand?**

The verb / subject is inverted in the examples given, but you can avoid this by putting in "est-ce que" as you learnt in **leçon 2** : (**Quand allez-vous à Paris? = Quand est-ce que vous allez à Paris?**)

Qui can follow a preposition: **Avec qui tu vas au cinéma?** ("Who are you going to the cinema with?")

4 Fill in the gaps with the appropriate question words.

Les pronoms This second panel gives you the list of the emphatic pronouns (**les pronoms toniques**). They are very common. Here you learn 3 uses:

1. **Moi, j'aime le sport ...** To give emphasis which, in English, heavy intonation gives. In French, you need an extra word, as pronuciation is so much lighter.

2. **Et toi?** When a pronoun is on its own, with no verb.

3. **Tu vas avec elle ou avec eux?** A pronoun after a preposition.

5 Fill in the gaps with the appropriate emphatic pronouns.

Entraînez-vous

1. Answer the questions, saying **non**, and using a verb in the negative.

2. Answer the questions about Margot (you may have to remind yourself of her life story!)

3. This is a useful technique if you do not hear the end of a sentence. In each case, ask the question that elicits the information you missed. The 1st. example: I'm looking for Margot. > Who are you looking for?

Page 26 Vocabulaire

Leisure time activities

The first insert gives lists of leisure time activities, and the verbs **voir** (to see) and **lire** (to read).

1 Looking at the three boys' flats (p.22), what do you think they do in their spare time? Use the examples given as models for your answers, in three columns.

The second panel shows you how to say how much you do, or don't, like things, on a scale indicated by the pluses and minuses.

préférer is a regular verb, but the accent on the second é becomes è, as in **lever** (p.184), when it is followed by an unpronounced syllable - the rule echoes the doubling of the l in **appeler**

2 Revise and complete your three lists from **1**

3 With a partner, ask about leisure activities. See also p.27, including "bungee jumping".

Page 27 Vocabulaire

New tastes

4 The three photographs show activities that have only recently become popular.

How much do you like each one? You might find **parce que** (because) useful.

In groups, if you can, compile lists of your five favourite sports, shows, singers. The dictionary may help.

Prononciation

These exercises are to check your hearing of different sounds, to help your comprehension and spelling.

1 Distinguishing between **ch** < **chalet**, **g / j** < **Georges**, **bonjour**, **s / z phrase**, **zéro**, **s Simone**, **français**, **intéressé**. The sounds are often in the middle of the word or phrase. See **Ex.10**

2 Listen carefully and note which of the four verbs is used.

3 A bookseller (N.B: not librarian) is stock taking. Note the number of copies of each of the books.

When you have finished, listen again and repeat, copying the accent as closely as you can.

Pages 28 - 30 Civilisation

Invitations and going out

This section is about invitations to shows, **spectacles**, or other outings, **sorties**, and how to respond.

Les spectacles in the **Officiel des spectacles** (like Time Out, in London)

Bleu - femme : woman

la vie : life (as in **C'est la vie!** : "That's life!")

quotidien(ne) : daily, everyday

Poussin : a French artist; **dessins** : drawings, **tableaux** : pictures

histoire means both history, (**"l'histoire de France"**) and story (**une histoire d'amour** : a love story)

Roland-Garros is the venue for France's tennis championship.

1 Divide the shows on offer according to the categories given: **exposition*** (f) : exhibition, **variétés** (f) : variety show.

2 In groups, compile a programme of outings in your town or area, giving the title, place, subject (in a short sentence), type of show, and date.

Inviter - accepter - refuser: the panel shows the verbs **vouloir** (to want, wish); **pouvoir** (to be able to, can), and **devoir** (to have to, must.) The ending **eux** rather than **eus** is normal in French, (with exceptions!) as with **beau** > **beaux**. These verbs can all be used with an infinitive, as in the speech bubbles:

"On Sunday, I'm going to the **Comédie Française**. Do you want to come?"

"Yes, I want to very much."

"Sorry, I can't. I have to work." (See also **Ex. 11**)

3 Make up short dialogues like the examples given.

journée (f) : day, as in a duration of time, like a dayful; (see lesson 1, Ex. 3, note on **année**)

4 Using Patrick's letter (p.22), write invitations:

a. to friends inviting them to go on holiday with you;

b. you live in Paris, invite a friend to a show.

5 Answer these invitations, (think why the spelling of **Cher** changes ...)

Page 30 Civilisation

Cinematic encounters

The two films used here were very popular when they came out in France.

"L'ami de mon ami" is set in **Cergy-Pontoise**, in **la banlieue** (the outskirts) of Paris, where Léa works at the **mairie**, (town hall). She meets Blanche, who lives on an estate, **Saint-Christophe**, in the **Belvédère**, a **grand machin** (this means a big thingummajig, **machin** being a very useful replacement when you forget a word), a huge block of flats. It is close to **Lozères**, the part of town where Léa lives, with a designer, Fabien. The result of the meeting is the complex scenario described below the dialogue.

1 Imagine the three meetings.

2 Imagine the film's ending.

Les Visiteurs is a hilarious farce built round the visit of two men from the **Moyen Age** (Middle Ages), who find themselves in twentieth century France. Here are the Knight and his Squire attacking a car.

3 Imagine the questions they might ask the people they meet.

---

* State museums in France are always free on Sunday, and charge on other days. They are often closed on Mondays

UNITÉ 1 — *Leçon* **3**

VOCABULAIRE

1 Les loisirs

a. **Lisez ces petites annonces.** (Small ads.)
Faites la liste des différentes activités et classez-les.

– activités sportives : ....   – activités éducatives : ....

– voyages : ....   – activités de détente : ....

Apprenez le chinois

dans une grande université
de Chine

Une année : 35 000 F
Un semestre : 22 000 F

CEPES (1) 45 51 23 23

RANDONNÉES À PIED

**40 voyages à pied,
en France
mais aussi en Europe.**

Chemins du Sud

**48110 Gabriac
66 44 73 54**

SÉJOURS ÉQUITATION SKI
DANS LE JURA

La Jument verte

Courlons
39570 Lons-le-Saulnier

Tél. : 84 24 52 68

Ski et yoga

6 jours
à partir de 1 420 F

VOSGES EN MARCHE

Tél. 29 24 89 40

---

b. **Vous créez un centre de loisirs.**
Rédigez une petite annonce pour faire connaître ce centre.

2 La musique

Trouvez le nom des instruments de musique.

1.   2.   3.   4.   5.   6.   7.

- une batterie
- une flûte
- une guitare
- un orgue électrique
- un piano
- une trompette
- un violon

3 Les verbes *faire* et *jouer*

Observez les constructions du tableau.
Construisez des expressions comme dans l'exemple.

faire du / de la + activité → faire du sport
jouer du / de la / des + instrument de musique → jouer du piano
jouer au / à la / aux + jeu → jouer au football

– la guitare → faire de la guitare,
                   jouer de la guitare

– le football   – les cartes

– le ping-pong   – la danse

– la trompette   – le ski

GRAMMAIRE

4 | Les nouveaux verbes

Mettez les verbes entre parenthèses à la forme qui convient.

Pas de vacances

– Qu'est-ce que vous (faire) en été. Vous (aller) à la mer ?

– Non, nous ne (pouvoir) pas aller à la mer. Nous (devoir) être à Paris en août.
Les parents de Pierre (venir) chez nous.
Ils (vouloir) visiter la capitale.

– Eh bien, moi aussi. Je (devoir) faire un travail urgent à la Bibliothèque nationale.
Je (être) à Paris tout l'été. Mais vous (savoir), Paris est agréable en été.

5 | L'interrogation

**Un présentateur de la télévision prépare l'interview de la chanteuse
et comédienne Vanessa Paradis.
À partir des mots suivants, rédigez les questions de l'interview.**

Exemple : Vanessa, qu'est-ce que vous aimez faire ?

- aimer faire
- détester faire
- concerts
- projets (chansons, cinéma)
- acteurs/actrices préféré(e)s
- film préféré
- vacances

6 | Les articles contractés

Complétez avec *au*, *à la*, *à l'*, *aux*, *du*, *de la*, *de l'*, *des*

préposition à + article défini
à + le → au   à + l' → à l'
à + la → à la   à + les → aux

préposition de + article défini
de + le → du   de + l' → de l'
de + la → de la   de + les → des

– La musique *du* chanteur Renaud.

– Les programmes ...... télévision.

– Les livres ...... écrivain Jules Verne.

– Les amis ...... enfants.

– L'article ...... journaliste.

– La rue ...... l'hôpital.

– Il travaille ...... hôpital.

– Il va ...... musée du Louvre.

– Elle travaille ...... marché.

– Il veut aller ...... toilettes.

7 | La négation

**Utilisez les expressions de la liste pour faire
le portrait de ces deux personnages.**

Exemple : la paresseuse
Elle ne joue pas au volley-ball.
Elle ....

Je suis un peu paresseuse.

- aller au théâtre
- jouer au volley-ball
- faire du sport
- faire de la musique
- aimer la lecture
- aimer la marche
- aimer beaucoup travailler
- détester être en vacances
- lire les journaux
- être intéressé par la philosophie

Je n'ai pas des goûts d'intellectuel.

8 Les prépositions de lieu Prepositions of place.

Complétez avec à, au/en, chez, au/à la/aux

Une femme organisée

« Le lundi soir, je vais .... cinéma. Le mardi, je vais .... piscine.

Le mercredi, ... un cours de danse. Le jeudi, ... bowling. Le vendredi,

je vais .... Michel et nous allons .... théâtre. Le week-end, je vais ....

campagne, ... Normandie, ... Lyons-la-Forêt, ... des amis. »

9 Orthographe des sons [ʒ] et [g]

Placez les mots suivants dans le tableau.

- Angoulême
- aujourd'hui
- une bague
- la Bourgogne
- un garçon
- gentil
- grand
- un guignol
- un jour
- Margot
- une orange
- partager
- une région
- végétarien

son [ʒ]		son [g]	
lettre « j »	lettre « g »	lettre « g » + -a, -o, -u	lettres « gu » + -e, -i
		Angoulême	

Complétez la règle :

« g » devant .... = [ʒ]

« g » devant .... = [g]

10 Orthographe des sons [z] et [s]

Complétez les mots avec « s » ou « ss ».

Il est pa ... ionné de mu ... ique.

Le mu ... ée du Louvre est intére ... ant.

La cui ... inière pré ... ente un programme sur la cui ... ine italienne à la télévi ... ion.

ÉCRITS ET ÉCRITURES

11 Projets, désirs, souhaits, possibilité, impossibilité, obligation, interdiction

Planning to, wanting / wishing to, being able to, not being able to, having to, being forbidden to

a. Projets

Ils font des projets. Faites-les parler.
Construisez cinq phrases.

Projets	
je vais	
tu vas	} + infinitif
il / elle va	
etc.	

« Demain, je vais voir un film. »

Nous allons habiter…

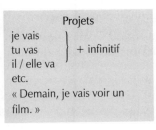

b. Désirs

Il veut… elle ne veut pas.
Construisez cinq phrases comme dans l'exemple.

Désirs	
je veux	+ nom
tu veux	+ infinitif
il / elle veut	
etc.	

« Je veux une voiture. »
« Je veux aller en France. »

« Il veut aller au cinéma. Elle veut aller au théâtre. »

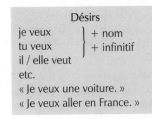

c. Souhaits

Elle a six mois de vacances.
Elle fait cinq projets.

Souhaits	
je voudrais	
tu voudrais	} + infinitif
il / elle voudrait	

« Je voudrais être riche. »

« Je voudrais faire du ski… »

d. Possibilité / Impossibilité

Elle est riche. Il est pauvre.
Construisez cinq phrases.

Possibilité	
je peux	} + infinitif
tu peux	

« Je peux venir demain. »

Impossibilité	
je ne peux pas	} + infinitif
tu ne peux pas	

« Je ne peux pas venir. »

« Elle peut acheter une belle voiture. Il ne peut pas. »

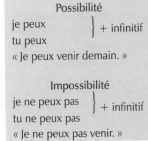

e. Obligation / interdiction

Il veut être un grand chanteur. Elle lui donne des conseils.
Construisez trois phrases.

Obligation	
je dois	} + infinitif
tu dois	

« Je dois travailler. »

Interdiction	
je ne dois pas	} + infinitif
tu ne dois pas	

« Je ne dois pas fumer. »

Vous devez faire de la musique. Vous ne devez pas fumer.

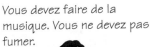
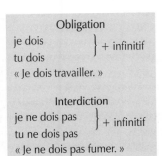

12 Portraits

Vous êtes journaliste et vous devez écrire un article sur l'actrice
Carole Bouquet. Utilisez les notes suivantes pour rédiger l'article.

Carole Bouquet

– Née à Versailles ; 35 ans.

– Mariée avec un médecin.

– Deux enfants (Louis et Dimitri).

– Très belle, souriante, gentille et naturelle.

– Célèbre pour un « James Bond » : *Rien que pour vos yeux* avec Roger Moore ; un film de Buñuel.

Ce qu'elle fait aujourd'hui :

– photos et films publicitaires pour Chanel n° 5

– théâtre : une pièce de Racine, *Bérénice*

– cinéma : films en projet

– écriture : un scénario de film (*Sapho*, d'après Alphonse Daudet).

Ce qu'elle aime :

– Le travail, les amis, la bonne cuisine, les marchés de Provence, l'opéra italien.

Ce qu'elle déteste :

– le sport, le jardinage.

Ce qu'elle voudrait :

– Être un homme, être une femme de 20 ans.

Portrait : Carole Bouquet

Aujourd'hui, l'image de *Chanel n° 5*, c'est elle. Elle s'appelle…

Can you guess the English title?
vos yeux : your eyes

1 Les mots masqués

Retrouvez sept sports.

```
F  O  V  E  L  O  B  O  X
C  O  U  N  R  F  O  T  G
M  A  N  A  B  A  T  E  O
F  O  O  T  B  A  L  L  L
G  Y  N  A  E  S  C  A  F
A  P  O  T  E  N  N  I  S
V  S  K  I  S  T  A  V  E
I  S  B  O  X  E  M  I  R
A  X  A  N  O  U  R  S  E
```

2 Mots à compléter

Cherchez neuf lieux de la ville.

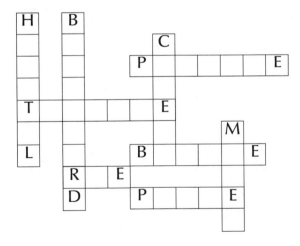

3 Cherchez l'intrus

a. ■ musique ■ exposition ■ rock ■ jazz ■ concert

b. ■ cinéma ■ télévision ■ radio ■ peinture ■ photographie

c. ■ thé ■ alcool ■ eau ■ coca ■ café ■ sandwich

d. ■ Allemagne ■ Italie ■ Japon ■ Espagne ■ France

e. ■ football ■ tennis ■ basket-ball ■ golf ■ marche

Entracte Intermission
3. Find the odd-man out

4 Mots fléchés

Trouvez les mots à l'aide des définitions.

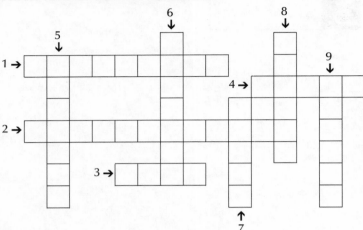

1. Pièce d'identité.
2. Tous les mots.
3. Au cinéma.
4. Sur les passeports.
5. Sur les murs.
6. Les nouvelles de tous les jours.
7. Pour lire.
8. Pour écrire.
9. À acheter à l'entrée du métro.

5 Rébus

Trouvez cinq villes de France.

a. Elle est grande.

b. Pensez à Jeanne d'Arc.

c. Il y a du bon vin.

d. Elle a des remparts.

e. Avec un beau lac.

6 Qui est-ce ?

Ils sont célèbres. Leur nom et leur prénom ont la même initiale.

a. Peintre espagnol, auteur de *Guernica* .... PP

b. Cinéaste italien, auteur de *La Strada* .... FF

c. Actrice française célèbre dans les années 60 .... BB

d. Actrice américaine célèbre dans les années 50 et 60 .... MM

e. Actrice grecque et ministre de la Culture de son pays .... MM

f. Chanteuse réaliste française .... MM

g. Cinéaste et acteur des débuts du cinéma américain CC

h. Cinéaste américain, réalisateur des *Indiana Jones* .... SS

Réponses

1. vélo – football – tennis – ski – boxe – natation – golf

2. hôpital – boulevard – cinéma – musée – piscine – théâtre – banque – place – rue

3. a. exposition (≠ musique) – b. radio (pas d'image) – c. sandwich (pas une boisson) – d. Japon (pas un pays européen) e. marche (pas de balle)

4. 1. passeport – 2. dictionnaire – 3. film – 4. photo –

5. affiche – 6. journal – 7. livre – 8. cahier – 9. ticket

5. a. Paris (pas-rit) – b. Orléans (or-laid-an) – c. Bordeaux (bord d'eau) – d. Carcassonne (quart-K-sonne) – e. Annecy (âne-scie)

6. a. Pablo Picasso – b. Federico Fellini – c. Brigitte Bardot – d. Marilyn Monroe – e. Melina Mercouri – f. Mireille Mathieu – g. Charlie Chaplin – h. Steven Spielberg

UNIT 2 - Introduction

UNDERSTANDING AND SPEAKING

- Asking and giving information about everyday life and work
- Locating things in time and space
- Finding your way
- Expressing agreement and disagreement, doubt and certainty

DISCOVERING

- The everyday life and work of a French family
- Three great cities: Marseille, Toulouse, Lille
- Parties and celebrations

France and its many charms

The word "chauvinist" is French, and its original meaning was "fierce patriotism". This is not restricted to patriotism for France : French people have a passionate attachment to the region their family originated from. Ask a man born, bred and working in Paris where he is from, and he will quite likely answer **"la Bretagne"**, **"la Dordogne"** or wherever else his ancestors came from. France was industrialised late: in 1945, a third of the population still worked on the land, and most city dwellers still have family living on a remote farm somewhere. This is perhaps why they have the highest rate of ownership of second homes, (often in the village of their ancestors), and why regional traditions and foods still have such a prominent place. Their feeling for their roots is called the **"esprit de terroir"** and in this unit, you are going to follow a family, the **Delvaux**, who are torn between the conflicting claims of their different roots.

In this family, **Nathalie**, the mother, is from Normandy, and they live in Marseille, the native city of **Gérard**, the father. **Nathalie** is an engineer. Her need to find work leads them to consider different parts of France : Marseille, where they live already, has all the glories of an ancient city, the delights of the Mediterranean climate, and the more questionable advantages of a modern port. Normandy has a less perfect climate, but has its own charms, such as its beautiful coastline, and Monet's famous garden at Giverny. France is a huge country, with widely differing geography, (see map on p.173, showing mountains, rivers and extensive coastline), climate, and traditions. Add their divided loyalties, and it's a tricky decision. There is, of course, a happy ending, though not a straightforward one!

La vie de famille

Family life has its peculiarities everywhere. Perhaps the strong sense of their roots is one reason why, despite huge distances between places in France, family ties are still very strong between generations, and cousins too. It is no coincidence that in the French version of the card game "Happy Families", **Jeu des 7 familles**, the families all have six members : **grand-père, grand-mère, père, mère, fils et fille**.

France has one of the highest percentages of working mothers, and lowest birthrates (see figures p. 49) in the world, and the Delvaux family shows the stresses of life for the average family.

High days and holidays

The French are very keen on celebrations - **fêtes** of all kinds, often marked by a reunion, and always by glorious food. Birthdays, Saint's days, Christmas and Easter are celebrated much as elsewhere, but:

Le jour de l'an, New year's day, is when they send their greetings cards, as shown on p. 56.

January 6th, **la fête des Rois**, the Epiphany, or Twelfth Night, has a special **galette** at the end of the meal: wide, flat pastry filled with marzipan, with a **fève**, a bean, hidden in the middle. The person who has the piece with the bean is crowned king / queen for the day, and chooses the games to play.

Mardi Gras, (Shrove Tuesday), is a day of wild carnivals, with **défilés**, (processions), and **déguisements**, (fancy dress).

April 1st is the day for **poissons d'avril**, tricks and jokes.

May has so many public holidays, that there is sometimes a **pont**, (bridge), if one falls near a weekend. May 1st is Labour Day, and lily of the valley is exchanged as a good luck token; May 8th is VE Day, then comes the Ascension, on a Thursday.

Mothering Sunday, **la fête des mères**, is early June.

June 21st, first day of summer, is celebrated by **la fête de la musique**.

July 14th, **la fête nationale**, is a public holiday, with processions, street parties and dancing.

November 1st is All Saints, **la Toussaint**. Traditionally people visit family graves, and put flowers on them, generally chrysanthemums.

If you are lucky enough to be invited to join a French family for any of these occasions, NEVER take chrysanthemums as a present.

Grammar
- perfect tense
- situating things in time

Vocabulary
- life history
- towns

Speaking
- asking and giving details of life history, time table and working life
- warnings

UNITÉ 2

Leçon
4

Page 34

L'heure, c'est l'heure
- a saying, (lit.) The time is the time, i.e., don't be late!

Ⓐ Dialogue
Before starting, find Marseille and Normandy on the map on p.172.

Nathalie Delvaux is at **ANPE**, the "Job Centre" in Marseille, looking for a job. She gives details of her past experience, so the verbs are mainly in the perfect, **passé composé.**

Her C.V. gives details of her life history and work experience.

Études : studies, equivalent here of "qualifications".

The **Baccalauréat, (le bac)**, is the exam. taken at about 18. It allows automatic entry into any French university, but **Nathalie** chose to apply to an **IUT (Institut Universitaire de la Technologie)**, for her degree in industrial maintenance.

Her professional experience has been with a firm (**société**) researching new energy resources.

langues parlées : languages spoken: English, German.

Dialogue
Note **Juste une question** for "just one question", adapt : **juste un train!**

The clerk asks what she did: "**qu'est-ce que vous avez fait**", after working 2 years at **SPEN**.

je suis partie pour New York : I left for New York.

j'ai cherché ... j'ai trouvé : I sought .... I found

Hélas non! : "Alas, no!", useful, woeful exclamation, usually (as here) meant humorously.

Un Marseillais : a man from Marseille,
une Marseillaise : a woman from Marseille.

The national anthem, **la Marseillaise**, is so called because it was first sung by a Marseillais mob marching to Paris during the Revolution.

Page 35

Ⓑ Nathalie is rushing to the insurance office during her busy lunch time. School children typically have 2 hours lunch break and often eat at home.

midi moins le quart : quarter to twelve : **midi** : midday. She protests because shops and offices are usually closed, (**fermé**), from 12.00 - 14.00, but this one is open, (**ouvert**), early (8.00), so closes early.

si : emphatic "yes", after a negative. "**La France n'est pas belle?**" "**Si! très belle**" (see **Ex. 6**)

13.45 - the 24 hour clock is common in France for all timetables, and for business and professional use.

je suis en retard : I'm late

le directeur here means headmaster

une heure et demie : half past one

Ⓒ 16.45, after school, Nathalie returns home. They live in a flat, as most French city dwellers do, as seen in **leçon 1, Civilisation**. There she encounters the exasperated **gardienne** (caretaker).

vous avez vu : have you seen?

taguer : to write graffitti, **les tags**

les jeunes : the young/youths. "**Jeune**" is an adjective meaning "young", here it is used as a noun. This is common in French, occasional in English, **les Italiens** : Italians etc.

circulation : traffic; **bruit** : noise. Marseille is a huge city, as Nathalie is lamenting.

C'est insupportable! : It's intolerable/unbearable!

allons : now, now; a soothing infill. **qu'est-ce que vous avez?** : what's the matter?

regretter : (here) to miss

vous n'êtes pas bien à Marseille? : doesn't Marseille suit you? You could use **aimer**.

fatigué : literally "tired", but used meaning "not too well", "under the weather", etc.

17.00, the answering machine has good news, from Vernon, her home town in Normandy. There is a job (**poste**) at the **SPEN**, where she worked before.

écoute (formal **écoutez**) : listen; it's a way of announcing that you are about to say something important.

Past events

The panel shows the **passé composé**, one of the past tenses. In its form, it is usually like the English "I have seen", "you've eaten" etc., but in French, there are three forms, and two are shown here (the third is the pronominal group which you will meet later.)

This tense takes a lot of learning, but don't be put off: many of the rules apply to other tenses. So remember :

1. Most verbs work with the auxiliary verb "to have", **avoir**, and the past participle, but the verbs listed on the right, (and some others), take **être**. These verbs are in a group all involving a change of place, hence "to come and to go" (**venir / aller**), "to arrive and to depart" (**arriver / partir**), or "to stay" (**rester**).

2. With this second group, the past participle is treated like an adjective, and must agree with its noun. **Il est arrivé; elles sont parties.** (**Ex.7** practises and explains)

3. In all composed tenses, the auxiliary is the active part of the verb: it changes according to person, and in the negative, this is the part that is sandwiched between **ne** and **pas**.

Pour trouver une conjugaison : tells you how to find how different verbs are formed, including their past participles; (tables from p.182 onwards list some of the common irregular ones. (see **Ex.3**)

N.B. While the form of this tense is like the English "has been" etc., its uses are not the same. It is only used for actions or events completely in the past, and word for word translation is dangerous. This Roman is translating the famous comment Julius Caesar made when he conquered England : "I came, I saw, I conquered."

1 Compare this passage to Nathalie's C.V. on p.34, find the extra information in it, and complete the C.V.

2 Put the verbs into the **passé composé**. Some take **avoir** and some take **être**.

3 Make up questions to ask a friend about a) yesterday evening b) last weekend c) last holidays

4 In August, **M.** (< **Monsieur**) **et Mme Delvaux** went for four days to Alsace (see map on p.172). Imagine their trip and talk about it, using the pictures.

The photos show some of the famous sights, including a storks' nest, of Alsace. In the East of France, bordering Germany, it has strongly Germanic traditions and food, (and excellent wine and beer!) and many of the population are bilingual.

Entraînez-vous

1. & 2 Practise the **passé composé**, saying "**oui**" in the first part, "**non**" in the second, making the verb negative.

What's the time?

The table shows how to tell the time, both with the 12 hour (**heure familière**) and the 24 hour (**heure officielle**) clocks. The bracketed **du matin** etc. can be left out if the context makes specification superfluous.

The word order is different to English, and the word **heure** is never omitted.

Three useful phrases : **en avance** : early; **en retard** : late; **à l'heure** : on time.

The picture is to show that the word **journée** means the duration of the day, or "dayful".

The words at the bottom:

the day before yesterday ← yesterday ← today →
to-morrow → the day after to-morrow

1 Telling the time

a) Telling the time in France, (**heure française**)

b) Telling the time throughout the world. Time differences (**décalage horaire**) are based on winter-time (**heure d'hiver**) in France. Try this in pairs, then calculate time in France compared to your local time.

2 Three telephone enquiries (**renseignements** : information) about times a) of trains, b) of museum opening, c) university central administration (**secrétariat**)

N.B. verb : **ouvrir**, noun : **ouverture** (f);
verb : **fermer**, noun : **fermeture** (f)

3 Using a timetable

N.B. verb : **partir**, noun : **départ** (m);
verb : **arriver**, noun : **arrivée** (f)

Fill the gaps with the right verb or with the time, according to the timetable.

4 Role-play : make up the scenes using the dialogues on p.38. The first two have a sentence to help, but you need a good excuse for each as well as a mollifying apology! Johnny Halliday is an ageing rock-star.

5 Using Mme. Delvaux's C.V., draw up your own.

a) in writing, the **Fiche d'inscription** (enrolment form) on p.11 is also helpful.

b) oral presentation of your C.V.

🎧 Prononciation

1. Recognising sounds. What order do you hear them in?

2. Repeating sentences. If you can, record yourself and compare both the sounds and intonation.

3. Poème : This is to help master the difference between the very round sound of **tout** and the flatter sound of **lu, vu, connu, entendu, eu, perdu**. (See also p.19, and the notes on **prononciation**).

Page 40 Civilisation :

Trois capitales régionales

The map on p.172 shows how France is divided into administrative regions, each with a regional capital, and these pages introduce three strongly contrasting areas, and very different, ancient cities.

Marseille - France's third largest town, and biggest Mediterranean port. Over the centuries, it has accumulated communities from all over the world, each bringing new influences. The old port, at one end of the main street, la Canebière, is used for pleasure boats, and the ferries to the neighbouring islands, including the château d'If, the ancient fort guarding the entrance to the port, later used as a prison.

rue en escalier means a steep street, with steps

boutique in French means any kind of small shop

Lille - is the fourth largest town in France, close to the Belgian border, with strong Flemish influences in its architecture, (notably the renowned Beffroi on the old Bourse). The old town has been entirely done up, and

there is also a hyper-modern development, Euralille, with its own TGV station, linking with the rest of Europe, including Eurostar. Apart from the junk stalls, there is the largest book shop in the world - **le grand Furet**.

Toulouse - is on the Garonne, in the South-West. Its pink bricks, and reputation as a delightful place to live, justify its nickname "**la ville rose**". It has the largest Romanesque church in France (**Saint-Sernin**), many medieval monuments and XVI and XVIII century houses (called **hôtels**, confusingly). It also has the most up-to date automated metro system, and the French aerospace industry.

braderie is almost like a non-collective jumble sale, in Lille, it's a junk market in the streets.

flamand : Flemish.

1 Using the map, find the regions of which they are the capitals, and situate them geographically : **les points cardinaux : le nord, le sud, l'est, l'ouest**. Make up a short description of each one, **ex.: "Paris est au nord de la France. C'est la capitale."**

2 These are three documents: a poster, extract from a tourist guide, a tour programme. Scan them to decide which is which. Justify your choice.

3 The table gives four visitors, each with different interests. For each town, list the things most likely to interest them.

4 Take any town you like, and compile a list of its main attractions and then, using adjectives and short sentences, describe them.

5 Individually, or in groups, prepare a presentation of a town you are fond of. You could make a poster, tourist guide or tour programme using the language provided here as a model, and give a short talk explaining the sights in greater detail. Try to exploit the language you know, and the examples given in the documents, rather than using dictionaries a lot!

UNITÉ 1 · Leçon 4

VOCABULAIRE

1 Les offres d'emploi

a. **Lisez l'annonce d'offre d'emploi. Répondez :**

– Quels sont les postes proposés ? ....

– Qui propose les postes ? ....

– Quelles sont les conditions ? ....

> Restaurant universitaire
> NANCY
> recherche :
> 2 cuisiniers (homme ou femme), diplôme professionnel, bonne expérience, libre le 1er septembre.

b. **Deux personnes téléphonent à l'ANPE et proposent des emplois.**
Rédigez les deux annonces sur le modèle ci-dessus.
Using the two dialogue boxes, make up a job advertisement on the model given.

Allô, ici la SOFRATEC. Nous cherchons un ingénieur spécialisé dans la maintenance industrielle. Il va beaucoup voyager. Il doit avoir une bonne expérience de l'étranger et un diplôme universitaire de technologie. Il doit aussi parler anglais et allemand.

Allô, ici la mairie d'Ivry. Nous recherchons un animateur pour le centre culturel. Il doit avoir le baccalauréat et une bonne expérience des jeunes. Il va animer les activités de cinéma et de théâtre pour les jeunes de la ville... Un animateur ou une animatrice bien sûr...

2 La ville

a. **Quelle(s) personne(s) travaille(nt) dans les lieux suivants ?**

Exemple : une banque → un employé, une employée

b. **Que peut-on faire dans ces lieux ? Utilisez les verbes de la liste.**

Exemple : une banque → changer de l'argent

- acheter
- apprendre
- changer
- dormir
- écouter
- étudier
- lire
- manger
- regarder
- voir

Banque Populaire

Université Stendhal

Hôpital Pasteur

Bibliothèque Victor Hugo

La Vieille Auberge
Hôtel-Restaurant

Cinéma Vox

Hypermarché Casino

Théâtre municipal

GRAMMAIRE ET ORTHOGRAPHE

3 Conjugaison des verbes nouveaux

Mettez les verbes entre parenthèses au présent.

Chère Amélie,

J' (avoir) enfin un travail intéressant. Je (être) serveur dans un restaurant. Nous (commencer) à 8 heures le matin et le restaurant (fermer) à 15 heures. Le soir, nous (ouvrir) à 19 heures et nous (fermer) à minuit. Je travaille quatre jours par semaine. Je (pouvoir) enfin faire du sport. Le 21 août je (prendre) quinze jours de congé. Paul et moi, nous (partir) pour Biarritz faire de la planche*. Est-ce que tu (vouloir) venir avec nous ?

Amitiés.

                 Vivien

* to go surfing

4 Le passé composé

a. **Lisez l'emploi du temps de Sylvie. Racontez sa journée. Utilisez des verbes différents (*aller*, *étudier*, *lire*, etc.).**

« À 8 heures, Sylvie est allée à un cours de technologie… »

b. **Sylvie raconte sa journée.**

« À 8 heures, je suis allée… »

Because it is about Sylvie, remember to make the verbs with **être** feminine. (see **Ex. 7** as well)

Jeudi 8	
8	Cours de technologie
9	
10	Cours d'anglais
11	Bibliothèque
12	
13	
14	Tennis avec Léa
15	
16	Finir l'exposé
17	
18	
19	Téléphoner à Paul et à Lucie
20	(invitation du 15)
21	Cinéma avec Léa (La reine Margot)

5 Le passé composé. Interrogation et négation

Complétez avec la question ou la réponse.

PIERRE : Tu as lu le journal ?

PAUL : Non, ...

PIERRE : ....?

PAUL : Hier soir, je suis allé chez des amis.

PIERRE : Et vous n'avez pas regardé la télé ?

PAUL : Non, ...

PIERRE : ....?

PAUL : Non, je n'ai pas écouté la radio.

PIERRE : Tu ne connais pas la nouvelle ?

PAUL : Non, ...

PIERRE : L'Olympique de Marseille est champion d'Europe !

6 | *Oui – Si – Non*

Lisez le tableau. Complétez le dialogue avec *oui*, *si* ou *non*.

Interrogation normale
– Vous aimez le cinéma ?
– Oui, j'aime le cinéma.
– Non, je n'aime pas le cinéma.

Interrogation négative
– Vous n'aimez pas le cinéma ?
– Si, j'aime le cinéma.
– Non, je n'aime pas le cinéma.

si : emphatic "yes", after a negative.

SYLVIE : Je peux regarder les disques ?

LÉA : ...., bien sûr, regarde !

SYLVIE : Tu n'as pas de disques de Piaf ?

LÉA : ...., mais ils sont chez des amis.

SYLVIE : Tu n'aimes pas les chansons de Cabrel ?

LÉA : ...., je n'aime pas beaucoup Cabrel.

SYLVIE : Tu n'écoutes pas de musique classique ?

LÉA : ...., mais à la radio. Je n'ai pas de disques de musique classique.

SYLVIE : Tu vas au concert de Renaud ?

LÉA : ...., j'ai un billet.

7 | L'accord du participe passé

Lisez le tableau et écrivez les participes passés des verbes entres parenthèses.

être + participe passé
Le participe passé s'accorde avec le(s) sujet(s). Quand il y a un sujet masculin et un sujet féminin, le participe passé est au masculin pluriel.
Il est parti.   Elle est partie.
Ils sont partis.   Elles sont parties.
Pierre et Sylvie sont partis.

avoir + participe passé
Le participe passé s'accorde avec le complément d'objet direct quand le complément est avant le verbe.
Ces constructions sont étudiées dans les leçons 11 et 18.

* **Le Caire :** Cairo (The article changes even if it is part of a name: **l'avion est arrivé au Caire.**

Une jeune fille a fait un voyage en Égypte avec des amis. Elle raconte :

« La voiture est (partir) d'Alexandrie à 5 heures. Nous sommes (arriver) au Caire* à 8 heures.
Nous avons (trouver) un hôtel. Nous avons (voir) les pyramides. L'après-midi, Sylvie et moi nous sommes (aller) au musée. Luc et Pierre sont (aller) dans le pittoresque quartier du Khan al Khalili.
Le jour suivant, Sylvie et Luc sont (partir) en bateau pour Karnak. Moi, je suis (rester) au Caire avec Pierre pour visiter la ville. »

8 | Infinitif ou participe passé

Lisez le tableau. Écrivez les verbes entre parenthèses à la forme qui convient.

Infinitif
Je veux   parler …
Je sais   aller …
Je dois   lire …

Participe passé
J'ai   parlé
Je suis allé
J'ai   lu

– Nous voulons (acheter) des souvenirs au Caire. Nous devons (changer) de l'argent. Mais la banque est (fermer). Est-ce que nous pouvons (payer) avec une carte de crédit ?

– Les enfants sont (aller) au théâtre pour (écouter) la chanteuse Dorothée.

– Pierre est (aller) (écouter) l'orchestre d'Île-de-France.

ÉCRITS ET ÉCRITURES

9 Cartes postales

a. Lisez ces deux cartes postales.
Faites la liste des mots illustrés par les photos.

Rome, le 24 avril

Cher Fabien,

J'adore Rome. J'aime beaucoup les promenades dans les vieux quartiers du centre. Dans toutes les rues, il y a un souvenir d'histoire ancienne : église, monument, etc. Mais dans les avenues le bruit et la circulation sont insupportables. J'ai vu la belle place d'Espagne et le château Saint-Ange.
Je suis allé aux musées du Vatican. Quelles collections extraordinaires !
Rome est une ville-musée. Malheureusement, les musées sont fermés l'après-midi.

Amitiés.

Patrick

Hong-Kong, le 3 octobre

Chère Annie,

Six millions de personnes sur un petit espace : ici, on ne peut pas être seul un moment. Et quel bruit : les voitures, les cris des vendeurs et des joueurs de mah-jong ! Heureusement, il y a les plages, le joli port d'Aberdeen et la cuisine chinoise.
Le travail est intéressant. Les collègues sont sympathiques, mais c'est bien difficile de trouver un appartement. Je suis à l'hôtel et c'est cher.

Bises.

Hélène

b. Relevez ce que Patrick et Hélène aiment et n'aiment pas dans ces villes.

Patrick / Rome	Hélène /Hong-Kong
Patrick aime	....
....	....
....	....
....	....

10 Récit en images

Octobre 1996

1.

2.

3.

Octobre 1997

4.

5.

a. **Observez les images 1, 2 et 3. Répondez.**

Qui sont les personnages ?

Où sont-ils ?

Que veulent-ils ?

b. **Trouvez le titre de chaque image.**

– Les regrets de M. et Mme Vérin

– La maison de l'agent immobilier

– Arrivée à l'agence

– Le projet du couple

– La proposition de l'agent immobilier

c. **Complétez le récit.**

En octobre 1995, M. et Mme Vérin vont chez
....

Ils voudraient ....

Mais l'agent immobilier ....

En octobre 1996, ...

d. **Imaginez ce que disent les personnages.**

....

....

Grammar
- demonstrative adjectives
- possessive adjectives
- locating things

Vocabulary
- landmarks
- the family

Speaking
- agreeing and disagreeing
- finding your way
- establishing and contesting ownership

UNITÉ 2

Leçon

5

Page 42

Elle va revoir sa Normandie -
A well-loved traditional song, "She's going back to Normandy"

In **leçon** 4, Nathalie has just listened to a message on the family answering machine in Marseille, telling her of a job back in her home town of Vernon, in Normandy.

Ⓐ Dialogue

In the Delvaux' flat, they are having breakfast, **petit déjeuner**. Nathalie has a length of **baguette**, the long French loaf, and there is a dish of **croissants** on the table.

ce poste : this job

c'est impossible - Gérard is a **fonctionnaire**, civil servant, at the **préfecture**, the rough equivalent of the city/county hall. His job is guaranteed, but he cannot change at a whim.

tu peux ... demander un poste : he can ask for a transfer, **une mutation**, which may not be granted.

notre appartement : our flat

il n'est pas à nous : it isn't ours; **à ton père** : your father's. Useful phrase to adapt: **c'est à moi!** : it's mine!

tous nos amis : all our friends. Compare **notre appartement**, singular; **nos amis**, plural. (p.44)

tu veux dire : you mean; **tes amis** your friends. Compare **ton père**, singular; **tes amis**, plural. (p.44)

bref : in short

tu n'es pas d'accord < **être d'accord** : to agree. On its own, **d'accord** means "O.K", "Right!" "Agreed!"

je ne dis pas ça : Gérard starts listing the delights of the **Midi**, his native region; **ce soleil** : this sun; **cette mer** : this sea. Think of the less positive aspects seen in **leçon** 4.

Gérard wants to stay put. How can you tell?

Ⓑ Les vacances de Pâques : the Easter Holidays. The Delvaux are in Normandy with Nathalie's family.

c'est par là : it's over there;
traverse < **traverser** : to cross;
prends < **prendre** : to take - this is a very important verb, given on p.185, with lots of derivatives

(comprendre, surprendre, apprendre etc.)

où on va? : where are we going, not an elegant word order, but permissible in conversation.

papa : daddy, dad; **maman** : mummy, mum. These are used universally by people of all ages to their parents, and often when talking about them.

la maison de Monet - Monet (1840 - 1926) was an impressionist painter who lived at Giverny from 1890, creating a beautiful garden, including the famous lily-pond; he painted a series of pictures at Giverny. His house has become a major tourist attraction.

mon chéri : (my) darling. The **mon** makes it very tender; a simple **chéri** is usually enough between adults!

peintre : painter, strictly in the artistic sense; **grand** here means "great".

votre père : your father. Why doesn't Nathalie call him **papa** here?

regardez comme c'est joli : look how pretty it is, phrase you can adapt (**comme c'est sympathique, comme c'est triste** : sad etc.)

à gauche ... à droite : on / to the left ... on / to the right

le bassin des nymphéas : the water-lily pond; **célèbre** : famous, putting it before the noun stresses it.

parking : car-park; **car** : coach.
What does Gérard make of all this?

Page 42

Nathalie wants to move. How can you tell?

Ⓒ Toute la famille : the whole family, has gone to spend Sunday at Étretat, on the Normandy coast, famous for its dramatic cliffs, (see photo). There are three generations of Delvaux : **grands-parents, parents et enfants**. French logic means that the opposite of **grands-parents** is **petits-enfants**.

Gérard's offer to take a photo is endorsed (**obligatoire** : compulsory) by Nathalie, echoing his praise of Marseille.

Grand-père et grand-mère : this is what Gérard calls his parents-in-law, as a formal name. Their grandchildren probably call them **papi et mamie** or **pépé et mémé**. He calls them **vous**, which is perfectly normal between in-laws of different generations, but calling his brother-in-law **vous** is unusual, and suggests that the relationship lacks warmth.

la falaise : cliff, **au bord de** : at the edge of

il veut l'héritage : by law, all children inherit equally, **grand-père** is joking about Gérard's motives.

tout de suite (pron. "toot sweet") : at once

beau-frère, belle-soeur : brother and sister-in-law, adding the right form of **beau** can mean "in-law", as here, or "step".

à côté de : beside

on sourit : equivalent: "all smile"

avancez un peu : come forward a bit. Grand-père is reassured!

Draw up the tree of the Delvaux family using all the information in the dialogue, with the relationships and the names. You can add to it later.

Page 44 Grammaire

Possessive and demonstrative adjectives (see SOS)

I. **Montrer - préciser un moment** : to show, to specify a time. The table shows the demonstrative adjectives, with illustrative quotes from the dialogues. They correspond to the English "this/that", and change with gender and number, as all French adjectives do. Note that before a vowel, the m. singular is **cet**. (**Ex.6**)

No distinction is made between what is near ("this"), and what is further away, ("that"), unless it is absolutely vital, in which case a **-ci** (close) or a **-là** (far) is added to the noun, **cet homme-ci**.

2. The second table is to show possessive adjectives. The second column **à + pronoun** means "mine", "yours", etc.; the last three columns give the possessive adjectives, equivalent to "my (book)", "your (car)", etc. These show not only who owns, but the number and gender of items owned. So

a) good news: there is only one plural for each person, **mes, tes, ses, vos, nos, leurs**, and the first three rhyme with the plurals you know, **les, des, ces**.

b) the singular possessive adjectives change with gender for **je, tu, il/elle/on,**, and not for **nous, vous, ils/elles**.

c) concentrating on the hardest : to say "my", use **mon** for m. singular: **mon livre**; **ma** for f. singular: **ma voiture**; before a vowel, use **mon** : **mon amie, mon adorable femme**, etc. This applies to **tu** and **il/elle/on**.

The 3rd. person singular is hardest of all.
In English, the gender of the owner decides the adjective ("his/her/its book").
In French, the gender of the item owned decides the adjective, so **son livre** could be "his, her or its book",

the context making it clear. **Ex. 6** practises this : technically it is not hard, but the different approach is easily forgotten, and it might be worth doing and checking the exercise before continuing.

1 At the top of the Montparnasse tower in Paris. Put the correct demonstrative adjective in each gap. **FNAC** is a chain of huge book shops.

Page 45 Grammaire

2 Answer **oui** to each question giving the appropriate possessive adjective.

3 a) use **être** + emphatic pronouns, (see p.25), to explain ownership, or insert the possessive pronoun, as needed. In b), only possessive pronouns are needed.

4 Role-play. a) In pairs, one of you uses the speech bubble as a model, and introduces the class to an outsider, played by the other.

b) **Objets trouvés** : Lost property (lit. "found items"); **perdu < perdre** : lost. She has lost her bag, **sac**.

Prepare the scene: what's in the bag? **montre** : watch, **agenda** : diary. Add items as you wish.

Describe the bag.

Use **perdre** (p. 185), **chercher, trouver**

Act the scene: helpful phrases provided!

c) She is tidying the house. They are looking for their things: **affaires**.

Prepare the scene: make a list of personal belongings, using the suggestions and your own ideas.

Act the scene: she checks the ownership of each item of clutter: helpful phrases provided!

Entraînez-vous

I. Use the list given, and the phrases, as a guide. You will hear **ballon** : ball, **jouets** : toys.

2 Practice the **passé composé**, answering the questions about the Delvaux.

Page 46 Vocabulaire

Situating things and finding your way

The table illustrates how to situate things, using different prepositions of place. Most of their meanings are clear, others less so. Some of them take **de**, where in English they would add "of" :

au dessus de : over, above; **au dessous de** : under, beneath, (these sound almost identical);

entre : between; **à côté de** : beside, next to; **en face de** : opposite;

en haut : at the top; **en bas** : at the bottom; **là-haut** : up there; **là-bas** : down there, over there;

ici : here, là : there; **au bord** : at the edge.

là : there, **ci** : here; **haut** : high; **bas** : low. Their meanings vary, but are always related to these basic notions.

1 Complete the museum guidebook, using the terms listed.

arbre : tree; **chemin** : path; **ciel** : sky; **pont** : bridge; **promeneurs** : walkers < **promener**, to go for a walk

2 Describe this picture by the French painter Chagall, (1887 - 1985), who painted dream-like subjects, rather as a child might imagine.
Make a list of the bizarre features; you can use the phrases given;
fenêtre : window; **chaise** : chair.

3 In a letter to a French friend, you describe the view you have from your flat (or house) window. **place** here means "square".

Page 47 Vocabulaire

The table is about finding your way, and gives phrases to help: **par là** : this way; **près / loin de** : near / far; **jusqu'à** : as far as; **premier** : first.
You will also need the verbs **traverser** : to cross; **prendre** : to take, and **suivre** : to follow, (see pp.185, 187).

4 Asking and telling the way: **itinéraire** means a route.
a) Look at the map of the **Saint-Michel** area of Paris, and say what you have to do to go between the listed places.

b) Give instructions for getting to your home from your college, (**école**; **collège** means secondary school).

c) 🎧 Listening to the tape, draw the route described to Gérard by a friend, of how to get from the station, **gare Montparnasse**, to his home. The main stages, (**étapes**), are given. The first time you listen, just list the places, then listen again for the relationship between them. A drawing might help.

🎧 Prononciation

1. Differentiating between sounds, m. and f. equivalents.

2. Two specific sounds: with each pair, you will only hear one: cross out the other.

3. **Poème** : This is to help master the difference between the sounds targetted. Try to tape yourself and hear how well you can do it. Sometimes, this difference is radical, **concert / cancer** etc.

Page 48 Civilisation

Let's keep it in the Family

This is a graph of the family ties between the kings and queens of Europe in the XVIIth century.

Henry IV (first wife : the **la Reine Margot** in the film) was Elizabeth I's contemporary; a great king, he was assassinated.

Louis XIV the absolute monarch who built Versailles.

1 Go through the list establishing the relationships between the people, working out any words you don't know. Group the words in pairs: **frère / soeur**, or through generations: **grand-père / père / fils / etc.**

2 Give the relationship between these groups.

3 Draw up and present to the class your own, or an imagined, family tree, giving brief details of each member, as in the example.

Families in France today

4 Read the **chiffres** (figures) in the panel below, and answer the questions in comparison with your own country, saying which things are the same, **comme chez nous**, which are different, **pas comme chez nous**; **tôt / tard** : early / late;
moyen, en moyenne : average, on average;
étranger here means a foreigner; **élever** : to bring up, raise; **seul** : alone.
You can guess other words, from their resemblance to English.

5 The other documents are 2 posters and the résumés of films, plus an advertisement; all have the family as a central theme. Try to understand without using dictionaries: **même** : same; **raconter** : to tell (a story); **fleuve** : river; **bourgeois** : upper middle class; **chômeur** : someone out of work; **né < naître** : born; **maternité** here means maternity hospital; **infirmier** : nurse.

In each case, describe the families, justifying what you say, using the information given. Are the families happy / unhappy? traditional / modern?

6 Think of other films you may know that are about family life, and write a brief summary of them.

VOCABULAIRE

1 Localiser

Un architecte présente le plan de la nouvelle place d'un village. Complétez avec les mots de localisation.

Towns in France are traditionally built round a central square, (like an English village green)

Nous avons imaginé une grande place.

.... la place, il y a une fontaine.

.... la place, il y a des arbres.

Quand on arrive .... la place par la rue Monet, ... on a la mairie.

.... la mairie, on a l'école.

.... la mairie, on a la bâtiment des médecins. .... il y a un grand parking. Sur le côté .... de la place, il y a des magasins et ...., la poste et les banques.

2 Le mouvement

Le professeur de danse donne des instructions. Que dit-il pour chaque danse ? Utilisez les mots de la liste.

Give the dancing master's instructions, using the words in the list.

- marcher, faire un pas, deux pas, etc.
- avancer / reculer
- à droite, à gauche
- à droite
- en avant, en arrière
- passer devant / derrière
- regarder en face, à droite, etc.
- sous le bras

Exemple : le tango → Le danseur marche vers le côté droit. Deux pas en avant. Trois pas en arrière. Le danseur regarde à droite. La danseuse regarde à gauche.

Le tango

La valse

Le rock

Le paso doble

3 Les distances

a. Trouvez et complétez la bonne réponse.

– De Paris à Marseille, il y a combien de kilomètres (km) ? – .... 800 km.

– Paris-Lyon, ça fait combien de km ? – .... 480 km.

– Quelle est la distance entre Paris et Strasbourg ? – .... 450 km.

– Pour aller d'ici à la tour Eiffel, c'est loin ? – .... une demi-heure à pied.

b. Posez la question :

– ....? – De Paris à Nice, il y a 920 km.

– ....? – De Notre-Dame à la place Saint-Michel, ça fait 5 minutes à pied.

– ....? – Entre Paris et Bruxelles, il y a 300 km.

– ....? – Pour aller de Paris à Lyon, on met 4 heures en voiture par l'autoroute.

4 La famille

Trouvez les membres de la famille comme dans l'exemple.

Exemple : Le frère de mon père, c'est mon oncle.

– Le père de ma mère, c'est .... – La sœur de ma mère, c'est ....

– La fille de mon fils, c'est .... – Le fils de ma sœur, c'est ....

– Le mari de ma sœur, c'est .... – La fille de mon oncle, c'est ....

GRAMMAIRE

5 Conjugaison des verbes nouveaux

Mettez les verbes entre parenthèses au présent.

M. Ferniot ne trouve pas l'adresse de M. et Mme Chalier. Il téléphone.

– Ah ! Vous ne (connaître) pas le quartier ?

– Non, pas du tout. Nous (suivre) un plan mais nous ne (trouver) pas votre maison.

– Vous (être) où ?

– Sur l'avenue de la République. Qu'est-ce que je (faire) ? Je (prendre) la rue Berlioz ?

– Non, vous ne (prendre) pas la rue Berlioz. Vous (rester) sur l'avenue de la République. Vous (aller) jusqu'au numéro 28. Ma femme (attendre) devant la porte.

– Votre femme (être) devant la porte ? Elle (sourire) ? Alors, je ne (être) pas loin…

6 Les adjectifs démonstratifs

Complétez avec *ce – cet – cette – ces*.

Une jeune fille commente les photos de son amie photographe. **photographe** : photographer

« Où as-tu fait .... photos ? Elles sont magnifiques. .... soleil et .... mer sont

extraordinaires !

– J'ai pris .... photo près d'Arles. C'est la Méditerranée.

– Et .... homme, qui est-ce ? Il est connu. Ah, attends, je sais, c'est .... écrivain, ... grand

admirateur de la photographie ! C'est Michel Tournier !

– Oui, c'est lui. J'ai fait .... portrait au Festival de la photographie d'Arles. »

7 Les adjectifs possessifs

Complétez avec un adjectif possessif.

VISITEZ ROUEN

.... cathédrale

.... églises gothiques

.... palais de justice

.... musées

La classe est finie. Fermez ...... livre ! Rangez ......
affaires et n'oubliez pas de faire ...... devoirs pour jeudi !

Voici ...... femme, ...
enfants et ...... chien Azur.

Je suis très heureux de faire
...... connaissance.

8 Le passé composé

Lisez ce script de film. Continuez le récit.

Participes passés	
devoir	→ dû
entendre	→ entendu
ouvrir	→ ouvert
pouvoir	→ pu
voir	→ vu
vouloir	→ voulu

SCÈNE 1

– La jeune fille suit la route jusqu'au château du comte Dracula.

– Elle arrive au château. Elle ouvre la porte.

– Elle voit Dracula.

SCÈNE 2

– Dracula et la jeune fille dînent ensemble.

– Mais le soleil arrive. Dracula doit partir.

SCÈNE 3

– La jeune fille veut sortir.

– Elle ne peut pas ouvrir la porte. Elle entend un bruit bizarre…

« La jeune fille a suivi la route jusqu'au château du comte Dracula… »

9 Adjectifs possessifs et mots à prononciation proche

Complétez ces phrases avec un adjectif possessif et avec un ou plusieurs mots à prononciation identique ou proche.

All the gaps within a sentence are filled with words that sound alike.

Exemple : Avec **mon** ami Gérard, je suis allé voir le **mont** Blanc.

– Caroline n'a pas fait .... devoirs. .... une élève paresseuse. Regardez .... fautes d'orthographe dans cette dictée !

– Michel est parti en voyage avec sa femme et .... fils. Ils .... allés en Grèce.

– J'adore le jazz. .... disques préférés sont les disques de jazz. .... j'aime aussi la musique classique. Quand je suis seule chez moi, je .... France-Musique.

– .... frère habite dans la banlieue de Paris, à Suresnes, sur le .... Valérien.

Distinguez les mots qui ont une prononciation proche mais pas identique.

Exemple : ses → [se]

c'est → [sɛ]

ÉCRITS ET ÉCRITURES

10 Décrire un itinéraire

Vous habitez à Metz, au numéro 42 de la rue Serpenoise. Vous invitez chez vous un professeur de l'université. Observez l'itinéraire et rédigez les indications pour aller de l'université jusque chez vous.

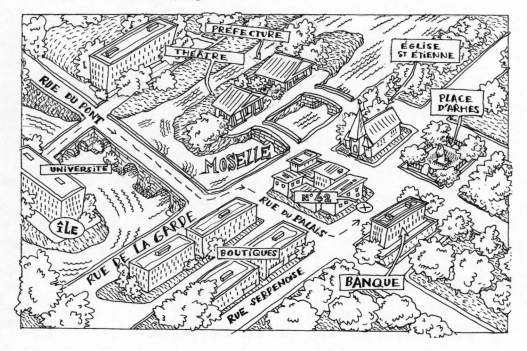

« Quand vous sortez de l'université, … »

11 Lecture rapide

Observez les quatre types de personnages. Lisez rapidement la liste des comportements* et indiquez par P, B, S, I le type de personnage qui correspond.

* behaviour

Le pantouflard (P)
Aime rester chez lui, les pieds dans ses pantoufles.

Le bricoleur (B)
Aime faire les petits travaux manuels.

Le sportif (S)

L'intellectuel (I)

ACTIVITÉS		CULTURE		SPORTS	
1. Il est garagiste.	B	11. Il aime lire le journal.	☐	21. Il est passionné par le sport automobile.	☐
2. Il est professeur de tennis.	☐	12. Il va beaucoup à l'opéra.	☐	22. Il a horreur du sport.	☐
3. Il est professeur d'italien.	☐	13. Il aime les films avec S. Stallone.	☐	23. Il ne fait pas de sport. Il préfère faire des choses utiles.	☐
4. Il est professeur de guitare.	☐	14. Il lit Dante en italien.	☐	24. Il aime marcher dans les rues.	☐
5. Il adore rester chez lui.	☐	15. Il adore parler « voitures ».	☐	25. Il aime tous les sports.	☐
6. Il aime beaucoup voyager.	☐	16. Il regarde beaucoup la télévision.	☐	26. Il joue au football.	☐
7. C'est un bon cuisinier.	☐	17. Il lit *Auto-Journal*.	☐		
8. Il va beaucoup au spectacle.	☐	18. Il lit *Top-Santé*.	☐		
9. Il aime la nature.	☐	19. Il connaît tous les musées d'Europe.	☐		
10. Il est souvent dans son atelier.	☐	20. Il va écouter des conférences.	☐		

12 Rédigez une annonce pour votre répondeur téléphonique en France

Voici une annonce classique. À la place de chaque phrase, imaginez une phrase personnelle et originale.

Exemple : À la place de « Bonjour ! », vous pouvez dire :

– Bonjour Madame ! Bonjour Monsieur ! (cérémonieux)

– Salut ! (très familier)

– Bienvenue au numéro 45 08 00 32.

– Bonjour ! Merci de votre appel.

– Etc.

Bonjour !

Vous êtes bien chez Nathalie et Gérard Delvaux. Nous sommes absents pour le moment. Vous pouvez laisser un message après le bip sonore.

 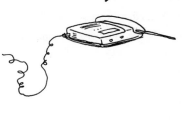

Grammar
- forms & meanings of pronominal verbs
- linking ideas (opposition, cause, effect, purpose)

Vocabulary
- daily life
- travelling
- celebrations

Speaking
- making an appointment
- asking for / giving information about a time-table
- giving an opinion on a matter of fact

Page 50

Reach an agreement!

In **leçon 5**, Nathalie was "selling" her native Normandy, and her family, to Gérard.

A Dialogue

10.00 on a Wednesday morning in the Delvaux' flat, Samia, one of Nathalie's friends, rings, but Nathalie is very busy with the children and cannot give her full attention.

You only hear Nathalie's part of the conversation : try to imagine Samia's.

appeler / rappeler : to call / call back.

pressé - in a hurry, rushed

accompagner : to accompany, to take (a person somewhere); **raccompagner** : to take them home

atelier : workshop, in all senses

attends < attendre : to wait, "hang on!" (**attendre** needs no preposition: **j'attends un bus** : I'm waiting for a bus)

tu arrêtes < arrêter : to stop, switch off; (opposite: **allumer** : to switch on)

tu te laves et tu t'habilles, < se laver : to wash (yourself) and **s'habiller** : to dress yourself, get dressed

tu te lèves < se lever : to get up (lit.) raise yourself

je suis là : (lit.) I'm there, but means "I'm here"; **ici** is very emphatic

tu passes : **passer** here means "to drop in"

je vais chercher < aller chercher : I'm going to fetch

je m'occupe < s'occuper : I take care of / look after. Wednesday is a free day in French schools, but they work on Saturday mornings

dépêchez-vous < se dépêcher : hurry up, (**se presser** also exists)

préparez-vous < se préparer : get ready!

How can you tell that Samia is a friend, rather than a stranger, or colleague?

B 15.30 Samia has dropped in.

une bonne nouvelle : good news

quitter : to leave (a place, institution)

je me marie < se marier : to get married

c'est formidable : that's wonderful!

content : happy, in the sense "pleased"

le directeur commercial : sales manager / director

ah, ton ami : an **ami** can be very intimate!

j'ai dit < dire : to say

peut-être : maybe, perhaps

sûr : sure, certain

tu as toutes tes chances : means "you have as good a chance as anyone"

Page 51

C 20.00 Celebrating mummy's birthday at the end of the evening meal

Tous : everyone; **joyeux anniversaire** : happy birthday ("anniversary" : **anniversaire de mariage**)

bougie : candle

je ne me rappelle pas ton âge < se rappeler : to remember, (heavy irony from Gérard!)

Moi non plus : nor do I/ can I/ am I, (useful expression); opposite of **moi aussi**. (See **Ex. 7**)

c'est normal : like "there's nothing odd about that"; a much used expression.

tout le temps : all the time

cadeau : present; it's a headscarf : **foulard**

gâté : spoiled; listen to her intonation

dis vite : tell (me) quickly!

Well, do you think she's pleased? What does she tell him?

Pronominal (reflexive) verbs (see SOS)

This conjugation is used in two ways, (see illustrations **le sens de la conjugaison pronominale**):

1. reflexive: as in English "I look at myself (in the mirror)";

2. reciprocal, (in the plural): as in English "we look at each other".

In French, they are used much more often than in English. In English, "I am washing" is assumed to mean "myself", but in French, you must always say what you are washing, even if it is yourself > **je me lave**. English can use "get / got" instead: (I am getting washed / dressed / married), but often the use is untranslatable. The rule is this : if you can wash / raise / take for a walk / prepare something, then you have to be specific, even if it would be obvious in English.

There are anomalies: **se marier**, but **divorcer**; so you might find it simpler to learn each instance by heart!

Attention: Most pronominal verbs can be used non-pronominally, **je lave mes chaussettes**, others can't, eg. **se dépêcher**.

In the **lexique**, pronominal verbs are given as **dépêcher (se)**: remember to change the **se** according to the person. (See **Ex.4**)

The panel shows you how they are formed, with a second pronoun repeating the subject, using two common verbs as examples. (The accent on **lever** comes in the same places as the double 'l' in **appeler**, see **Ex. 8**). The question and negative forms, and infinitive constructions, show you the word order: the second pronoun stays with its verb, sometimes after, linked with a hyphen. (**Ex. 1** practises pronominal and non-pronominal verbs. Have a look at it now if you are confused.)

se réveiller : to wake up; **se promener** : to go for a walk; **se reposer** : to rest / have a rest; **se coucher** : to lie down / go to bed.

1 Put the verbs into their correct forms. An actress tells her life story; the meanings are reflexive.

2 Write a love story using the verbs given, though probably not in that order, and any others you might need; the meanings are reciprocal.

Impératifs : Commands, or forceful advice (see SOS)

The panel shows you the imperative. Commands always involve speaking to someone else, so there are three in French : 1) with **tu**; 2) with **vous**; 3) with **nous**; this third form is the equivalent in English to: "Let's do it! Let's fall in love, etc."

To make an imperative, omit the subject:

vous partez > partez!

tu pars > pars!

nous partons > partons! The negative is the usual sandwich, **ne + verbe + pas**, (but care is needed with pronominals: **ne te repose pas**); there are few irregulars (**être** given here).

The only snag: -er verbs drop the **s** in the **tu** form : **Ne pars pas** < **partir**, but **reste!** < **rester**.

3 Transform the verbs in brackets into pieces of advice (**des conseils**)

4 Devise a suitable follow-up with a negative command.

5 Give 5 pieces of advice how to: avoid being tired; get a good job; learn a foreign language quickly and well. (Compare the word order here.)

The negative infinitive used here is a neat structure : **pour ne pas avoir faim** : so that (whoever you are talking about) won't be hungry; **pour ne pas être en retard** : so that (whoever you are talking about) won't be late.

Entraînez-vous

Practice the **formes pronominales**; in 1, answer as the **amoureux** : lovers; you will hear **souvent** : often, and **lettres d'amour** : love letters;
and 2, as the **paresseux** : lazy-bones.

Practice **l'impératif**: in 3, in the affirmative, and in 4, in the negative.

---

* In English, "days" is plural, (2 people, 2 days), but singular in French, (2 people, 1 day each), and the same applies to "**récit** : accounts".

Page 54 Vocabulaire

Everyday life

1 a) Read the **récit** : accounts, of Sylvie's and Jacques' days*.

Note down the vocabulary relating to everyday life.

Tours : famous city in central France.

prendre une douche : to take a shower

déjeuner, verb, as here : to eat lunch or breakfast; noun : lunch.

dîner, noun, as here: dinner, evening meal; verb, (see Jacques): to eat evening meal

devoirs : homework

je déjeune au restaurant : common practice, there are lots of small, cheap places to go.

b) Listen to the two accounts, of a Paris workman, **ouvrier**, and a Clermont-Ferrand schoolboy, and write down their timetables. Listen to them separately, try to deduce any unfamiliar words rather than looking them up; compare Alexandre's timetable with your own.

c) Compare with the Delvaux family life.

d) Imagine a day in the life of each member of the Delvaux family.

Giving an opinion

The panel shows you how to express agreement and disagreement; **avoir raison** / **tort** : to be right / wrong; you can expand this list, e.g. **probable** / **improbable**, **agréable** / **désagréable** - with thought and judicious recourse to the dictionary.

2 Dinner-table discussion: where people are swopping news, decide what the likely opinion of the others might be: **ex. : "Marseille est une ville agréable"** - **"Je ne suis pas d'accord - c'est une ville abominable!"** etc.

Page 55 Vocabulaire

The table shows common verbs of motion already encountered, showing how French, by adding **re/r** + vowel, to a verb, means that the action is repeated, so **venir** : to come, **revenir** : to come back.

3 Taking as your basis the timetable given, speak as if you were:

a) Gérard, telling his wife, Nathalie;

b) Pierre, Gérard's friend, telling his wife what Gérard is doing.

The second panel is about linking ideas, by opposition: **mais** : but;
cause: **pourquoi?** : why? **parce que** : because;
effect: **donc, alors**: therefore, then;
purpose: **pourquoi?** : why? **pour ...** : (in order) to.

4 Complete the sentences below with a linking word; then imagine what follows from the beginnings given.

 Prononciation

Mute "e"

1. Hearing the different ways in which the mute "e" is pronounced. cross out silent ones.

2. Repeat, paying attention to the sentences' rhythm.

3. Listen to these sentences, and the difference between the different sounds, ticking the appropriate column.

Pages 56 & 57 Civilisation

Celebrations

For information on the **fêtes** featured, see unit introduction.

1 For each **fête**:

Look carefully at the photo or document, and say what is happening, what people are doing.

Compare with your own country, or others that you know.

2 For which celebration do people say each of the greetings, and can you see the following things?

bûche : log, (wood or cake!); **muguet** : lily of the valley;
sapin : (Christmas) tree; **drapeaux** : flags;
couronne : crown; **déguisements** : fancy dress.

3 Compare the school holiday dates with your own.

4 Compile a calendar of French **fêtes**, and compare with your own country.

5 Design a greetings card for a French friend.

This is a convention less widespread in France than many other countries.

Page 58

Poetry for everyday life

These poems celebrating everyday life could be adapted to make poems of your own. Read them aloud for the best effect. Look up vocabulary you don't know.

1 Imitating Jacques Charpentreau, write a poem about your city, your country, your heart ...

2 Note all the polite expressions used in Jean Tardieu's poem, and make them into a dialogue.

3 Make up some more verses for Prévert's poem.

UNITÉ 2 *Leçon* **6**

VOCABULAIRE

1 Les activités quotidiennes

Voici la journée de Pauline, 14 ans, élève en dernière année de collège. Continuez le récit.

« Pauline se lève à 6h 30… »

Comparez avec la journée d'une élève du même âge dans votre pays.

6 h 30 :	Lever – Douche	14 h – 17 h :	Cours
7 h 00 :	Petit déjeuner	17 h 30 – 18 h 30 :	Tennis
7 h 30 :	Bus	19 h :	Dîner
8 h – 12 h :	Cours	19 h 30 – 21 h 30 :	Devoirs et leçons
12 h 30 :	Cantine	21 h 30 :	Toilette
13 h–14 h :	Club vidéo	22 h 00 :	Lecture et coucher

2 Les déplacements Changing place.

Complétez avec les verbes de la liste.

Le grand voyage de Marco Polo

En 1271, Marco Polo a 17 ans. Il ...... en bateau de Venise pour aller en Orient. Il arrive au port d'Acre (Moyen-Orient), puis, il ...... pour la Perse. Il ...... la route de la soie. Il ...... l'Asie et en 1275, il ...... en Chine. Il ...... 5 ans à la cour du Grand Khan. En 1295, il ...... à Venise par la mer. Il a raconté son voyage en français dans *Le Livre des Merveilles*.

- arriver
- partir
- repartir
- rester
- suivre
- traverser

3 États et sentiments

Que disent-ils dans les circonstances suivantes ? What do they say in the following circumstances?
Utilisez les expressions de la liste.

a. Patrick a gagné à la loterie.

b. Margot a invité Renaud. Renaud n'est pas venu à l'invitation et ne s'est pas excusé.

c. Nathalie a enfin trouvé du travail.

d. Gérard a perdu trois fois son portefeuille cette année.

e. Mireille et Vincent se marient aujourd'hui.

- être content(e)
- être heureux (heureuse)
- être étonné(e)
- avoir de la chance
- ne pas avoir de chance

GRAMMAIRE

4 Conjugaison simple et conjugaison pronominale

**Choisissez la conjugaison simple ou la conjugaison pronominale
de ces verbes.**

Le retour du veilleur de nuit

« Je rentre du travail le matin à 6 heures. Je ne ([se] coucher) pas tout de suite. Je
([se] préparer) le petit déjeuner.

Je ([se] réveiller) ma femme. Nous prenons le petit déjeuner ensemble.
C'est le seul moment de la journée où nous pouvons ([se] parler). Après,
ma femme ([se] préparer) et moi je ([se] promener) le chien. Quand
je reviens, ma femme est prête et elle part travailler. Alors, je ([s'] occuper) des
enfants. Quand les enfants sont partis pour l'école, je ([se] laver) les bols du petit
déjeuner et enfin, je peux ([se] coucher). »

5 Négation de la conjugaison pronominale

Répondez négativement et trouvez la raison.

Exemple : a. Non, nous ne nous écrivons pas souvent. Nous nous téléphonons.

a. Avec Pierre, vous vous écrivez
    souvent ?

b. Tu te lèves tôt ?

c. Vous vous couchez tôt ?

d. Nous devons nous dépêcher ?

e. Valérie et Antoine se voient
    souvent ?

■ Nous avons le temps.

■ Nous nous téléphonons.

■ Je regarde la télé jusqu'à
  1 heure du matin.

■ L'un habite à Paris
  et l'autre à Tokyo.

■ J'aime bien dormir
  le matin.

6 L'impératif

Transformez les conseils comme dans l'exemple.

Patricia s'intéresse à Patrick et Patrick aime bien Patricia. Mais les deux sont
timides. (shy)

Donnez des conseils à Patricia.

– Avec Patrick, vous devez vous téléphoner.   → Téléphonez-vous !

– Vous devez aller au cinéma.   →

– Toi, Patricia, tu dois t'habiller mieux.   →

– Tu ne dois pas te maquiller, il n'aime pas ça.   →

– Tu dois t'intéresser au tennis. Il adore ça.   →

– Tu ne dois pas être triste.   →

– Vous devez sortir souvent ensemble.   →

7 *Moi / toi … aussi – Moi / toi … non plus*

Patricia et Patrick sont dans une discothèque. Ils se parlent.
Observez le tableau et complétez le dialogue.

On est d'accord	On n'est pas d'accord
– J'aime le cinéma. Et toi ?	– J'aime le cinéma. Et toi ?
– Moi aussi.	– Moi non.
– Je n'aime pas le jazz.	– Je n'aime pas le jazz.
Et elle ?	Et elle ?
– Elle non plus.	– Elle si.

– J'aime bien danser. Et toi ? → **Moi aussi**, j'aime bien ça.

– Et ton amie Sylvie, elle aime danser ? → ...., elle adore ça.

– Je viens souvent ici, et vous deux ? → ...., nous venons souvent.

– Je n'aime pas ce rock. Et toi ? → ....; il n'est pas bon.

– Je n'aime pas le rap. Et toi ? → ...., j'aime bien. C'est amusant.

– Mes amis n'aiment pas le rap. Et tes amis ? → ...., ils détestent ça.

– J'aime bien les danses classiques. Et toi ? → ...., je préfère les danses modernes.

8 Orthographe. Les consonnes doubles

Comment savoir que la consonne est simple (bête) ou double (belle) ?

Par la prononciation
• [s] entre deux voyelles s'écrit ss
elle est assise
• [ij] s'écrit ill
une fille
• Les mots terminés par -en et -on au masculin s'écrivent -enne et -onne au féminin.
bon / bonne – un chien / une chienne

Par les autres lettres du mot
• Pas de double consonne après e prononcé [ə]
nous appelons (mais « ils appellent »).
• Pas de double consonne après une voyelle avec accent.
un élève – j'achète – un dîner
• Pas de double consonne après une autre consonne.
enseigner – ensemble (mais « assez »)
• Il y a souvent une double consonne quand on ajoute un préfixe à un mot commençant par un consonne.
apporter (de « porter ») – immortel (de « mortel »)

Écrivez ces mots avec ou sans double consonne.

– en(s)uite

– au(s)i

– un oi(s)eau

– un pa(s)eport

– il pen(s)e

– un ba(s)in

– la fami(l)e

– une î(l)e

– uti(l)e

– un bi(l)et

– elle s'appe(l)e Marie

– nous nous rappe(l)ons

– elle se rappe(l)e la nouvelle

– une musicie(n)e

– une cousi(n)e

– une gardie(n)e

– la patro(n)e

– un gâ(t)eau

– une hôte(s)e de l'air

– les pa(t)es du chien

– j'ai mangé des pâ(t)es en Italie

ÉCRITS ET ÉCRITURES

9 Annonces et messages

1. Les élèves intéressés par le projet « Cinéma et Littérature », peuvent s'inscrire au secrétariat *avant le 1er octobre*.

J. Leblanc

2. Jeune musicien donne cours particuliers. Guitare ou piano **100 F/ heure** TÉL : 47 32 35 83

3. Françoise, étudiante en histoire, cherche une place dans une voiture pour partir à Lyon vendredi 15 mai TEL : 76.54.31.25

4. Collectionneur, achète cartes postales des années 30, de Pau et de sa région. Tél. : 59 27 30 41.

5. J'ai invité Mario et Julio à 8H ce soir. Peux-tu faire les courses ? N'oublie pas le vin. Je t'embrasse Nanou.

6. Le directeur de la BCP a appelé à 11 heures. Le rappeler dès votre retour. Céline.

BCP : Banque Centrale de Paris

Lisez ces messages et répondez :

a. Quel message peut-on trouver ?

– dans une maison …

– dans un magasin de quartier …

– dans un bureau …

– dans un journal de petites annonces …

– sur le panneau d'information d'un lycée …

– sur le panneau d'information d'une université …

b. Qui s'adresse à qui ?

1. un professeur → des élèves du lycée

2. .... →.....................

3. .... →.....................

4. .... →.....................

5. .... →.....................

6. .... →.....................

c. Quelle est la fonction de ces messages ?

– demander un service…

– proposer un service…

– donner une information…

d. Rédigez une petite annonce pour chacune des situations suivantes :

– Vous voudriez avoir un(e) correspondant(e) en France.

– Vous avez rencontré une personne dans le train. Vous voudriez revoir cette personne. Vous ne connaissez pas son nom, son adresse, etc.

10 Poésie des mois et des jours

a. **Lisez le poème d'Alain Bosquet.**
À qui parlent les douze mois de l'année ?
Que disent-ils ?

b. **Imaginez un texte semblable pour les jours de la semaine :**

« Lundi pour dire à la semaine… »

Janvier pour dire à l'année « bonjour ».

Février pour dire à la neige « il faut fondre[1] ».

Mars pour dire à l'oiseau migrateur[2] « reviens ».

Avril pour dire à la fleur « ouvre-toi ».

Mai pour dire « ouvriers nos amis ».

Juin pour dire à la mer « emporte-nous très loin ».

Juillet pour dire au soleil « c'est ta saison ».

Août pour dire « l'homme est heureux d'être homme ».

Septembre pour dire au blé « change-toi en or ».

Octobre pour dire « camarades, la liberté[3] ».

Novembre pour dire aux arbres « déshabillez-vous ».

Décembre pour dire à l'année « adieu, bonne chance ».

Et douze mois de plus par an,

Mon fils,

Pour te dire que je t'aime.

Alain Bosquet, *La Nouvelle Guirlande de Julie*,
Éditions ouvrières, 1976.

1. fondre : se transformer en eau
2. migrateur : qui change de pays
3. allusion à la Révolution d'octobre 1917, en Russie

---

c. **Lisez le poème de Philippe Soupault.**
Complétez le tableau des moments de la vie.

There is an English rhyme - Solomon Grundy - which is like this.

Pour un dictionnaire

Philippe Soupault dans son lit

né un lundi

baptisé un mardi

marié un mercredi

malade un jeudi

agonisant[1] un vendredi

mort un samedi

enterré un dimanche

c'est la vie de Philippe Soupault.

Philippe Soupault, *Georgia, Épitaphes, Chansons*,
Gallimard, 1984.

1. agonie : les derniers moments avant la mort

Participe/Adjectif	Verbe	Nom
né	naître	la naissance
baptisé		

d. **Imaginez le déroulement de votre vie sur les douze mois de l'année.**

.... né(e) en janvier.

.... en février.

Entracte

1 Mots fléchés

Retrouvez des mots qui rappellent les fêtes.

1. Dans les défilés du 14 Juillet, il y a des…
2. Pour le jour de l'an, on envoie des cartes de…
3. Au dessert du réveillon de Noël on mange la…
4. Dans la galette des Rois on trouve la…
5. Pour la Chandeleur on fait des…
6. Pour le carnaval les enfants se…
7. À Pâques, les enfants cherchent les…
8. Quand on a la fève de la galette des rois on met une…
9. Le 1er mai on offre du…

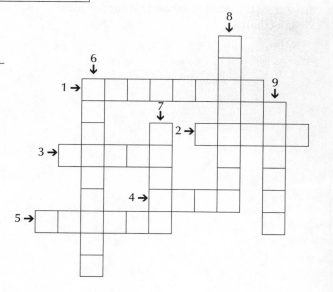

2 Famille et littérature

Pouvez-vous compléter ces titres avec un membre de la famille.

a. Le ………… Goriot (Balzac)

b. ………… Courage (Brecht)

c. Les ………… ennemis (Kazantzakis)

d. Les Trois ………… (Tchekhov)

e. La Case de l'………… Tom (Beecher-Stove)

f. La Gloire de mon ………… (Pagnol)

3 Rébus

Trouvez des proverbes.

a.

b.

c.

Réponses

1. 1. drapeaux – 2. vœux – 3. bûche – 4. fève – 5. crêpes – 6. déguisent – 7. œufs –
   8. couronne – 9. muguet
2. Le Père Goriot – Mère Courage – Les Frères ennemis – Les Trois Sœurs – La Case de l'oncle
   Tom – La Gloire de mon père
3. a. Les amis de nos amis sont nos amis – b. Le temps c'est de l'argent – c. Loin des yeux, loin
   du cœur

Ils ont choisi de vivre en France. Ils y sont devenus célèbres. Découvrez la France arc-en-ciel.

Yves Montand

Le vrai nom du chanteur et comédien **Yves Montand** était Ivo Livi. Il était né en Italie. La communauté d'origine italienne a donné de nombreuses célébrités au monde du spectacle (l'acteur **Lino Ventura**, l'humoriste **Coluche**), du sport (**Michel Platini**), de la mode (le couturier **Pierre Cardin**).

La place de Séoul à Paris

En peinture, le mouvement surréaliste français de la première moitié du XXᵉ siècle est surtout espagnol (**Picasso**, **Dali**, **Miró**). Né à Barcelone, l'architecte **Ricardo Bofill** a fait des ensembles architecturaux à la fois classiques et originaux. **Victoria Abril**, l'actrice préférée du metteur en scène Pedro Almodovar, est aussi espagnole mais vit à Paris.

Le chanteur **Charles Aznavour** est d'origine arménienne. Le plus grand auteur de pièces de théâtre des années 50 et 60, **Eugène Ionesco**, est arrivé de Roumanie. L'actrice **Isabelle Adjani** a un père algérien et une mère allemande.

On pourrait aussi trouver de nombreux Grecs, des Allemands, des Portugais, etc.

Et savez-vous que le célèbre tableau de Picasso *Les Demoiselles d'Avignon*, ne représente pas des femmes de la ville française d'Avignon mais de la rue d'Avignon à Barcelone ?

La France est fière de ses prix Nobel. **Georges Charpak**, prix Nobel de physique en 1992, est né en Pologne et il est arrivé en France à l'âge de huit ans. Autre scientifique célèbre et polonaise : **Marie Curie**, deux fois prix Nobel (en 1903 et en 1911) et première femme nommée professeur à la Sorbonne.

Le célèbre constructeur d'automobiles **André Citroën** avait une mère polonaise, et **Haroun Tazieff**, spécialiste des volcans, a aussi des origines polonaises.

UNIT 3 - Introduction

UNDERSTANDING AND SPEAKING
- Recounting past events
- Writing a letter or postcard about a journey
- Talking about people (physical and psychological descriptions)
- How to behave in a restaurant
- Talking about the weather

DISCOVERING
- Three faces of adventure and travel
- A region: the Auvergne
- The French and food
- What things cost and how much the French earn
- Some changes in France since 1968

A project - preparation and production

This unit is planned differently from units 1 & 2: Lessons 7 and 8 are designed to build up to an individual or group project in lesson 9: writing the account of a journey. Instead of having a story to follow through the unit, there are documentary pages, a **mini-dossier**, with the aspects of life and language needed for this project.

Leçon 7 introduces you to three remarkable travellers. **Florence Arthaud**, a renowned yachtswoman, is shown winning the **Route du Rhum** race. The French are very keen on sailing, and her achievement in a male-dominated sport has been much appreciated. Captain **Jacques-Yves Cousteau**, the famous oceanographer, pioneered under-water filming. He is a leading conservationist. **Alexandra David-Neel,** born in 1869, was an extraordinary woman for her time, travelling alone, to places few Europeans had ever been.

In **leçon 8**, you are introduced to a region, the **Auvergne**. This part of France, (see maps on pp.172-4), little known to foreign tourists, encompasses the spectacular, volcanic mountain area, **le Massif Central**. There are mountain walks, natural springs, to quench the French's insatiable thirst for mineral water, and many regional **spécialités**. The Auvergne is tough farming country, and its **cuisine** is noted for its robust, substantial food. No nonsense with a fluted radish or dab of raspberry coulis.

Eating

This unit deals with food, and is therefore the most important in the book; eating is central to the French way of life, and has none of the shame attached to it in Anglo-Saxon cultures. "Greed" is an ugly word, while **la gourmandise** is infinitely gentler, more of a **péché mignon**, (a little weakness.) Food retains a strong regional flavour, with local delicacies enjoying prestige as well as nostalgia, and as local markets are still a feature of all French towns, including central Paris, there is a seasonal variation in produce that supermarkets have destroyed in some countries. The French are extremely hospitable: it is unthinkable to receive someone in your house without offering some form of refreshment, the words: **Qu'est-ce que je vous propose?** being the main greeting, accompanied by a cheering clink of glasses and a rattle of **gâteaux apéritifs**. There are statistics about food on p. 85: the notorious snails and frogs' legs are in fact rarely eaten, being considered - unbelievably for some - as great delicacies. For that reason, too, you are unlikely to be offered horse instead of beef, except as a treat.

Leçon 9 takes you through the various stages leading up to the project : the account of a journey, real or imaginary, that you, the intrepid explorer, have made.

HEALTH WARNING

It is tempting, when you embark on a piece of work as free as this, to do as you would in English: find the ideas first, and then the most appropriate words and structures to do full justice to them. A different approach is needed here. The lessons so far provide your data base, **banque de données**: exploit it mercilessly, and fit your ideas round the material. For instance, there is nothing about animals, little about dress, so don't travel anywhere where exotic fauna and intriguing costume are the salient features. An imaginary country is both tempting - as you have complete freedom to tailor your ideas - and perilous, since there are no restraints. Tread carefully, and beware of dictionaries with their beguiling pitfalls: here be dragons!

Grammar
- perfect and imperfect of verbs

Vocabulary
- describing people physically and psychologically
- changing and developing
- adventures and exploring

Speaking
- recounting past events, describing changes

UNITÉ 3 · *Leçon* 7

Page 62

Three faces of adventure

Ⓐ Florence Arthaud is shown arriving in triumph at the end of **la Route du Rhum** (rum), a lone yacht race, held every 4 years over the 7,200 kilometres between **Saint-Malo** and **Pointe-à-Pique** and won for the first time by a woman. Use the maps on pp.155 & 172 to find the points of departure, **Saint-Malo**, in Brittany, and arrival, **Guadeloupe**.

il faisait nuit : it was dark; **faisait** is the imperfect tense of **faire**, (see p.64) used here as a description; **nuit** : night, is used here as an adjective "dark", (**jour** can be used in the same way to mean "light").

des milliers : thousands; **curieux** : curious people; **attendaient** : were waiting (imperfect of **attendre**, to wait)

souriant : smiling

était : imperfect of **être**

traversée : crossing; **à la voile** : by sail

arrivée : arrival

Page 63

Ⓑ Jacques-Yves Cousteau, a captain in the French Navy, is an adventurous oceanographer, one of the first to film extensively under water. He is also a distinguished and popular conservationist.

aventurier : adventurer

coiffé : untranslatable, here means " wearing on his head", can mean "having a hair-style": **coiffé en brosse**, (with a crew cut)

cheveux, yeux etc., see drawing showing parts of the body, **corps**, on p.66

passer (du temps) à + infinitif *: to spend (time) doing.

les merveilles : wonders

---

une centaine : about a hundred, **une trentaine** : about thirty

diriger : to direct

vécu < **vivre**: to live

scientifique : a scientist; or can be used as an adjective, scientific

défendre : to defend

Ⓒ Alexandra David-Neel, b. 1869, was one of the early emancipated women. She travelled alone, first in Europe and later in the Orient, an extraordinary feat for the time.

exploratrice : f. of **explorateur**

visiter : be careful with this verb which NEVER means "to visit people" (use **aller voir**).

découverte : discovery

découvrir : to discover

l'Inde : India

depuis son départ : since her departure

court : short

fumer : to smoke

Page 64 Grammaire

Two tenses for talking about the past

The **passé composé** (perfect)

For the conjugations in a) and b) see page 36;

c) the perfect with pronominal verbs: these are formed with **être**, and agree; the rules behind the agreement are complex, but for the moment, if you make them agree with their subject, you will nearly always be right. (see **Ex. 5**).

b) The **imparfait** (imperfect): This is very straightforward to form, with very few irregularities. The endings -ais, -ait and -aient are all pronounced é. (See **Ex. 6**).

---

* Dependent verbs in French are always infinitives.

2. How to use the two tenses.

The two tenses are used in different circumstances. To see how they differ, go through the texts, noting which verbs are in the **passé composé** and which in the **imparfait**. The **passé composé** is used for the succession of main actions : **Florence Arthaud est arrivée ....; ils ont applaudi ...etc.**, while the **imparfait** fills in the background information, sets the scene : **il faisait nuit ....; (ils) attendaient ...etc.**.

Two main uses of the imperfect are:

a) description (as above)

b) past actions that were habitual or often repeated.

The dialogue at the bottom shows how the two tenses work together. She explains - **imparfait** - where she was, (Paris), what she did everyday, (buy a lottery ticket). Then states - **passé composé** - the events that followed, (won a prize, bought a car). He is reminiscing about what he did as a young actor - **imparfait**.

Ex. 7 practises this. You could have a look at it now, and again later to reinforce.

1 Put the verbs in brackets into the **passé composé** or the **imparfait**. Sort out which tense to use before working out the forms. All background information goes into the **imparfait**, while the individual actions go into the **passé composé**.

Page 65 Grammaire

2 Same task; in 1995 Jeanne Calment was the oldest person in the world, **la doyenne du monde**. Here she is remembering her youth. The painter Van Gogh would come into her parents' shop, and the poet Mistral was a friend of her father. Charles Trenet is a singer.

3 Using the example given, imagine the causes behind the following events.

4 This is the opposite: given the circumstances, imagine the consequences.

5 Write the account of Christine's day in Venice using her notes. **Attention!** You will need both past tenses.

Danieli : a famous café in Venice

gondole : gondola

déception : disappointment

Entraînez-vous

In 1 and 2, you need to think carefully which tenses to use when putting the sentences into the past.

In 3, a child questions his grandfather about the past. The reply is always negative, and as it concerns what usually happened, (i.e. habits), the **imparfait** must be used.

In 4, you are asked questions, about past circumstances. Reply with a **oui** or **non** as needed.

Page 66 Vocabulaire

Describing people

The insert shows you the words for different parts of the body, **le corps**. Most need no clarification, but note the irregular **un oeil** (pronounced nearly to rhyme with "boy") > plural **yeux**

doigt : finger

brun : dark, rather than "brown"

marron : brown; this adjective never agrees

1,80, un mètre quatre-vingts : height must be given in metric units, the only ones that exist in France.

gros : fat; it is not a kind word

mince : slim

visage : this is not the only, but it is the most usual, word for "face".

Look at the text about Captain Cousteau, and pick out the expressions which describe a) who he is, b) how he looks, c) his character and d) his work.

1 The face of Marianne, the symbol of France, is in all public buildings, and on coins (and stamps, see p.71). She is changed regularly, and a new face chosen among the famous beauties of the time. Three are shown here. Describe them. Has the image of the ideal French woman changed? Choose an ideal woman, (or man) to represent your own country, and describe him / her.

2 Play the "Portraits Game": Describe someone famous to a partner, who must guess who it is.

3 You are going to meet at the station someone you do not know: with a partner, by telephone, give each other clues to help you recognise one another.

You can simulate telephone conversations by sitting back to back.

Page 67 Vocabulaire

The panel is about qualities and defects:

caractère : means "temper / humour", as well as "character", so **bon caractère** : good humoured;

se mettre en colère : to get angry;

gentil / méchant are not exact opposites - **gentil** being a weak word for "kind, nice", **méchant** being a strong word for "nasty";

égoïste : selfish; **courageux** has many meanings, as well as "bold", it is often closer to "resilient".

4 Find what your character is according to (**d'après**) your magic number.

psychologue : understands people

aime être seul : likes being alone

remember that **sympathique** does not mean "sympathetic", but "friendly", "likeable", etc.

Do you agree? (ask someone else!)

What profession is suited to each kind of character?

5 Describe and comment on these two portraits (physical and psychological attributes).

Imagine the thoughts and tastes of the two people.

Prononciation

Three consonants that sound very similar.

1. Listen, and note down the order in which you hear the words.

2. Repeat the words in the order given above.

3. Repeat these sentences, marking the difference between the three consonants.

4. Repeat these proverbs, which translate literally as:

He who has drunk will drink
All new and beautiful
To want to is to be able to
One for all, all for one. (The motto of the Three Musketeers)

Pages 68 & 69 Civilisation

France is changing

These two pages give examples of how France has changed since 1968. The panel shows how to describe changes:

devenir (takes être, and acts like **venir**) : to become

pendant v. **depuis** : do not attempt to find a single translation for these words, as it will depend on the context. Both are used for a duration, **durée**, of time. **Pendant** is only a statement of that duration, **pendant 10 ans** simply means "for 10 years", "during 10 years", etc.; **depuis** links the duration of time to the present, so that **depuis 10 ans** means "since 10 years (from now)", "over the last 10 years", etc.

1 Look carefully at the pictures:

The three badges at the bottom of p. 68 were associated with pressure groups.

SOS racisme was part of a strong political movement, and the SOS prefix is common for such groups, (**SOS animaux** : RSPCA).

mon pote : **pote** is slang for "mate, friend"; this anti-racist slogan, "Hands off my mate!", has become famous.

la carte à puces : "smart" card, a cash and credit card, much used in France

essence sans plomb : lead-free petrol;

soyons écologistes : let's be ecological

routard : back-packer (equivalent)

Maxime Le Forestier is a seventies equivalent of Bob Dylan, as his song shows.

Adossée à la colline : backing onto the hill

ceux qui : those who

MC Solaar is a rap poet.

sida : AIDS

Now decide which of the two given periods they date from; **les années 60** : the sixties

and then describe the developments;

rêvait < **rêver** : to dream

2 Which things and major events shaped your own country in the 70's? and the 80's and 90's?

Compare with today. You will need to use both past tenses **En 1970, il n'y avait pas beaucoup d'ordinateurs. En 1995, on a fini la construction de l'Eurotunnel. Aujourd'hui ...etc.**

3 A woman born in 1968 talks about her childhood, and youth. Note down the changes using the chart. You will hear her mention several French cars, and: **la fôret** : forest; **l'Auvergne** : in the centre of France.

UNITÉ 3 — *Leçon* 7

VOCABULAIRE

Joan Miró
Personnages dans la nuit guidés par les traces phosphorescentes des escargots(snails) (1940-1941)

1 Les parties du corps

a. Observez ce tableau du peintre surréaliste Miró. Identifiez et nommez les détails de ces formes bizarres.

1. Les personnages : trouvez les parties du corps → la tête, etc.

2. Les animaux : nommez-les. Quels détails sont représentés ?

3. Les éléments du paysage.

4. Les objets.

b. Comparez vos listes avec celles de votre voisin(e).

2 Emplois figurés

Utilisez les mots de la liste pour trouver le sens des expressions soulignées.

Exemple : a. Il m'a aidé.

a. Je réparais ma voiture. Pierre m'a donné <u>un coup de main</u>.

b. Tout près de chez moi il y a <u>une bouche</u> de métro.

c. Marie <u>met</u> toujours <u>son nez dans mes affaires</u>. Je n'aime pas ça.

d. André <u>a une dent contre moi</u>. Je ne sais pas pourquoi.

e. Je voudrais juste <u>un doigt</u> de champagne, s'il vous plaît.

f. Gérard est directeur. Philippe est son <u>bras droit</u>.

Can you suggest English expressions for these?

- aider
- un assistant
- détester
- une entrée/une sortie
- un peu de
- s'occuper de

3 Le caractère

Faites correspondre le caractère, les attitudes et les paroles.

Caractère	Attitudes	Paroles
courageux (-geuse)	a. Il aime rire, danser, bien manger.	1. « Je voudrais connaître le monde. »
curieux (-rieuse)	b. Elle aime voyager, rencontrer des gens.	2. « On va faire la fête ! »
généreux (-reuse)	c. Il fait des cadeaux. Il aide les autres. Il partage.	3. « Je paie pour vous. »
joyeux (-yeuse)	d. Elle aime vivre tranquillement.	4. « Ça m'est égal. »
calme	e. Il n'a pas peur.	5. « J'ai tout mon temps. »
indifférente (e)	f. Elle n'est pas intéressée.	6. « Je vais visiter une région dangereuse. »

GRAMMAIRE

4 Conjugaison des nouveaux verbes au présent

Mettez les verbes entre parenthèses au présent.

Le commandant Cousteau parle de la mer.

« Nous (découvrir) un monde nouveau. Des paysages merveilleux (dormir) dans l'océan. Des animaux extraordinaires (vivre) sous l'eau. Malheureusement, les hommes d'aujourd'hui (devenir) dangereux pour la mer. Moi, je n'(attendre) pas la fin de ce monde merveilleux. Je (défendre) tous les jours ce formidable héritage. »

5 Passé composé des verbes pronominaux

Mettez les verbes entre parenthèses au passé composé.
Don't forget to change the **se** where necessary.

Conversation entre deux amies le 15 juillet, après la fête du 14.

« Hier, Maurice et moi, nous (danser) toute la nuit. Nous (se coucher) à 5 heures du matin. Je (se lever) à 8 heures. Toute la journée, je (s'occuper) des touristes étrangers. Nous (se promener) dans Paris. Ils (ne pas se reposer) une minute. Moi non plus.

— Eh bien nous, nous (ne pas se coucher). Nous (faire la fête) toute la nuit…»

6 L'imparfait

Mettez les verbes entre parenthèses à l'imparfait.

Un habitant de Noisy, dans la banlieue parisienne, parle du passé.

« Dans les années 50, Noisy (être) une petite ville. Tout le monde (se connaître).
On ne (prendre) pas le RER[1]. Il n'y (avoir) pas toutes ces voitures. Je (pouvoir)
jouer au football dans les rues. On ne (regarder) pas la télévision. Et nous ne
(partir) pas en vacances. Nous n'(être) pas gâtés comme vous. Mais nous (vivre)
heureux. »

1. RER = Réseau Express Régional (métro rapide pour Paris et sa banlieue).

7 Passé composé ou imparfait

Mettez les verbes entre parenthèses au passé composé ou à l'imparfait.

a. Hier après-midi, Renaud (voir) Margot. Elle (se promener) avec Vincent au
   jardin du Luxembourg.

b. L'année dernière, nous (aller) en Grèce. C'(être) au mois d'avril. Il n'y (avoir)
   pas beaucoup de touristes. Nous (passer) des vacances formidables.

c. Mardi dernier, le commandant Cousteau (présenter) son dernier film. (Je)   Why is the (**je**) in brackets?
   (adorer) ce film.

d. Ce matin, Catherine (aller) à la banque. Elle (être) fermée.

8 Féminin et pluriel des adjectifs

Mettez les adjectifs à la forme qui convient.

-eux/-euse, eux/-euses
- un homme généreux/
  une femme généreuse
- des hommes généreux/
  des femmes généreuses

-er/-ère, -ers/-ères
- un mot étranger/
  une langue étrangère
- des mots étrangers/
  des langues étrangères

-en/-enne, ens/-ennes
-on/-onne, ons/-onnes
- un port européen/
  une ville européenne
- des ports européens/
  des villes européennes

-f/-ve, -fs/-ves
- un garçon sportif/
  une fille sportive
- des garçons sportifs/
  des filles sportives

a. Isabelle Authissier est, comme Florence Arthaud,
   une femme (sportif) et (courageux). Elle aime les
   expériences (dangereux).

b. Hier, j'ai fait une (bon) affaire. J'ai acheté deux
   robes pas (cher) et de (premier) qualité.

c. Catherine et Annie ont mis trois jours pour aller de
   Paris à Nice. La route est (long) et, comme elles
   sont (curieux), elles se sont arrêtées dans tous les
   endroits (intéressant).

d. Mireille Mathieu est une chanteuse (brun) aux
   cheveux* (court). Elle a chanté dans toutes les
   capitales (européen).

   *à, au, à la, à l', aux are used when you have a
   descriptive phrase, like **La dame aux camélias**,
   champignons à la grèque, etc.

ÉCRITS ET ÉCRITURES

9 Récits

1.
Figure-toi [1]. que, finalement, je suis allée voir Carmen vendredi à l'opéra. Tu sais que je n'avais pas de place. Eh bien, vendredi à 6 heures : coup de téléphone. C'était Gérard. Il avait deux places. Nathalie était malade. Il m'a proposé sa place.

4.
Saint-Denis, le 3 mars.
Un voyageur de 58 ans qui voulait descendre en marche d'un train à la gare de Saint-Denis a glissé sur le marche-pied. Il est mort écrasé [2].

5.
On se promenait au bord de l'Oise. Tout à coup, on a entendu un « plouf » puis des cris. C'était une fillette de 3 ans. Elle était tombée dans la rivière. À ce moment-là, un garçon de 14 ans a sauté dans l'eau et a ramené la petite fille.

2.
Bordeaux, le 5 février.
■ Près de 10 000 personnes venues de toute la région ont défilé hier dans les rues de Bordeaux. La manifestation était organisée par la CGT et six autres organisations syndicales pour défendre la Sécurité sociale.

3.
Le squelette d'un dinosaure a été découvert en janvier dernier dans la région de Midelt au Maroc.

Ce squelette faisait 4 mètres de long et datait de 60 millions d'années.

(1) **figure-toi** : just imagine

(2) **écrasé** : crushed

a. **Lisez ces cinq récits. Quel(s) récit(s) peut-on trouver :**

– dans un journal ?

– dans un magazine d'information scientifique ?

– dans une conversation orale ou dans une lettre amicale ?

b. **Dans chaque récit, relevez les informations suivantes :**

Récits	Date de l'événement	Lieu	Personnages	Type d'événement
1.	vendredi	domicile opéra	une femme et ses deux amis : Gérard et Nathalie	proposition de place et spectacle à l'opéra

c. **Dans les récits 1., 2., 3., observez le rôle du passé composé et de l'imparfait.**

1 Passé composé → actions principales

Je suis allée voir Carmen.

Imparfait → actions secondaires

décor

commentaires, explications, etc.

Je n'avais pas de place.

10 Rédiger un récit au passé

**a. Biographie. D'après les informations ci-dessous, rédigez une courte
biographie du poète Arthur Rimbaud.
Utilisez le passé composé et l'imparfait.**

« Arthur Rimbaud est né en 1854 à Charleville. C'était un enfant intelligent mais... »

Arthur Rimbaud

1854	Naissance à Charleville. Enfant intelligent. Caractère difficile.
1869	Élève au collège de la ville. Passionné par la poésie. Écrit ses premiers poèmes. Admirateur de Victor Hugo.
1871	Paris. Rencontre avec le poète Verlaine. Amitié difficile (nombreuses disputes).
1873	Publie *Une saison en enfer* et *Les Illuminations*.
1875-1890	Voyages en Europe, puis en Arabie. Vit de petits métiers. Rêve de faire fortune.
1891	Retour en France, malade. Mort le 10 novembre.

b. Aventure

Début (3 mai)

Fin (10 juillet)

**Voici le début et la fin d'une aventure.
Imaginez des épisodes entre le début et la fin et racontez.**

« Pierre, Jacques et François ont décidé... »

Grammar
- partitive articles
- expressions of quantity

Vocabulary
- food and eating
- the countryside
- colours

Speaking
- talking about food and eating in restaurants

UNITÉ 3

Leçon

8

Page 70

Help me, Auvergne! the battle cry with which a French knight alerted his men; the battle was won, but he lost his life.

Ⓐ & Ⓑ Pierre and Annie are visiting the Auvergne. It's 2 o'clock in the afternoon. They stop at a small inn by the side of the road.

auberge : inn; an old-fashioned word used for small hotels with a public restaurant.

ailleurs : elsewhere

il y a quelqu'un? : anyone there?

patron : landlord, boss

j'ai faim : I'm hungry, (literally) I have hunger

manger : to eat

poulet : chicken; **la potée auvergnate** : a local dish, a sustaining stew of vegetables, including **chou**, cabbage, bacon and sausages; **rôti de boeuf** : roast beef

il reste encore : is there any ... left / there is some ... left

(il n'y a) plus de : (there's) none left

asseyez-vous < s'asseoir : to sit down

…

je sers < servir : to serve

entrée : first course

pâté de campagne : anything **de campagne**, which means "country-style", is simple, roughly chopped etc.; **crudités** : raw vegetables (tomatoes, grated carrot etc.) and cold meats

vous n'êtes pas d'ici : why does Pierre think he is not a local man?

auvergnat : adjective, of / from the Auvergne

Pick out of the dialogue any expressions of quantity.

Page 71

Ⓒ A holiday postcard

The stamp is a portrait of Catherine Deneuve as Marianne.

Look at the photos, showing some of the famous sites. Try to read this card straight off without worrying about every word - trust your instinct, and look at the notes later. These are the kinds of expressions you could re-use when writing cards or letters. Putting the surname in capitals is usual in France, and it is often put first, **GOMEZ Jean.**

avoir de la chance : to be lucky, (lit.) to have (good) luck

cheval : horse, here it means "riding"

trois étoiles pour la fôret etc. : the Michelin guide's highest rating for this forest of ancient oaks

oiseau : bird

le circuit des volcans : the volcano circuit, a marked tourist route

avec toute notre amitié : with all our friendship, equivalent to "all the very best / very best wishes"

bises : kisses, equivalent to "love"; NEVER put **amour** at the end of a message.

Are they having a lovely time? how do you know?

Page 72 Grammaire

Expressions of quantity, and the partitive article

The panel shows:

I. The partitive article. These correspond in English to "some", "any", or words with no article. They change with gender in the singular, and in the plural are always **des**. To see how different articles are used, look at the speech bubbles: (remember, **pain** means both bread and loaf); they mean "... some bread", for uncountables (things you cannot count), "... a loaf", for countables (things you can count), "... bread", (for things in general).

The partitive article in the negative is always **de** on its own, or **d'** + vowel, (**d'eau**).

2. Expressions of quantity

The table is divided for uncountables, and countables.

du thé : some tea; **un peu de / beaucoup de** : a little / lot of. With any expression of quantity, (**un bouquet de fleurs, un kilo de tomates**), the partitive article is always **de** on its own, or **d'** + vowel.

quelques : a few; **plusieurs** : several

3. more / no more; another / no more: there is the one expression in English, but two in French, the first given is for uncountables, the second for countables.

je ne veux pas d'autres petits gâteaux : when the partitive article is separated from the noun by an adjective, (or two, as here,), use **de** on its own, or **d'** + vowel.

IN SHORT, there are 3 cases when the partitive article is always **de** on its own, or **d'** + vowel.

4. Something / nothing; somebody / nobody. Useful variants on the negative: replace **pas** with **rien** for "nothing", and **personne** for "nobody". They can be used on their own, as in English: **Qui veut laver les toilettes? Personne!**

1 You have the list of shopping Pierre and Annie want for their picnic:

a) complete it as in the example given. The genders are in the **lexique**.

baguette : French stick; **jambon** : ham; **tranche** : slice; **crème solaire** : sun-cream.

b) They are asking the shopkeeper, **commerçant**. Complete the list for them.

Page 73 Grammaire

2 Fill the gap with an appropriate article, (sometimes there are several possibilities!); Vincent, the fuss-pot, is invited to Carine's house.

3 Fill the gap with an appropriate expression of quantity.

4 This is to practise **rien / personne**. Complete the answers and questions in this police interrogation.

5 Prepare and act out the scenes. See **Ex. 7**

a) The hostess and her guests:
She offers. They accept / refuse. She insists ...

b) The tax-inspector:
Be defensive! Of course you have very little of value.

c) Nathalie comes home from a party. Gérard asks her about it. If you live at home, you could play this with your parents, starting with them saying: **Tu as vu l'heure?** (Have you seen the time?)

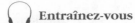 **Entraînez-vous**

1. Your hostess offers, and you refuse, so her partitive articles are reduced to **de / d'** in your answers. Use the same verb as she does.

2. Replying **non** to questions about Greenland, but with a variety of expressions of quantity.

3. After being burgled, your neighbour questions you. You saw nothing and nobody, **rien / personne** etc.

Page 74 Vocabulaire

Eating

The panel shows different foods, **les aliments**. This word is only used in this scientific sense; to say French food, Indian food etc., use **la cuisine** or **la gastronomie française / indienne** etc. The latter is very complimentary!

la santé dans l'assiette : health on a plate

The calorific needs, **besoins**, are shown, and the figures, **chiffres**, give the calorific value per 100 grams or litre.

lait et fromages : milk and cheeses, (France has over 350 varieties of cheese); **beurre** : butter;
la crème Chantilly : whipped, slightly sweetened, cream; **légumes** : vegetables; **haricots** : green beans;
salade : any of the many forms of lettuce;
champignons : mushrooms, (includes all fungi, even mould)

viandes, poissons et œufs (pronounced to rhyme with "were" in the plural) : meat, fish and eggs;
poulet : chicken; **veau** ; veal, (very popular);
agneau : lamb, (a luxury meat in France)

les fruits : this is a countable in French :
un fruit : a piece of fruit;
le raisin : grapes, uncountable in French

pain, céréales et sucres : bread, cereals and sweet things; **pâtes** : always plural, pasta; **riz** : rice

boissons : drinks

Page 75 Vocabulaire

1 Using this calorie table, compose a menu for:
a) a sportsman - b) a model - c) a bricklayer

Use phrases like: **le sportif doit / peut manger ... on peut mettre à son menu etc**.

Then compose your own ideal menu, using phrases like: **je voudrais manger, pour mon menu, je choisis** etc. Show it to a friend, and compare your tastes.

At the bottom of p.74, see **Manger et boire** : eating and drinking

Note the phrases: **avoir faim / soif** : to be hungry / thirsty; literally: to have hunger / thirst.

Useful restaurant vocabulary, **serveur/se** : waiter/ress; **le menu** means set meals, usually cheaper than **la carte**; **choisir les plats** : to choose dishes; **commander** : to order in a café / restaurant; **goûter** : to taste

la table gives the usual items found on a table. Guess, and then check in the **lexique**.

Apprécier is important, as the French talk about what they are eating, and omitting the **c'est excellent** is taken as a sign that **ça a mauvais goût**, (it has a bad taste).

demander : these are condiments. Guess, and then check in the **lexique**.

2 🎧 A couple are going to a small restaurant.

a) Note down the order of events: **choix** : choice. Use the menu opposite; **de pays** : local; **bifteck frites** : steak and chips; **tarte aux pommes** : apple tart. You will hear the expressions : **se mettre à une table** : to take a table; **ensuite** : next, then.

b) Imagine the rest of the scene, ordering a pudding - coffee - asking for and paying the bill

c) Act it all out with two friends

3 The couple are going to a smart restaurant, with the second menu; **foie gras de canard** : duck liver, (a great delicacy); **girolles** : chanterelles, (a type of wild mushroom, also a great delicacy); **thon** : tuna, (not tinned!); **tian** : a baked dish; **vinaigrette** a dressing made of oil and (in this case, balsamic) vinegar. Read the following scene : **maître d'hôtel** : head waiter; **explication** : explanation.

Now compare the two, taking the order of events from **2** (ex: **ils ont réservé dans le grand restaurant**). Imagine the rest of the scene, ordering a pudding - coffee - asking for and paying the bill, and act it all out with two friends. Several suggestions for the end are made. **laisser un pourboire** ; to leave a tip.

🎧 **Prononciation**

Two easily confused consonants.

1. Listen, and note down the order in which you hear the two sounds.

2. Repeat the sentences, taking care with the **r** rolled in the throat. Gargling while practising is fun.

Pages 76 & 77 Civilisation

Poetry in landscapes

As you can see from the photos, France is a country of extraordinarily varied landscape, climate, and wildlife; nature, especially from the 19th century onwards, was a great inspiration to the poets. Try to use a dictionary only when all else fails, and note down words you think might be useful again.

1 Looking carefully at the pictures, match each one to an extract.

2 From the poems and the postcard on p.71, find all the words that can be classified in the columns below. Then complete the table with the words given. See if you can remember them all. **végétaux** : greenery.

3 What activities can you enjoy in places like these? Use the words you know before looking up others. **Leçon 3** has useful expressions.

4 Here are the colours you have not yet seen: **jaune** : yellow; **vert** : green; **gris** : grey.

Say where they can be seen in the photos, and using the four seasons, **au printemps, en été, en automne, en hiver**, say in what circumstances the landscapes can assume colours you have not mentioned, **citées**.

UNITÉ 3

Leçon
8

VOCABULAIRE

1 Le petit déjeuner

a. Classez les aliments dans les rubriques suivantes :

– boissons
– pain et céréales
– laitages
– viandes, œufs, poissons
– fruits

b. Composez votre petit déjeuner préféré.

Les petits déjeuners en Europe	
Royaume-Uni thé, jus de fruits, céréales, toasts*, marmelade, beurre, œufs, bacon	**Italie** expresso ou cappucino, brioche
Pays-Bas café, jambon, pain, beurre, gouda, jus de fruits, sirop de pomme, céréales	**France** café au lait, tartines beurrées ou croissants
RFA (Germany) café, compote, fromage, viandes froides, pains, beurre	**Espagne** café au lait, pain grillé, beurre

* toasts, countable in French

2 Les spécialités

Trouvez la composition de ces plats régionaux. Utilisez les mots de la liste.

- du bœuf
- du beurre
- des carottes
- de la farine
- du fromage
- des haricots blancs
- du lait
- des oignons
- des champignons
- des œufs
- du pain
- du poulet
- des lardons
- des saucisses
- du sel
- du sucre
- du vin blanc
- du vin rouge

Le cassoulet (Toulouse et Sud-Ouest)

La fondue (Savoie)

Les crêpes (Bretagne)

Le bœuf bourguignon (Bourgogne)

« Dans le cassoulet, il y a des haricots blancs,… »

3 | Achats et quantité

Que demandez-vous quand vous achetez les choses suivantes ?

Associez les aliments ou les objets avec la quantité.

Exemple : un kilo de pommes de terre, de haricots, etc.

une boîte – une bouteille – une douzaine –
un kilo – un paquet – une plaquette

- les allumettes
- le beurre
- le café
- le chocolat
- les cigarettes

- l'eau minérale
- les haricots
- les pommes de terre
- les œufs
- les tomates

GRAMMAIRE

4 | Les articles

Complétez avec un article défini, indéfini ou partitif.

a. Nous avons .... monde à dîner ce soir. Pense à acheter .... pain, prends
quatre baguettes, s'il te plaît !

b. J'ai .... bière au réfrigérateur. Est-ce que vous voulez .... bière ?

c. .... thé est prêt. Est-ce que vous voulez .... thé ?

d. J'aime bien .... glace. Est-ce qu'il y a .... glace au dessert ?
Avec .... crème chantilly, c'est délicieux.

monde : people (here)

5 | Encore / ne ... plus

Nathalie va faire un gâteau aux pommes. Elle demande à son mari de vérifier ce qu'il reste. Observez le document et rédigez le dialogue.

Gâteau aux pommes
pour 6 personnes
365 g de farine
250 g de sucre
4 œufs
1/4 l de lait
300 g de beurre
5 pommes

NATHALIE : Est-ce qu'il reste de la farine ?

GÉRARD : Non, il n'y a plus de farine.

NATHALIE : ....

6 | La quantité

a. **Complétez avec *un peu de, un morceau de, quelques*.**

Dialogue entre Mme Lucet et son invitée

– Reprenez .... bœuf bourguignon !

– Non merci, mais je vais prendre .... frites. Et je voudrais .... pain, s'il vous plaît !

– Vous ne buvez pas .... vin ?

– Non merci, juste .... eau.

– Vous ne mangez pas beaucoup, vous savez. Mais peut-être que vous préférez le dessert. Vous allez avoir un gros .... gâteau au chocolat.

b. Complétez avec *quelques*, *plusieurs*, *beaucoup* (*de*), *tout* (*toutes*, *tous*, *toutes*).

Un garçon de café parle à son patron.

« Nous avons vraiment .... travail. Nous restons debout .... la journée. Nous arrêtons de servir juste .... minutes pour manger. Nous sommes seulement deux et nous ne pouvons pas servir .... le monde. En ce moment, il y a .... touristes. Ce matin, ... d'entre eux se sont levés et sont allés au bar d'à côté. Pourquoi ne prenez-vous pas .... jeunes pour l'été ? »

7 | *Quelque chose – ne … rien / quelqu'un – ne … personne*

Compléments du verbe
– Vous cherchez **quelqu'un** ?
– Je ne cherche **personne**.
– Vous cherchez **quelque chose** ?
– Je ne cherche **rien**.

Sujets du verbe
– **Quelqu'un** est venu ?
– **Personne** n'est venu.
– **Quelque chose** a changé ?
– **Rien** n'a changé.

Une journaliste fait une enquête sur une maison hantée. Complétez les questions et les réponses.

J (journaliste) : Est-ce que quelqu'un habite ici ?

V (voisins) : Non, ...

J : Est-ce que vous entendez quelque chose la nuit ?

V : Oui, ...

J : Est-ce que vous voyez quelqu'un ?

V : Non, ...

J : Est-ce que quelqu'un est entré dans la maison ?

V : Oui, ... est entré : moi.

J : Et vous avez découvert ....?

V : Non, je n'ai .... découvert.

8 | Consonnes finales non prononcées des adjectifs et participes passés

Écrivez la forme du féminin et prononcez-la.

Le féminin permet souvent de trouver la consonne finale d'un adjectif ou d'un participe passé.
Exemple :
froid → de l'eau froide
Quelquefois, la prononciation ne change pas.
Exemple :
gentil → gentille

un garçon souriant → une fille ....

un billet gratuit → une place ....

un drapeau vert → une salade ....

un repas excellent → une crème ....

un garçon gentil → une fille ....

Attention !

un drapeau blanc → une voiture ....

un légume frais → une boisson ....

un nez long → une robe ....

ÉCRITS ET ÉCRITURES

9 Choisir un restaurant

LA CARAVELLE
104, avenue de Choisy
75013 Paris M° Tolbiac
Tél. 44 24 10 56
• Restaurant italien et pizzeria.
• De 12 h à 14 h 30
et de 19 h à 23 h 30.
Fermé le lundi et en août.
• Carte : environ 120 F. CB.
Un resto-pizzeria dédié au ciné :
préférez la séance du soir, car le midi la
salle est un peu trop bondée. Une
cuisine de bonne qualité pour dire
« t'as de beaux yeux, tu sais » à votre
conquête, sous l'œil connaisseur de
Gabin et Morgan...[1]

Guide Paris Combines, Solar, 1995.

LE NOUVEAU CHINATOWN
6, rue de la Pépinière
75008 Paris M° Saint-Lazare
Tél. 45 22 86 90
• Cuisine chinoise, vietnamienne et
thaïlandaise. Animation karaoké tous
les soirs (sauf le dimanche).
• Tous les jours, de 12 h à 14 h 30
et de 19 h à 23 h 30.
• Menus : 65 F (le midi) et 80 F.
À la carte : 150 F.
Où manger chinois, pas cher et dans
une ambiance « karaoké » ?[2] *Au*
Nouveau Chinatown, bien sûr, où la
musique et une cuisine simple mais de
qualité vous feront passer une soirée
vraiment sympa...
C'est le resto idéal pour faire la fête
entre copains !

L'ATLAS
10, bd Saint-Germain
75005 Paris M° Maubert-Mutualité
Tél. 44 07 23 66
• Spécialités marocaines.
• Tous les jours, de 12 h à 15 h
et de 19 h 30 à 23 h.
• À la carte : de 180 F à 250 F.
Couscous Atlas : 120 F. Pastilla : 85 F
Tagine poisson : 120 F.
Tagine pruneaux amandes : 99 F.
Desserts : de 35 F à 65 F. CB.
L' un de nos Marocains préférés à Paris.
À deux pas de l'Institut du monde
arabe, un personnel adorable et
compétent vous propose un choix
incroyable de tagines (notamment le
confit de canard aux dattes, inhabituel
mais divin). Génial !

CASA PÉPÉ
5, rue Mouffetard
75005 Paris M° Cardinal-Lemoine
Tél. 43 54 97 33
Cadeau Club : un verre de sangria.
• Cuisine espagnole classique.
Flamenco « live » le soir, guitare
et chant.
• Le soir seulement, de 20 h à 2 h.
• Menu à 250 F (apéritif et vin
compris). CB.
In-con-tour-nable ! On vient chez Pépé
pour la qualité des viandes et des
poissons grillés, pour la délicieuse
paella, mais surtout, bien sûr, pour
l'ambiance survoltée par le flamenco et
la sévillana joués et dansés entre les
tables !

1. Jean Gabin et Michèle Morgan sont de célèbres acteurs. Ils
ont joué ensemble dans le film *Quai des Brumes* (1938). Dans
ce film, Jean Gabin dit (à Michèle Morgan) la phrase célèbre :
« T'as de beaux yeux, tu sais ! »

2. Karaoké : possibilité de chanter une chanson en écoutant
son accompagnement musical.

a. **Cherchez ce qui est original dans chaque restaurant.**

b. **Relevez les adjectifs qui caractérisent :**

– la cuisine, les plats : simple, de qualité, etc.

– l'ambiance : sympa, etc.

c. **Relevez et complétez les mots abrégés.**

sympa → sympathique

d. **Dans les noms de plats et d'aliments, cherchez les mots français.**

e. **Dans quel(s) restaurant(s) pourriez-vous manger :**

– un samedi à minuit ?

– un lundi à midi ?

10 Dialogue imaginaire

Le Magasin du bonheur

Le milliardaire[1] :   Et ça, qu'est-ce que c'est ?

La vie :   – Ça, c'est la maison du bonheur.
    Elle coûte le prix d'une histoire d'amour.

Le milliardaire :   – J'achète la maison et je paye avec un chèque.
    Et ça, qu'est-ce que c'est ?

La vie :   – Ça, c'est la photo du bonheur.
    Elle coûte une chanson d'amour tous les jours.

Le milliardaire :   – Très bien, je paie avec ma carte de crédit.
    Et j'achète aussi le sourire de la jeune fille.
    Et ça, qu'est-ce que c'est ?

La vie :   – Ça, c'est le parfum du bonheur.
    Il a le prix d'un mot d'amour.

Le milliardaire :   – Je prends aussi le parfum.
    Et je veux un paquet cadeau !
    Et ça, qu'est-ce que c'est ?

La vie :   – Ça, c'est une rose rouge.
    Elle coûte un simple baiser d'amour.

Le milliardaire :   – Je veux un bouquet de roses.
    Tenez, je paye en billets.
    Mais je veux la monnaie, s'il vous plaît !
    Et ça, qu'est-ce que c'est ?

La vie :   – Ça, c'est le bonheur, la spécialité du magasin.

Le milliardaire :   – Et c'est combien ? Je paye comment ?

La vie :   – Ça, Monsieur, ça n'a pas de prix.
    Et c'est gratuit comme la vie.

1. un milliardaire : un homme très riche

a. Lisez ce poème.

Qui sont les personnages ? Où se passe la scène ?

b. Relevez les mots et complétez le tableau.

Que veut acheter le milliardaire ?	Combien (qu'est-ce que) ça coûte ?	Comment paie-t-il ?
la maison du bonheur	le prix d'une histoire d'amour	

c. Quelle phrase reflète le mieux le sens du poème ?

1. L'argent ne fait pas le bonheur.

2. Le bonheur coûte cher.

3. Le bonheur ne coûte rien.

Grammar
- duration and succession
- characterising

Vocabulary
- climate
- accidents and incidents

Speaking
- describing an incident
- talking about similarities and differences

Page 78 Projet

Travelogue

Read the opening paragraph: **carnet** : note-book; **enregistrer** : to record; **caméscope** : camcorder.

In this lesson, you are the traveller, going anywhere you like, writing the account of your journey in any of the forms suggested, and shown on p.79. The lesson, like a journey, is in **étapes** : stages:

1) choosing the place;
2) describing the route and places seen;
3) describing the weather and recounting an event;
4) giving your impressions of the customs and peculiarities of the place.

See HEALTH WARNING in unit introduction.

Introduction: **tout au long de** : throughout; **journal de voyage** : travel diary; **lettres de voyages** : travel letters; **aller apprendre** : to be going to learn; **décrire** : to describe; **itinéraire** : route; **étape** : stage; **le temps** : (here) the weather; **inattendu** : unexpected; **particularité** : peculiarity.

> **Étape 1** : choose the places for your travelogue: a country, a region, a town or part of a town, in France or elsewhere. An imaginary country, perhaps, and give it a name, Wonderland, Lilliput , or Insomnia! Amass information about the place, and decide on the form your account will take, (see samples opposite : **ci-contre.**)

La Pérouse, Paul-Émile Victor and **Jacques Lanzmann** : eminent explorers;

Jules Verne, 1828-1905 : science fiction travel writer, "Round the World in 80 days" etc.

Look at the 2 texts on p.79, which show you the two possible formats to try.

Colombie, pays réel : Columbia, a real country; **en barque** : in a boat; **c'est l'aventure** : equivalent, the adventure starts; **il fait ... très chaud** : it is very hot, (only of weather)

Insomnia : **pays imaginaire**; **il fait jour** : it is (day)light; **il y a du soleil** : (lit.) there is sun(shine); **lit** : bed; **les gens** (only plural) : people

Compare the two types of text; use a grid, with the headings: **type de récit, qui écrit?, pour qui?, lieu, date, sujets, temps des verbes**.
Choose the form you prefer for your project.

Page 80 Grammaire

Recounting and describing

Situating in time, duration and succession.
(see **Ex. 4** and **5**)

1. Situating in time: revise, as recommended in the white box.

elle est venue : a point in time;
elle est là depuis ... : duration, since ...;
jusqu'au 15 janvier : until January 15th.

2. Situating, compared to the present

The table shows in three columns, **avant**, (before), **maintenant**, (now), **après**, (after), expressions related to each "time zone"; **tout à l'heure** means "very recently / soon", according to context.

3. Duration and frequency

depuis combien de temps est-elle ici? : (for) how long has she been here? Use the present in French, because she is still here.

pendant combien de temps a-t-elle habité ici? : (for) how long did she live here? Use the past in French, because she is not still here. **longtemps** : a long time

une fois, deux fois par mois : once or twice a month, **par** can go with any period of time, **par semaine, par an, etc.**

4. Succession of events and ideas

d'abord : firstly; **ensuite, puis, après** are used to link events, they mean "next, then, afterwards"; **enfin, à la fin** : lastly. You can also number events, as in the right hand column, but don't go beyond **troisièmement**, (thirdly), as it sounds a bit laboured; **dernièrement** means "recently"; "lastly" : **en dernier lieu**.

1 Use words from the first 3 sections above to fill in the gaps; Pierre laments his parents-in-law's visit.

Entraînez-vous

It's useful to do the first part of this revision of the **passé composé** now.

1. You need to do two things : (see **exemple**)
a) put the verbs into the **passé composé** with **je**;
b) link them with suitable expressions from section 4.
Think about how to do them before starting.

2 Decipher the picture, and pad the story with probable additions, then write the report of the policeman who has been trailing a spy. Use the verbs in the box, and the expressions for putting the events into sequence in section 4. Nearly all the verbs will be in the **passé composé**. **faire le tour** ; to walk round.

Page 81 Grammaire

Entraînez-vous

It's useful to do the second part of this revision of the **passé composé** now.

2. This revises asking questions in the **passé composé**, with **est-ce que**, (see **exemple**)

3 Using the two tables, recount the following events. Remember to put the background information, **circonstances**, into the **imparfait**, and the actions into the **passé composé**, (watch the auxiliaries):

a) a car breakdown:
faire un trajet : to make a journey / crossing;
autoroute : motorway; **tomber en panne** : to break down; **garagiste** : garage mechanic; **réparer** : to repair;

b) finding a restaurant.

The panel is about describing and characterising, and brings together things you already know:
adjectives, expressions of quantity, **de, du, etc.**, used to introduce descriptive phrases, **la voiture de Jean**, and phrases of place, giving you the two expressions **se trouver** : equivalent "to be found"; and **être situé**. They make a change from **être** on its own, and **il y a**.

> **Étape 2** Write the first letter or the opening of your journal.
>
> Recount your arrival. Give your first impressions.
>
> Recount your first day (or days).
>
> Describe what you saw, heard etc. Pooling ideas and constructive comments are helpful.

Entraînez-vous

It would do no harm to re-do this, without looking at any previous notes.

Page 82 Vocabulaire

Circumstances and incidents

Talking about the weather, (lit. talking about the rain and fine weather). The panel shows how to talk about different weather **le temps***; note that in English, the basic verb used is "to be", ("what's the weather? it's hot / cold etc.), in French use **faire : quel temps fait-il? il fait chaud / froid** etc. Temperatures are always centigrade (Celsius), Fahrenheit being unknown in France. Note how 40° is "very hot" while 35° is only "hot". In the south of France temperatures of this sort are common in summer.

il fait un orage : there is a storm;
add : **il fait du vent / un vent fort (léger) souffle** : it's windy / a strong (light) wind is blowing;
j'ai chaud / froid : English uses "to be" for "I'm hot / cold", but **je suis chaud** means "I am hot (i.e. feverish)", or "passionate", according to context. Be careful!

les saisons : au printemps, en été, en automne, en hiver

1 Read these extracts from weather forecasts:
a) which of the regions and seasons do they refer to?
b) you live in these regions, and are asked to describe the day's weather. **vent d'ouest** : wind from the west, (see **Ex. 1** for details).

2 This picture shows the view from Marie's window, with a description she wrote of it in summer. What might she write in the other seasons? Use this to practise, re-using, but modifying, texts that you can use in your project. Pissarro (1830-1903), impressionist painter, especially of landscapes with people.

Page 83 Vocabulaire

Recounting an incident

The little box on the right gives two forms, written and oral, for asking "what's happening?", "what's happened?"

3 Each of the pictures and press cuttings represents an awkward situation for a traveller or tourist.
restauration : (here) restoration; **blessés** : injured;
météo : forecast; **grève** : strike;
en baisse / en hausse : going down / up;
complet : (of hotel, cinema etc.) full up.

---

* **temps** can mean "time" or "weather": **je n'ai pas eu le temps d'écrire** : I didn't have the time to write. This rarely leads to confusion, as the context is usually clear, but **Quel temps!** can be "What awful weather!" or "They were/are dreadful times".

Some expressions which are clear in their meaning are quite hard to translate neatly: try to find the exact equivalent of **grands départs, contrôleurs aériens**.

For each item:

a) make up a short scene with a partner, using the example as inspiration.

b) Describe in a couple of lines the mishaps, **mésaventures**. Be careful with the verb tenses, setting the scene - **circonstances** - as well as listing the events - **actions**.

> **Étape 3** Write the second letter or the next instalment of your journal.
>
> Continue the account of your journey, but add details about the weather.
>
> Recount the incidents and mishaps that befell you.

⌒ Prononciation

Two easily confused vowel sounds.

1. Listen, and note down the order in which you hear the phrases. a) **bambin** : child, tot.

2. Repeat the words in the order given above.

3. Repeat these phrases. This little poem about attraction is quite well known. English speakers find both the **un** and **une** sounds hard.

Pages 84 & 85 Civilisation

Are the French like you?

1 Read the information, and look at the photos.

These facts and figures about France will surprise you by either their difference from, or their similarity to, what you are used to at home. Here you learn to express that surprise, and to make comparisons.

habitudes : customs; **les prix** : prices (February 1996).

Les habitudes

salutations : greetings; **se faire la bise** : to kiss (on both cheeks ... at least);

Les prix

livre de poche : paperback;
studio : one-roomed flat, + bath and kitchen;
salaire : salary; **impôt** : tax; **ouvrier qualifié** : skilled worker; **instituteur** : primary school teacher;
bilingue : bilingual; **SMIC** : no equivalent in English, it is the minimum statutory pay.

tartine : slice of bread; **escargot** : snail;
grenouille : frog; **langouste** : small lobster;
consommation moyenne : average consumption;
composter le billet de train : before getting on a train, passengers must validate their ticket in the machine, as in the picture.

Make a grid - **ressemblances / différences** for **la vie française / locale**. Add any others that you know that are not in this section, **heures des classes, activités de loisirs** etc. Now give your opinion, taking items that have surprised you. If necessary, pretend to be surprised in different degrees. The panel shows you how to say things are different or the same.

être étonné / surpris : to be surprised,
étonné is more usual; **choqué** : taken aback / shocked;
c'est pareil : it's the same,
c'est du pareil au même : it's six of one and half a dozen of the other.

Les gens : people. Identify what is happening in the pictures.

2 Look at the phrases: **bavard** : chatty;
poli / impoli : polite / impolite; **gagner** : to earn;
poser une question : to ask a question;
c'est à moi : it's my turn;
je vous en prie : please - (very polite).

In what situations might the sentences be used? What type of character do they show?

> **Étape 4** You could do this after p. 86. Write the third letter or the next instalment of your journal.
>
> In your account, say what has surprised, shocked etc.
>
> Give details of the customs and ways of life.

Page 86

Le culte des monuments.
France's long history, from the **Lascaux** cave paintings to **L'Arche de la Défense**, has left a huge legacy of highly prized national monuments.

Use this page as a gist comprehension, looking up nothing unless in despair.

vestiges : remains; **grottes** : caves;
hôtel particulier : private mansion in town.

Can you find a way to translate gracefully? **ils préparent le futur du passé**

1 List the French monuments you know; classify by date.

2 In answering this question, you must justify your reply.

3 Think of ideas to bring historic monuments to life. Use an infinitive at the start of each suggestion.

Leçon 9

VOCABULAIRE

1 Le temps

Quel temps fait-il en Bretagne ?

Aujourd'hui, 10 janvier

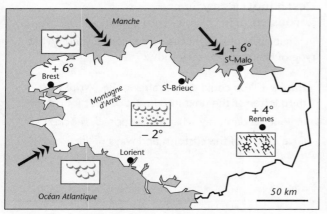

Le 30 août dernier

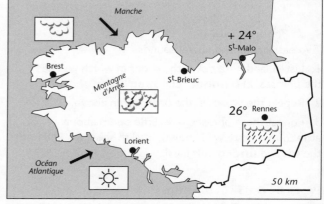

Pour localiser
À Brest, il fait …
Sur l'océan Atlantique, sur la Manche,
au nord, au sud, à l'est, à l'ouest, au centre,
dans le nord de la région …

– Aujourd'hui, 10 janvier, le temps est nuageux au nord-ouest, dans la région de Brest ....

– Le 30 août dernier, il y avait un vent très fort sur les côtes de la Manche ....

2 Incidents de voyage

**Voici des mésaventures vécues par des touristes en France.
Que dites-vous pour les aider ?**

* Police station in a large town.
In rural areas and small towns, there is only a **"Gendarmerie"**.
(See p. 104)

Pour	Vous dites
a. la perte d'un passeport	1. Il y a un garage en ville.
b. une panne de voiture	2. Téléphonez à votre assurance !
c. une grève de la SNCF	3. Il y a d'autres hôtels dans les villages des environs.
d. un embouteillage sur l'autoroute	4. Allez au commissariat de police *!
e. un accident de voiture	5. L'aéroport est à 15 km. Prenez l'avion !
f. tous les hôtels sont complets	6. Prenez une petite route de campagne !

3 Les réactions aux événements

Face aux événements suivants, quel est votre sentiment ?
Que dites-vous ?

Événements et situations

a. Au théâtre, un monsieur s'est assis
   sur le chapeau de son voisin.

b. Le P-DG d'une grande société gagne
   un million de francs par mois.

c. Arthur a passé son baccalauréat* à 8 ans.

d. Dans cette entreprise tout le monde se dit « tu ».

e. À table, quand il mange, il fait beaucoup de bruit,
   occupe beaucoup de place,
   renverse son verre, etc.

Vous êtes…

amusé
choqué

étonné
indifférent

indigné

Vous dites…

Ça ne fait rien.
C'est scandaleux !

C'est drôle.
C'est étonnant.

C'est choquant !

* **le baccalauréat** :
examination usually
taken at 18, (university
entrance).

GRAMMAIRE

4 Situer dans le temps

Complétez la lettre avec les mots de la liste.

Ma chère Elsa,

Je connais Marc depuis l'âge de 11 ans.
Nous sommes allés ensemble à l'école… plusieurs années. Il est resté très
sérieux… au bac*. Il ne sortait pas… Mais à l'université,… j'ai découvert un
Marc différent. Nous partons tous les deux en Grèce… juillet prochain. Et
nous nous marions… 1er décembre. Tu es invitée.

Amitiés.

Stéphanie

- jusqu'(au)
- cette année
- en
- pendant
- souvent
- le

* **le baccalauréat**

5 Situation dans le temps et interrogation (présent)

a. **Lisez l'article de journal.**

b. **Répondez aux questions.**

   1. Depuis combien de temps les pilotes sont-ils en grève ?

   2. Depuis quand les voyageurs attendent-ils ?

   3. Quand les syndicats ont-ils rencontré le directeur ?

   4. Pendant combien de temps ont-ils discuté ?

   5. À quelle date doivent-ils se revoir ?

AIR FRANCE : DEUXIÈME JOUR DE GRÈVE

■ Depuis le lundi 2 août, les pilotes d'Air France
sont en grève. Et depuis deux jours, beaucoup de
voyageurs attendent le départ d'un avion. Hier, les
syndicats de pilotes ont discuté avec le PDG d'Air
France pendant 8 heures. Ils ne se sont pas mis
d'accord. Mais ils doivent se rencontrer une
deuxième fois à la fin de la semaine.

6 Interrogation sur le moment et la durée

Posez les questions permettant d'avoir les informations soulignées.

Exemple : À quel âge Montaine a vécu une aventure extraordinaire ?
→ À l'âge de deux ans.

La petite reine des neiges

À l'âge de deux ans, Montaine a vécu une aventure extraordinaire. Pendant plusieurs mois, elle a traversé le Grand Nord canadien avec ses parents. Son papa, Nicolas Vanier, voulait faire ce voyage depuis longtemps. Ils sont partis en juin 1994. Dans la forêt, ils ont voyagé à cheval. Mais après l'arrivée de l'hiver, ils ont dû continuer avec des chiens et un traîneau comme les Inuits. La nuit, la température descendait à - 45°. Mais Montaine est restée en bonne santé jusqu'au retour.

D'après *Paris Match*, 13 avril 1995.

7 Passé composé ou imparfait

Mettez les verbes entre parenthèses au temps qui convient.

La semaine dernière, il (faire) beau. Nous (faire) le tour du massif de l'Esterel.
Nous (monter) au pic de l'Ours (496 m). Le paysage (être) magnifique.
Il n'y (avoir) pas de nuages. On (voir) les Alpes et la mer. Mais c'(être) une promenade sportive. Et quand nous (descendre), j'(être) fatiguée.

8 Faire des noms avec un verbe

a. Complétez le tableau.

Action	Acteur	Actrice
chanter	un chanteur	une chanteuse
danser	un danseur	
		une admiratrice
	un lecteur	
fumer		
se promener		
	un chercheur	
explorer		
	un connaisseur	
	un réparateur	

b. Complétez les phrases avec le nom qui convient. The word is not given you in these.

1. Il fait cinq repas par jour.
   C'est un gros ....

2. Il se lève tous les jours à midi.
   C'est un grand ....

3. Elle a fait le tour du monde.
   C'est une grande ....

4. Elle a vu tous les films d'Alain Delon.
   C'est une grande .... de l'acteur.

5. Il achète beaucoup. Mais il paie trois mois après. C'est un mauvais ....

6. Il est chômeur et va tous les jours à l'ANPE.
   C'est un .... d'emploi.

9 Carnet pratique du voyageur

LA CROISIÈRE VERTE

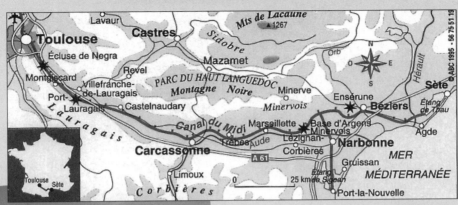

Dans le sud-ouest de la France, entre Toulouse et le port de Sète, le canal du Midi coule sous un ciel souvent bleu à travers de beaux paysages. Une invitation au voyage fluvial.

À VOIR

▲ Port Lauragais
Sur une petite île artificielle au bord du canal, un centre d'information et d'exposition. On y raconte toute l'histoire du canal depuis le projet de Paul Riquet, au XVIIᵉ siècle.

▲ Castelnaudary
Arrêt obligatoire pour goûter le célèbre cassoulet et visiter l'abbaye Saint-Michel.

▲ Carcassonne
La magnifique cité médiévale, ses remparts, son château du XIIᵉ siècle et son église Saint-Nazaire, en partie romane et en partie gothique.

▲ Narbonne
L'ancienne capitale du sud de la Gaule à l'époque romaine. Vestiges romains. Musée archéologique. Cathédrale Saint-Just et palais des archevêques.

▲ Les Corbières
Pour goûter ses vins fameux et faire des promenades à vélo.

▲ La Montagne Noire
Pour des marches à pied et des promenades à VTT.

Voyager, n° 49, mars 1995.

LA CROISIÈRE EN BATEAU

Départs

On peut partir de l'écluse de Négra pour faire le voyage dans le sens Toulouse-Sète ou de la base d'Argens pour un trajet en sens contraire.

Location de bateau

Permis bateau non obligatoire.
On peut louer pour un aller simple ou un aller-retour.
La durée minimale de location est d'un week-end.
Il existe des bateaux de 9,30 m (jusqu'à 5 personnes) et de 15 m (12 personnes maximum).
Comptez 5 000 F pour la location d'un 9,30 m, 180 F pour la location d'un vélo, 180 F pour le parking de votre voiture, 700 F pour le retour en taxi si vous faites l'aller simple.

Renseignements

Locaboat-Plaisance à Joigny 86 91 72 72

COUPS DE CŒUR

RESTAURANTS

◆ « Aux deux Acacias ». Dans le village de Villepinte, à un kilomètre du canal en vélo. Menu petit prix avec cassoulet maison compris. Service rapide et efficace.

◆ « Restaurant du chat qui pêche » et « Le Pourquoi pas ». Deux haltes sympas à quelques centaines de mètres d'intervalle, au bord du canal au niveau d'Argeliers.

◆ « L'Escale ombragée » à Olonzac. Menus variés pour ce restaurant dont la terrasse a vue sur l'écluse double.

HÔTELS

◆ Hôtel du canal à Castelnaudary. Petit hôtel de charme sur les berges du canal qui allie le confort moderne à la qualité d'un accueil soigné et familial. Terrasse agréable.

◆ Le Clos des Muscats, à Homps. Dans le centre du village, une demeure de caractère, rénovée mais qui a conservé tout son cachet. Jardin et piscine invitent au repos. Cuisine raffinée en prime.

Voyager, n° 49, mars 1995.

Prenez connaissance de la documentation des pages 51 et 52 sur la Croisière verte. Vous êtes employé à l'Office du tourisme de Toulouse. Répondez aux questions de ce touriste.

a. Nous sommes un groupe de dix touristes et nous avons des goûts différents. Est-ce que cette promenade en bateau sur le canal du Midi peut intéresser :

  – un amateur* d'histoire et monuments anciens ?
  – un sportif ?
  – un amateur de paysages originaux ?
  – un amateur de bonne cuisine ?
  – un enfant de 12 ans ?

b. Est-ce qu'on doit savoir piloter un bateau ?
   Est-ce que c'est difficile ?

c. Est-ce qu'on peut louer le bateau pour deux jours seulement ?

d. Est-ce qu'on doit revenir au point de départ ?

e. Est-ce que vous connaissez un restaurant pas cher avec des spécialités locales ?

f. Est-ce que vous connaissez un hôtel simple avec vue sur le canal ?

g. Quand on arrête le bateau et qu'on veut visiter les environs, comment fait-on ?

h. Est-ce qu'il y a des bateaux pour dix personnes ?

* An enthusiast

UNITÉ 3 · *Entracte*

1 | Jeu des 7 erreurs

Relevez 7 erreurs dans le dessin b.

a.

b.

2 | Charades

a. Mon premier est le contraire de « sur ».

On mange beaucoup mon deuxième en Asie.

Mon troisième est une année.

Mon tout montre son charme.

b. Mon premier est l'amie de « un ».

Mon deuxième est une saison froide.

Mon troisième est une note de musique.

On boit beaucoup mon quatrième en Angleterre.

Mon tout est un lieu de savoir.

3 | Proverbes coupés

Retrouvez les proverbes.

a. Impossible …

b. L'argent …

c. La nuit, tous les chats …

d. On ne discute pas …

e. Rien ne sert de courir …

1. … sont gris.

2. … il faut partir à point.

3. … ne fait pas le bonheur.

4. … n'est pas français.

5. … des goûts et des couleurs.

4 | Passez du rouge au vert

Enlevez, puis ajoutez une lettre.

R	O	U	G	E

Une des quatre de la voiture.

De Rivoli, de la Paix, etc.

Note de musique.

Peut être muet.

Terminaison de l'infinitif des verbes du premier groupe.

Petit animal. Il vit dans la terre.

V	E	R	T

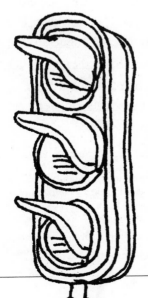

85

5 Le paysage

Complétez à l'aide des définitions. Dans les cases grises, lisez verticalement le prénom et le nom d'un peintre moderne du paysage.

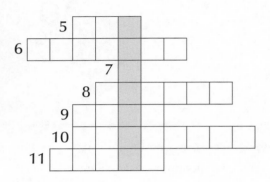

1. Au bord de la mer.
2. Il fait de l'ombre.
3. La Seine.
4. Le jour, dans le ciel.
5. Petite mer dans la montagne.
6. Cours d'eau.

7. Dernière lettre de l'alphabet.
8. Entre deux montagnes.
9. Pour traverser la rivière.
10. Haute.
11. Beaucoup d'arbres.

6 Le corps : expressions imagées

Trouvez le sens des expressions soulignées.

a. Elle a fait son travail <u>les doigts dans le nez</u>.

b. <u>Ça entre par une oreille et ça sort par l'autre</u>.

c. Elle <u>a un poil dans la main</u>.

d. Elle <u>a mis les pieds dans le plat</u>.

e. Elle <u>donne sa langue au chat</u>.

f. Elle <u>s'est levée du pied gauche</u>.

g. Elle <u>a le bras long</u>.

h. Elle <u>a les dents longues</u>.

1. Elle est paresseuse.

2. Elle a parlé sans réfléchir.

3. Elle oublie tout.

4. Facilement.

5. Elle est ambitieuse.

6. Elle a des relations utiles.

7. Elle ne sait pas.

8. Elle est de mauvaise humeur.

Réponses

1. 1. Il manque un immeuble – 2. Pas d'oiseau dans l'arbre – 3. Pas d'ampoule au lampadaire – 4. L'homme a une petite oreille – 5. Il a une chaussure blanche – 6. La femme a les cheveux courts – 7. Pas de sac.

2. a. sous-riz-an : souriant – b. une-hiver-si-thé : université

3. a4 – b3 – c1 – d5 – e2

4. rouge – roue – rue – ré – e – ré – ver – vert

5. 1. plage – 2. arbre – 3. fleuve – 4. soleil – 5. lac – 6. rivière – 7. z – 8. vallée – 9. pont – 10. montagne – 11. forêt

6. a4. b3. c1. d2. e7. f8. g6. h5

UNIT 4 - Introduction

UNDERSTANDING AND SPEAKING
* Asking for information
* Coping with emergencies
* Showing what you want - forbidding - asking permission
* Advising - reassuring
* Talking about time passing
* Using object pronouns
* Talking about work, the work place, modern technology

DISCOVERING
* Life at work
* The telephone and **Minitel**
* Communication technologies
* European research programmes
* Recent technological and cultural developments

Working in France

This unit takes you into the work-place, in an example of the typical, new, small, hi-tech companies. **Performance 2000** manufactures and sells a computerised information point for towns, shops, supermarkets etc. It is on the outskirts of Bordeaux: as elsewhere, this new breed of "clean" industries is revitalising the major cities, where the industries of the past have left gaping holes.

The French love the new technologies, and **Civilisation** on pp. 96-7 is about the telephone service. In 1960s France, this was archaic. A total overhaul was done, with the result that France now has one of the most up-to-date systems in the world. They also introduced very early on **Minitel**, a computerised telephone information service. It was offered as an alternative to a phone book, with the result that thousands embraced it eagerly. It consists of a keyboard and small VDU by the phone, or in public places. Without leaving your armchair, you can book a flight to anywhere in the world, find out the cheapest sugar in town that day, enquire about potential escorts from dating agencies. Endless services are on offer.

"Si la santé va, tout va."

In **leçon 11**, **la santé** - health - is the theme. As elsewhere, the people in France are very concerned about health issues, and have the highest consumption of medicines in the world. There are lots of sayings about health, notably, when clinking glasses before drinking, instead of saying "cheers!" or the equivalent, they simply say **Santé**, or **A la bonne vôtre!**, ("To your very good!"). At New Year, the traditional toast is **Bonne année! bonne santé!**; less, perhaps, a sign of national hypochondria, more a memory of the hard life and privations that many still remember vividly. That said, there is always great interest and sympathy for illnesses, and if you want to fascinate, prepare lurid accounts of your ailments.

Give and take

The rituals of giving and taking are dealt with on p.110. All societies have their own codes and it is very important to know and respect them, or there is a real risk of goodwill being lost. If you go to a person's house, to stay or for a meal, **"n'arrivez jamais les mains vides"**, never go empty handed. It would be considered very rude not to give a present, large or small according to the circumstances: flowers for dinner, flowers plus a token for a stay, and another at the end if it is a longer stay. Fortunately, delicacies from your own country are always appreciated, shortbread, Earl Grey tea, traditional brown teapots, … whisky: it doesn't have to be expensive, but it must be prettily wrapped.

Hatched, matched and despatched

All life's major events are marked in France by sending a **faire-part**. For a wedding, it is an announcement sent shortly before. Despite appearances, it is not an invitation; it has no details about the reception. (Invitations are separate, sent with the **faire-part**. There is an example in **Ex. 11, leçon 14**). A **faire-part** by itself is the sign that a modest gift and a letter of congratulation would be appropriate. It is also sent for birth and deaths, (afterwards, of course), and the rules are more flexible: always send a letter, perhaps something tiny for the baby, if you are a minor acquaintance. Flowers for a death are only necessary if you are close. If you fear making a **gaffe**, you can always claim that you are respecting your own traditions, **chez nous, c'est la tradition**.

There is a lot of technical language introduced in this unit. Tedious as it is, please do not neglect your vocabulary. It really does save time later, and if you have the words, much of the rest can be guessed or blurred!

Grammar
- present progressive - near future - recent past
- frequency and continuity

Vocabulary
- the work place, professions

Speaking
- travel arrangements (information, reservations, cancellations, etc.)
- commenting on pictures and headlines

UNITÉ 4

Leçon
10

Page 90

Business is booming!

Performance 2000 sells a computerised information point. What is the yellow document? Who produced it and for whom? Why do you think the company, **entreprise**, is called this? What use is a **point-accueil**? When you have thought it out in English, find ways of saying it in French. **Ex. 3** helps.

installer : to install, set up; **point-accueil** : (lit.) welcome point; **montrer** : to show.

🅐 **Dialogue**
10.00 on a Monday morning : **Éric Blanc**, head of **Performance 2000** is talking to a reporter about export plans.

encore une question : one more question

pas encore : not yet; two different uses of **encore** - on its own it means "more"

jamais : never; **faire de la publicité** : to advertise, **la publicité** : advertising / advertisement

nous venons de (faire) < venir de + infinitive : to have just (done etc.): expression for the immediate past; **une opération publicitaire** : marketing exercise, (this is jargon); **être en train de + infinitive** : to be in the middle/process of (doing etc); **aller + infinitive** : to be going (to do etc), for near future

à l'époque de : in the days of; **télécopie** : fax, **le fax existe aussi.**

This last speech of M. Blanc is easy to understand, but difficult to translate into natural-sounding English unless you do it very freely. Try it now. Be very accurate, but make sure your final draft sounds like proper English.

Page 91

🅑 **Organigramme de Performance 2000** : company structure graph
(Names for the various parts of a company can vary in French as in English)
direction générale : general management;
secrétariat : administration;
service : (here), department, section;
chef de service : head of section;

suivi : follow-up; **concurrence** : competition; **service commercial** : sales department; **gestion** : management.

🅒 **Dialogue** Éric Blanc's secretary is telephoning a travel agent.
faire une réservation : to make a reservation; **vol** : flight.
qu'est-ce qu'il y a? : what's the matter?
un gros client : a big customer, but be careful how you use **gros**, which usually means fat.
de la place : any room, **une place** : a seat;
annuler : to cancel.

Note down the arrangements :
le problème
les réservations faites
les réservations annulées
les changements de réservations
les confirmations.

Page 92 Grammaire

Time passing

This panel shows you how to express fine degrees of time passing:

the present progressive: **être en train d'imprimer la lettre** : to be in the middle/process of printing the letter;

the immediate past : **venir de taper** : to have just typed the letter; The **venir de + infinitif** is likely to cause you most problems because it is so tempting to translate the English and insert **juste**. That is only allowed to give extra emphasis: **mais je viens juste de le faire!** : I have only just done it!

the near future : **aller mettre la lettre à la poste** : to be going to put the letter in the post.
This third expression is a direct equivalent in form and use to English, a rare treat!

1 Use each of the three expressions above and put the three verbs in the right order as you go through M. Blanc's day. **Ex. 5** practises this as well.

Frequency and continuity: this panel lists on the left in descending order, degrees of frequency, from **toujours** : always, to **jamais** : never.
These have all occurred already, except **ne ... jamais**, which works like **ne ... rien / personne**, (see p.72). The list on the right is for continuity:
ancien : former;
à la retraite : retired;
ne ... plus and **encore**, which are on p.72 as expressions of quantity, (no more / more), are here as equivalent expressions of time, (no longer / still);
toujours can mean both "always", or "still";
encore can mean both "still", or "again". Context is all ... See also **Ex. 6.**

🎧 Entraînez-vous (p.93)

It's useful to do the first part of this exercise now.
Elle préfère le sport aux spectacles. With that in mind, answer the questions for her, with **souvent**, often, or **ne ... jamais**.

2 These are questions to ask a partner, about their work practices, behaviour, **comportement**, with friends, and leisure time activities.

Page 93 Grammaire

3 This is how behaviour differs between countries, and is most interesting done as a group activity.
In France, in your own country, what is always done and never done? what is sometimes allowable?
• **Invitations** : in France, 20 h is usual, never arrive early, about 10 minutes late is the norm;
baiser la main d'une dame : rare in France; technically, only a married lady should have her hand kissed, but few are **respectueux de cette règle**; always take flowers.
• **En voiture** : in Paris, always very fast, less often in the country; **se mettre en colère** : French drivers only fly into a rage when they are right, which is always!
• **quand on rencontre ..** : meeting a friend / boss / stranger etc. **faire la bise** or **se serrer la main**, (to shake hands), according to the circumstances

🎧 Entraînez-vous

It's useful to do the second part now.
2. The questions to someone retired all need an answer with **ne ... plus**

4 Changes in business, **entreprise** means both "a company", and "business" in general.
a) The 2 paragraphs describe business practice in 1970 and 1995. Compare them, using the example as a model.
machine à écrire : typewriter;
courrier : mail; **ordinateur** : computer.
b) Think of other changes and differences between old

and modern businesses, under the headings given;
relations : relationship; **chefs** : remember that this means "heads" in general, not only in catering.

Page 94 Vocabulaire

Business

1 Company professions and jobs: looking at the **organigramme** of the company on p.91, say which **service** these people work in; **diriger** : to manage, lead; **vendre** : to sell; **gérer** : to run, manage; **fabriquer** : to manufacture; **service après-vente** : after-sales service.
Collect other words (verbs as well as nouns) to describe what each department does. Make a grid, with the name of the **service** in the first column, then the person or people who work in it, then the verbs for their various activities; **comptable** : accountant; **comptabilité** : accounting.
This is a useful section in your personal vocabulary collection.

2 Looking at the photos, what do these companies do, and which department is shown? You are shown among other things **un laboratoire de recherche; une chaîne de montage** : assembly line; **l'emballage** : packaging.

3 Build a vocabulary table following a product's stages from its manufacture to sale. This to practise how words are built from each other, as this will enable you to "invent" nouns from verbs, etc. (see p.176)

Page 95 Vocabulaire

Changes in employment in France

This panel has a **graphique** showing change in the unemployment level, **le taux de chômage**, among the under 25s in France since 1973, with percentages to show the impact of qualifications, **sans diplôme** : no qualifications; **niveau Bac** : A-levels or equivalent (taken at 18); **niveau licence** : degree level.
Also shown: the professions "on the up", **en hausse**, or "down", **en baisse; ingénieur** : specialist engineer; **cadre** : manager, executive; **avocat** : lawyer, (the legal profession in France is organised differently from the U.K.)

4 Comment on the graph, using arrows and the verbs as shown that correspond to the expressions you have already learnt. Compare with your own country. Do this orally or in note form.

5 Write up your comments.

6 **Problèmes sociaux** : social problems are often linked to unemployment. Look at the headlines; **responsable** (noun) : (here) person in charge of; **partage** : sharing; **enseignant** : teacher.
Now transform them into complete sentences.
Which of the facts in the graph does each one illustrate?

Prononciation

Two easily confused sounds.

1. Listen to the words, and note if they contain the sounds. These consonants are pronounced very lightly.
2. In what order do you hear the words in these groups?
3. Repeat these phrases in the order given.
4. Tongue-twisters. For perfect enunciation, do as actors do, and repeat them; **tonton** : uncle (affectionate).

Translations:

If your dear uncle shears my sheep, your dear uncle will be sheared.

Didon dined off the back of a chubby turkey.

Did your tea take your cough away?

All useful phrases!

Pags 96 Civilisation

Finding out - the telephone and Minitel

Read the introduction; **indicatif** means code, but otherwise you can understand it. As from the end of 1996 French phone numbers will have ten digits. The box gives useful phrases when telephoning; remember, **téléphoner à une personne; un coup de fil** is about the equivalent of giving someone a ring; **répondeur** : answering machine, in this case, better perhaps to **raccrocher**, (hang up), prepare your message and ring back, **rappeler**.

1 Imagine you are French, talking to a foreign friend.
a) Explain to your partner how to use the phone in France, and
b) Have your partner explain to you how to use the phone in his/her country.

2 Listen to the openings of telephone conversations, and fill in the gaps.

The box "Finding out, and making a reservation" gives useful expressions, all in very polite language, suitable for official use when asking for information, or dealing with reservations - making, confirming and cancelling.

baignoire : a bath-tub, **bain** means a bathe, whether in the sea or a tub.

Page 97 Civilisation

3 a) Look at the places and situations in the items pictured, (except the 3 last ones).
For each one, imagine a scene where enquiries or reservations are made; **syndicat d'initiative** is an **office du tourisme**.

b) Write a letter asking for information, to the **syndicat d'initiative** at **Chambord-sur-Lignon**, asking about available camp-sites and sporting facilities, (giving preferences). Lesson 3 reminds you of the format. Start with a simple : **Monsieur / Madame**, and end with a formula such as **Veuillez croire à l'expression de mes salutations les meilleures** - complicated endings are **de rigueur**.

Minitel: (see unit introduction). The 3 bottom items are Minitel advertisements; numbers starting 36 or 37 always are. Read what it does: (you can understand except, perhaps, for **commander** : to order.)

4 Using the **Nouvelles Frontières** box, say what you can find out in each section, then imagine the second page of each section if you enter 1, or 2, or 7.
Finally, create a menu for the Minitel section about your home town.
The **Nouvelles Frontières** motto - **On ne vit que mille fois** : You only live a thousand times.

VOCABULAIRE

1 L'entreprise

**a. Voici neuf verbes importants pour parler de l'entreprise.
À quoi s'appliquent-ils ?**

Exemple : acheter un produit

acheter – augmenter – baisser – commander –
diriger – engager – fabriquer – licencier – vendre

- le produit
- les prix
- le personnel

b. Trouvez le nom de l'action exprimée par ces verbes.

Exemple : acheter → un achat

2 L'entreprise

**Lisez l'article. Relevez les changements réalisés
dans les différents services de JOCO.
Classez-les dans le tableau.**

moitié : half

UN EXEMPLE DE MODERNISATION : LES JOUETS JOCO

*JOCO est devenue un exemple d'entreprise
performante. Son PDG s'explique :*

« Dans les années 80, JOCO s'est adaptée à la concurrence.
Nous ne vendions pas beaucoup de jouets à l'étranger. Nous
avons baissé les prix. Maintenant, nous exportons la moitié de
notre production. Nous avons engagé de jeunes commerciaux
dynamiques. Et puis, nous utilisons des robots pour fabriquer
tous nos jouets. Nos clients peuvent passer commande par
télécopie. Nous répondons très vite à leur demande. Nous
avons adapté les horaires du personnel mais nous n'avons
licencié personne. Nous avons seulement un peu baissé les
salaires. »

Production	Communication	Ventes	Gestion du personnel
		L'entreprise s'est adaptée à la concurrence.	

3 La communication

Dans quel but utilise-t-on les moyens de communications suivants ?

- L'affiche
- Le Minitel
- L'ordinateur
- Le répondeur
- La réunion
- La téléconférence
- La télécopie

a. envoyer une lettre urgente

b. gérer le budget d'une entreprise

c. faire la publicité d'un produit

d. avoir la liste des entreprises d'une ville

e. se réunir, discuter sans se déplacer

f. discuter d'un projet

g. laisser un message quand le correspondant est absent

91

4 Les moyens de transport

Utilisez les mots de la liste pour répondre.

Comment se déplace-t-on…

1. pour faire le rallye Paris-Dakar ?
2. pour aller de Paris à New-York en huit heures ?
3. pour faire une croisière en Méditerranée ?
4. pour faire le Tour de France cycliste ?
5. pour faire une promenade en forêt ?
6. pour traverser Paris ?
7. pour aller de Paris à Orléans ?

- en (auto)bus
- en avion
- à cheval
- en métro
- à moto
- à pied
- en taxi
- en train
- à vélo
- en voiture
- en bateau

GRAMMAIRE ET ORTHOGRAPHE

5 Passé récent – présent progressif – futur proche

Lisez les phrases a, b, c, d. Cherchez dans la liste ce qui s'est passé avant et ce qui va se passer après.
Rédigez un mini-récit comme dans l'exemple.

Exemple : Patrick vient de se lever. Il est en train de prendre une douche. Il va partir travailler.

a. Les archéologues sont en train d'étudier les vestiges d'une maison antique.

b. Je suis en train de me reposer sur l'aire de repos de l'autoroute.

c. La cinéaste est en train de faire le budget du film.

d. Tu fais un stage dans une entreprise.

- chercher du travail
- choisir les comédiens
- découvrir les vestiges
- écrire un scénario
- faire 500 km
- finir ses études
- publier un article
- repartir

6 *Encore / ne... plus*

Une vieille institutrice parle du passé de son village. Réécrivez le texte au présent en indiquant ce qui a changé (–) et ce qui n'a pas changé (+). Modifiez la construction des phrases si c'est nécessaire.

Exemple : « Le paysage est encore beau. Mais Ornay n'est plus un grand village… »

« Le paysage était très beau. (+)

Ornay était un grand village. (–)

Nous habitions dans la grande ferme près de la forêt. (+)

Le soir, les voisins se réunissaient chez nous pour parler. (–)

Il y avait une école communale. (+)

Il y avait beaucoup d'enfants dans cette école. (–)

Il y avait une belle église romane. (+)

Le dimanche, les gens allaient à l'église. (–)

Toutes les familles avaient des vaches et on faisait de l'excellent fromage. (–) »

7 La fréquence

D'après vous, quelles sont les activités qu'ils font *toujours, souvent, pas souvent, quelquefois, rarement* ou qu'ils ne font *jamais*.

Exemple : La voisine bavarde et indiscrète
→ Elle sait toujours tout.
Elle pose souvent des questions indiscrètes, etc.

a. La voisine bavarde et indiscrète.

Elle sait tout.

Elle pose des questions indiscrètes.

Elle entre chez nous sans avertir.

Elle garde pour elle les secrets des autres.

b. La championne sportive consciencieuse.

Elle s'entraîne.

Elle fume.

Elle fait de bons petits repas.

Elle reste en forme.

c. Le vieux célibataire égoïste.

Il vit seul.

Il parle à ses voisins.

Il invite des amis.

Il parle seul.

d. L'animateur de télévision dynamique et populaire.

Il est fatigué.

Il raconte des histoires drôles.

Il est gai.

Il se met en colère.

8 Les suffixes *-ation, -tion, -sion*

Les ouvriers en grève rédigent un tract.
Continuez d'après le discours du responsable syndical.

-ation
(cas fréquent avec les verbes en -er)
préparer → une préparation

-tion
définir → une définition

-sion
comprendre → la compréhension
décider → la décision

Nouns with these endings are always feminine.

On doit augmenter nos salaires, diminuer les heures de travail de nuit, organiser les équipes de nuit, annuler le projet de licenciement du personnel, confirmer nos avantages de retraite, installer des salles de repos dans l'entreprise, informer les ouvriers sur l'avenir de l'entreprise… et décider tout cela rapidement !

LES TRAVAILLEURS DE LA Spen EN GRÈVE !

Nous voulons

• Une augmentation de nos salaires,
•
•
•

ÉCRITS ET ÉCRITURES

9 Instructions

a. Remettez dans l'ordre les différentes opérations qu'on peut lire sur les écrans d'un téléphone public à télécarte et d'un distributeur de billets de banque.

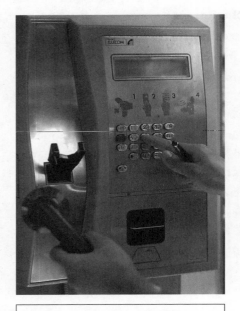

Téléphone public (à télécarte)

- Raccrochez.
- Attendez la tonalité.
- Insérez votre télécarte.
- Décrochez.
- Retirez votre carte.
- Composez votre numéro ou faites un numéro d'urgence.
- Vérifiez le nombre d'unités restantes.

Distributeur de billets
de banque

- Composez votre montant.
- Retirez votre carte.
  Vous avez demandé 1 000 F.
- Demandez-vous un reçu ?
  Oui : appuyez sur validation
  Non : appuyez sur correction.
- Vous pouvez introduire votre carte.
- Validez ou corrigez.
- Composez votre code confidentiel.
- Retirez vos billets.

---

b. Cherchez quelles instructions on peut trouver :

– sur un horodateur (à pièces de monnaie),

– sur l'écran d'une billetterie automatique de gare.

**c. Dans le monde actuel, l'automatisation se développe. Imaginez un distributeur original ou une machine originale.
Rédigez les instructions.**

Exemples : un restaurant automatisé (sans serveur)
un magasin automatisé (sans vendeurs et sans caissiers), etc.

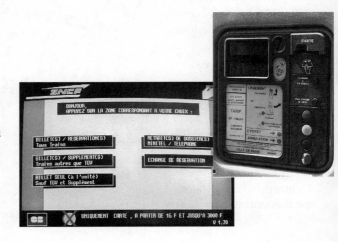

10 | Histoire en images

Rédigez le récit de cette histoire.

1.

2.

3.

4.

5.

6.

7.

8.

a. **Notez par de courtes phrases les informations apportées par chaque image.**

Exemple : 1. L'entreprise Paul Dulin est une importante fabrique de vêtements.

b. **Imaginez des informations complémentaires.**

Exemple : 1. L'entreprise Dulin est située dans la banlieue de Lille.
Elle emploie 200 personnes.

c. **Imaginez une conclusion à l'histoire.**

– L'entreprise fait faillite.
– Paul Dulin doit licencier du personnel.
– Quelqu'un a une idée.

d. **Rédigez au présent le récit de cette histoire.**
N'oubliez pas d'indiquer :

1. La succession des événements.

En octobre 1996, l'entreprise Dulin … . Quelques jours après, … .
Alors …, etc.

2. Les relations entre les situations.

L'entreprise Dulin est une grosse entreprise mais … . Paul Dulin
est mécontent parce que …, etc.

Vocabulaire utile
- acheter *to buy*
- les achats *purchases*
- vendre
- les ventes *sales*
- diminuer *to decrease / reduce*
- baisser / augmenter
- jeter
- jetable *disposable*
- mettre à la poubelle
- protester
- manifester
- demander l'interdiction *– ban*
  de…

Grammar
- direct object pronouns

Vocabulary
- successes and failures
- emergencies
- health

Speaking
- expressing wishes and obligation
- prohibiting
- seeking / giving permission

UNITÉ 4

Leçon

11

Page 98

A problem-filled afternoon

At **Performance 2000**, Éric Blanc is having a difficult time; (see p.91 for people's positions in the company).

Ⓐ Dialogue

14.00 on a Monday afternoon : M. Blanc has called a meeting of his colleagues. In this company, they all call each other **vous**.

réunir : to bring together / reunite; **collaborateur** : fellow workers, democratic term, warmer than **collègue**

je vous ai réunis : I have brought you together - note the word order; **logiciel** : software/computer program; **il faut < falloir** : to be necessary; **prêt** : ready

vérification : check

le vérifier : to check it - note the word order;

contrat de suivi : follow-up contract

les voici : here they are

In M. Blanc's last sentence, there are two **les**, both meaning "them" - note the word order.

Ⓑ Dialogue

15.30, **demander un congé** : to ask for leave

est-ce que vous permettez? : will you allow?, a fairly obsequious request, as she is asking quite a favour.

bien sûr : (very gracious) of course

autoriser : to give permission

embêtant : awkward; **essayer** : to try;

soyez là : be (t)here; **hein** : reinforcing noise, nearly always accompanied by appropriate gesture, no one translation, (here) "won't you"?

réussir : to succeed

16.00, **donner sa démission** : to resign, hand in resignation

déranger : to disturb, this is a polite form of interruption

engager : to take on (employ)

ben oui : < **bien**, hesitating noise, like "ummm", "errrr".

Ⓒ Dialogue

17.00, M. Blanc is summoned to an emergency in the computer department

se sentir bien / mal : to feel well / ill; **malaise** : faintness

SAMU : **Service d'Aide Médicale Urgente**; **c'est bizarre ça** : that's very odd! The **ça** gives emphasis. **d'habitude** : normally

exagérer : to go too far; **heures supplémentaires** : overtime; **vous voulez savoir** : (if) you want to know; **les bons petits repas** : lit. nice little meals - he likes his food; **évidemment** : obviously, (much used).

Think about the tone of M. Blanc's declaration. Why is he so vehement, and determined to throw the blame back onto M. Gerbault?

Page 100 Grammaire

Direct object pronouns

(see SOS if need be, for the meaning of "direct object pronoun")

The panel gives you the direct object pronouns, which are straightforward, except for
a) the **le/la** for "him / her / it", and
b) their position before the verb; note that in the negative the **ne** does not separate them.

NB : In the **passé composé** with **avoir**, the past participle has to agree with the direct object, when it comes before (as is usual with pronouns - see examples). This is the most infuriating rule in French, but is logical: past participles are adjectives, eg. **écrit** : written, and agree with their noun when it has already been given. (See **Ex. 6**, and box by **Ex. 8**, which summarises the rules).

1 Re-write M. Blanc's speech, replacing the nouns in italics with pronouns.

2 Answer these questions about **Performance 2000**, using pronouns wherever possible

Page 101 Grammaire

3 Give Myriam's answers, using direct object pronouns. There are two direct object past participle agreements for you to find.

4 This practises giving commands using direct object pronouns. Have a look at the box **A l'impératif** to see how to do it. The word order is like English : **écoute-moi!**, "listen to me!", except in the negative.

Give M. Blanc's orders, using direct object pronouns. (See also **Ex. 7**)

5 Read these extracts from poems by two contemporary poets.

Poème d'Éluard : foule : crowd; **parmi** : among; **blé** : wheat; **rêve** : dream.

Poème de Norge : lourd : heavy; **sourd** : deaf; **crier** : to shout; **expliquer** : explain; **bête** (adjective) : stupid; **embarquer** : to go on board.

Who is **Monsieur** in this poem?

Pick out the subject and object pronouns, (SOS ?), then give a personality to them. One is a passionate love poem, the other a list of terse comments. Which is which? find the clues in the language. ex. : **je vous dis** formal opening to a criticism to an inferior, where the **vous** is a sign of distance, not respect.

Choose one of the poems, and adopt the structure to write one of your own. Even if you would not write poetry in English, it can be very rewarding and liberating to try in a foreign language.

🎧 Entraînez-vous

1. Answer the questions for M. Blanc, using direct object pronouns. Start with **oui**.

2. The questions are to you, so answer **oui** or **non** as required, with direct object pronouns.

3. A mother is giving commands, using direct object pronouns.

4. Someone has just been to visit **Performance 2000**, saw everything, so all the answers start **oui**, are in the **passé composé**, and need a direct object pronoun.

Page 102 Vocabulaire

Wanting and being able to ...

The panel is about obligation and prohibiting:
devoir, to have to (to do),
interdire / défendre, to forbid (to do), and
autoriser / permettre, to allow (to do).

devoir was introduced in **leçon 3**, and means "to have to, must, got to", etc.

Here is another expression which covers the same meaning:
il faut is an invaluable expression that does not exist in English; it means "it is necessary" and is wonderfully easy to use, since it is always **il faut** - the tense may change, but the person does not.

It can take a noun, **il faut des œufs**, "eggs are required", or a verb, **il faut partir**, "time to go". You can see that these are general statements, and to make them specific, add an indirect object pronoun, (see p.108): **il me faut des œufs**, "I need eggs", **il nous faut partir**, "we've got to go now." When the context is perfectly clear, this pronoun can be left out.

Its lack of English equivalent often makes learners reluctant to use this expression, but once mastered it is so useful and flexible, that a bit of work now pays dividends. You can play at using it in English ("It fauts to be early for a job interview, it fauts you to reserve a seat today"), to help understand it.

interdire / défendre work the same way, both need **à** before their object, and **de** before the infinitive, **la direction défend/interdit aux employés de fumer**. The corresponding nouns - **défense** and **interdiction** - do as well: **défense de fumer**.

Their opposites are **autoriser une personne à faire**, or **permettre à une personnne de faire**.

Note the words **obligatoire**, compulsory, and **facultatif**, optional.

1 Look at the signs. Where are they found? What do they mean? (sign 5, **étranger** means "outsider").

2 🎧 Listen to the three dialogues, and note down:
a) in front of which of the signs does the scene take place?
b) who are the people?
c) what is the problem?
use a grid, with headings:
panneau / personnage / problème
Take down the wording used, under the headings:
interdiction / demande / autorisation / excuse

3 Using those dialogues as a model, imagine another scene that could happen by one of the signs.

4 The box has the first 4 rules at **Performance 2000**. Draw up a list of 8 rules for your class, flats or for a camp-site; **laisser entrer** : to let in; **atelier** : workshop.

Page 103 Vocabulaire

Success and failure

This panel has 3 word groups:

essayer de + infinitif is to try to (do), and the noun is **essai**, attempt, (a try on the rugby field);

réussir à + nom / infinitif is to succeed at (something) / (doing something), the example here is for an exam - **passer un examen** means to take an exam; the noun is **réussite**, success, (**succès** exists too, but the verb from it means "to be next in line");

échouer à is to fail at (something), the noun is **échec**, failure.

5 Looking at the photos, and using the words above,
a) imagine the commentary;
b) imagine what has happened, why they are (un)happy:
1981 était le troisième essai pour Mitterrand.

Prononciation

Two easily confused consonants.

1. Repeat these phrases; **car** : coach.

2. Listen to the whole poem. Then repeat the phrases, copying the intonation; **emmener** : to take (away); **vous arriverez** : you will arrive.

Page 104 Civilisation

Emergencies

A useful list of the emergency services, **santé** : health; with their telephone **numéro vert**, (freephone).

Pompiers : firemen; **incendie** : major fire;
porter secours : to bring help;
noyade : drowning; **guêpe** : wasp; **toit** : roof.

Le SAMU : (see **dialogue C**); **en cas de**: in the event of.

La police et la gendarmerie : the latter is a military force, but used for civilian duties in rural areas;
vol : theft; **cambriolage** : burglary;
enlèvement : abduction.

Local paper : **pharmacie** : chemist's;
de garde : on duty; **organisme** : organisation, body;
sida : Aids; **personnes seules** : people living alone.

1 From the above list, classify the emergencies under the headings. Then
a) think of other emergencies and add them to the lists, and b) list all the people who work in health and safety.

2 What would you do in the following emergencies?

a) There is a fire in a hotel room;
b) a car knocks over a pedestrian;
c) an elderly man faints in the street;
d) the headmaster's office has been broken into.

Page 105 Civilisation

The box "How are you? How do you feel?" has expressions for saying how well you feel, from **je suis en pleine forme** : I'm completely fit, to **mourir** : to die; **aller**, (lit.) "to go", is used like "to be" in phrases like "I'm well", **je vais bien**.

se sentir is to feel (well, or not so good - **pas si bien**; **être malade** : to be ill;

avoir mal is to have a pain of any sort. **mal à la tête** : headache; **mal à la gorge** : sore throat; **mal à la jambe** a hurting leg. Remember that **mal au coeur** is to feel sick, and has nothing to do with cardiac or emotional problems.

The expression **être fatigué**, (lit.) to be tired, is a catch-all for feeling unwell / not too good / under the weather, etc.

3 What impact on their health do the following situations have? Suggest what they should do; use **il faut**.

a) **un repas de fête** : a celebratory meal;
b) **patron** : boss; d) **échelle** : ladder.

4 The article below is about the French and their health problems - the photo shows some magazine covers highlighting these problems. **Le nouvel Observateur, L'Express, L'Événement de jeudi** are weekly current affairs magazines. **Ça m'intéresse, Sciences et Avenir** are popular scientific journals. These magazines are very serious in tone, and not sensationalised trivia.

Try to read the article and understand the headlines without dictionaries, except to check at the very end. Guesswork is allowed! Two expressions essential to understand and hard to guess:

être déprimé : to be depressed; **être bien dans sa peau**, (lit.) "to feel good in one's skin", to feel right.

This is essentially a group activity, to be done orally, leading to a discussion. Adapt it if you are working alone.

a) What are the **problèmes** and their **causes** and **conséquences**?
b) What do the article and headlines suggest about the French?
c) Devise headlines for **Sport et santé, Télé et santé**.
d) Adapt the article to write a short paragraph about health problems as you understand them in your own country.

Leçon 11

VOCABULAIRE

1 Obligations et interdictions

Complétez avec un mot de la liste. Remember the agreements.

a. Dans les examens de langue étrangère, le dictionnaire bilingue est généralement .... Mais quelquefois l'utilisation du dictionnaire unilingue est ....

b. À l'hôpital, les visites aux malades sont .... de 10 heures à 19 heures.

c. Au baccalauréat, le français, les mathématiques sont des matières .... Le dessin et la musique sont des matières .... On n'est pas obligé de les choisir. La note compte seulement si elle est bonne.

d. « Regardez ce panneau ! Le stationnement est .... ici. Il est seulement .... cinq minutes pour les camions de livraison. »

e. « Damien, n'écris pas sur le mur, c'est .... ! »

■ interdit
■ défendu
■ toléré
■ permis
■ autorisé
■ facultatif / obligatoire

2 Situations d'urgence

Qui appelez-vous dans les situations suivantes ?

a. Un blessé doit aller à l'hôpital d'urgence.

b. Votre chat a mangé du poison.

c. Vous devez acheter un médicament à minuit.

d. Un enfant a bu un produit dangereux.

e. Il y a un incendie dans votre hôtel.

f. Une personne souffre de solitude.

1. le centre antipoison
2. SOS amitié
3. le vétérinaire
4. le SAMU
5. les pompiers
6. la pharmacie de garde

3 La santé et la maladie

Caroline a eu la grippe. Remettez dans l'ordre les 10 étapes suivantes.

a. Elle appelle un médecin.

b. Elle prend les médicaments.

c. Elle a mal à la tête.

d. Elle se sent fatiguée.

e. Elle est guérie.

f. Elle prend sa température.

g. La fièvre tombe.

h. Le médecin rédige une ordonnance.

i. Elle voit qu'elle a de la fièvre.

j. Elle envoie son mari à la pharmacie.

1. → c. Caroline a mal à la tête.

4 Emplois figurés

Lisez ces titres. Relevez les mots
qui appartiennent au vocabulaire de la santé
et de la maladie.

1.
Bonne sant du franc
Il gagne 2 % sur le dollar. Il prend 0,5 % sur le mark.

2.
SÉCURITÉ SOCIALE
60 milliards pour 1994

Traitement de choc ou mort lente ?

3.
EXPORTATIONS
L ger mieux
+ 34 milliards en 1994

4.
LECTION PR SIDENTIELLE :
Fracture de la droite ?
Balladur contre Chirac.

5.
MALAISE DANS LA JEUNESSE
1 jeune sur 4 au chômage !

6.
LA FRANCE MALADE DU CHÔMAGE
3 500 000 chômeurs
1 000 000 de *RMistes

* Revenu Minimum d'Insertion :
allowance for long-term unemployed.

7.
BANLIEUES
SITUATION D URGENCE
Il faut s occuper sans retard des banlieues.

8.
FRANCE-SLOVAQUIE : 4 – 0
L'équipe de France en pleine forme

Classez les informations dans le tableau.

Sujet	Vocabulaire de la santé et de la maladie	Information positive ou négative
1. Le franc (économie)	bonne santé	+
2.		

GRAMMAIRE ET ORTHOGRAPHE

5 Le pronom complément direct

Complétez avec le pronom complément
qui convient.

Lettre de rupture

Cher Jean-Michel,

Je … aime beaucoup. Mais nous sommes très différents. Maintenant je crois que
je … connais bien, mais toi, tu … connais mal. Tu n'acceptes pas mes amis.
Moi, je … adore. Tu adores ta mère. C'est normal et crois-moi je … respecte.
Mais je … trouve un peu vieux jeu et je ne … comprends pas toujours. Et puis,
tu veux … épouser. Moi, je recherche seulement une belle aventure. Tu …
refuses. Tout … sépare. Alors, il faut … quitter.

Adieu.

Armelle

6 Le pronom complément direct et le passé composé

Complétez ce dialogue entre un garagiste et son client.

C : Vous avez réparé ma voiture ?

G : Oui, nous ....

C : Votre technicien a contrôlé les freins ?

G : Oui, il ....

C : Il a vérifié la batterie ?

G : Oui, il ....

C : Vous avez changé les pneus ?

G : Non, nous .... Ce n'était pas nécessaire. Ils sont encore en bon état.

C : Vous avez installé le nouvel auto-radio ?

G : Non, je .... Il est un peu cher. J'attendais votre accord.

7 Le pronom complément direct et l'impératif

Pierre hésite entre les deux nouvelles formes de télévision : la télé câblée et la télé satellite. Jean lui donne des conseils. Paul n'est pas d'accord. Continuez comme dans l'exemple :

Jean	Paul
– Prenez la télé câblée !	– Ne la prenez pas !
– Ne prenez pas la télé satellite !	– ....
– N'installez pas une antenne parabolique !	etc.
– Suivez mon conseil !	
– Écoutez-moi !	
– Lisez ma documentation !	

8 L'accord du participe passé

> **être + participe passé**
> Le participe passé s'accorde avec le sujet du verbe (voir p. 23).
>
> **avoir + participe passé**
> Le participe passé s'accorde avec le complément d'objet direct du verbe quand ce complément est placé avant le verbe :
> J'ai vu cette pièce de théâtre.
> – Cette pièce de théâtre, je l'ai vue.
> Vous avez lu ces articles ?
> – Je les ai lus.
> Vous avez écouté les nouvelles ?
> – Je les ai écoutées.
> Vous avez compris ses explications ?
> – Je les ai comprises.

Mettez les verbes entre parenthèses au passé composé et accordez les participes passés.

Une mère de famille revient au bureau après quinze jours de vacances en Martinique.

– Tu (recevoir) ma carte ?

– Je l'(recevoir) ce matin. Comme d'habitude, elle (mettre) dix jours pour arriver. Alors tu (trouver) des choses intéressantes à acheter ?

– Pas grand-chose. Deux robes. Je les (acheter) pour cet été.

– Tu (partir) seule avec ton mari ou vous (emmener) les enfants ?

– Nous les (emmener) mais ils ont été très gentils. Les filles (rester) sur la plage. Elle (acheter) des cassettes de musique créole et les (écouter) toute la journée. Les garçons (rencontrer) des petits Martiniquais. Ces enfants sympathiques les (emmener) à la pêche.

ÉCRITS ET ÉCRITURE

9 | Échec ou réussite

Lisez cette bande dessinée. Gaston Desgaffes is the disaster-prone, well-intentioned office boy hero of a famous cartoon.

Franquin et Jidéhem, *Le Bureau des gaffes en gros*, Éditions Dupuis, 1970.

a. Repérez les personnages.

Gaston porte un pull-over.
Fantasio fume la pipe.

b. Choisissez les bonnes réponses.

Que fait Gaston ?

1. Il invente quelque chose.
2. Il répare un téléviseur.
3. Il fait une expérience.

Que se passe-t-il à la fin ?

1. L'appareil tombe en panne.
2. L'appareil cause une panne.
3. L'appareil ne peut pas marcher.

c. Quels mots peuvent caractériser chaque personnage ?

incompétent – bricoleur – naïf – étonné – intéressé

d. Qu'a fait Gaston avant la situation de la première image ?

e. Cherchez dans le texte les mots synonymes de :

fabriquer – aller très vite – être utile à quelque chose – un non-spécialiste

f. Choisissez un titre pour cette histoire.

La panne d'électricité

Pour inventer, il faut essayer

Bricolage et mauvaise surprise

g. Faites, en cinq lignes, le récit de cette aventure.

10 Récit d'un incident

> Montpellier, le 28 mai
>
> Chers amis,
>
> J'ai une bien mauvaise nouvelle à vous annoncer. Michel a fait avant-hier une chute de cheval. Il est mal tombé et s'est cassé une jambe. Heureusement il était avec deux amis. Ils l'ont conduit à la clinique Pasteur et il a été bien soigné. Mais il va devoir rester immobile pendant quinze jours et après il va marcher difficilement pendant deux mois. Mais son moral est bon. Il va profiter de ces deux mois pour préparer son examen.
>
> Nous n'allons donc pas pouvoir venir chez vous le week-end du 15 juin. Mais nous espérons pouvoir vous voir avant la fin de l'été. Croyez que nous sommes désolés.
>
> Bien amicalement.
>
> > > Corinne

a. Lisez la lettre ci-dessus.

– À qui écrit Corinne ?

– D'après vous, qui est Michel ?

– Pour quelles raisons Corinne écrit-elle ?

→ raison principale

→ autres raisons

b. Repérez (marquez au crayon) les différents moments de la lettre :

– la phrase d'introduction

– le récit de l'accident :

→ l'événement

→ les causes

→ les conséquences

– le refus de l'invitation

– l'excuse.

Entourez les mots d'enchaînement des idées : *heureusement – mais…*

c. Pour une des raisons ci-dessous vous êtes obligé(e) de refuser une invitation. Rédigez la lettre.

Grammar
- indirect object pronouns

Vocabulary
- communication
- technology

Speaking
- congratulating
- reassuring
- explaining how it works

UNITÉ 4

Leçon
12

Page 106

All's well that ends well!

08.30, at Bordeaux airport, Éric Blanc and Daniel Leprêtre of **Performance 2000** welcome (**accueillent < accueillir**) Alma's managers.

How do you know that this is an internal flight?

Remember: this is a very important potential customer.

Ⓐ Dialogue

je suppose : I presume - a formal greeting.

Éric Blanc calls Florence Marzac "**madame**" as an honorific, whether she 's married or not.

je suis très heureux de faire votre connaissance : I am delighted to meet you, (useful formula when being introduced).

remercier à (une personne) de + infinitif : to thank (someone) for (doing). This is a very formal thanks; **attendre** : usually to wait for, (here) to meet

il lui manque : < **manquer**, to lack, to miss, not to have.

This verb presents severe problems for English speakers, as it is used the opposite way round, as here: English "her case is missing", French **il lui manque sa valise**, (lit.) "it lacks to her her suitcase". It works like **il faut** in the last lesson, and once grasped is easier to use than a version of the English.

réclamation : claim

j'y vais : I'll see to it, (lit.) I'll go there

je leur dis quoi? : what shall I tell them?

envoyer : to send

09.30

je lui ai téléphoné : I rang him; **formidable** : terrific!

salle de réunion : meeting room.

Page 107

Ⓑ Dialogue

Salle de réunion, 10h : why have Alma come?

je vous laisse : I'll leave you; **n'oubliez pas** : don't forget; **les vins de la région** : Bordeaux is one of the great wine-producing areas.

emmener/ramener : to take / bring back, especially of people

c'est promis : it's a promise!

client : customer, client; (**il) ne sait pas utiliser** : (he) doesn't know how to use

dessin : drawing

rassurez-vous : (lit.) be reassured, i.e. don't worry; **une déclaration accident** : an accident claim; **appuyer** : to press; **interroger** : to ask questions, not necessarily police-style; **à quoi pensez-vous?** : what are you thinking about? what's on your mind?

What is on M. Levaud's mind?

Ⓒ Newspaper article

avoir peur de : to be frightened of;

PME = Petite et Moyenne Entreprise : small and medium sized business, (in Britain, small business);

borne interactive : interactive terminal;

essuie-glaces : wiper-blades.

Read the article without further help.

What kind of newspaper is it in? How do you know?
Fill in an imaginary index card giving:

Entreprise présentée
Direction
Produits commercialisés
Exemple d'utilisation
Expressions positives, ex. réussite.

Write the rest of the article, **succès commerciaux de Performance 2000 en Europe - Assurances Alma.**

Can you see the point of the lesson's title? **Pourquoi?**

Page 108 Grammaire

Indirect object personal pronouns
(see SOS if need be)

The panel gives you the indirect object pronouns, which are the same as the direct object pronouns, except for
a) **lui** (singular) **leur** (plural), and
b) the fact that these are **pronoms de personne**, i.e., only used when referring to animate things, (people and animals.)

The pronouns are **indirect** because they need an **à** to link them to the verb. Many verbs in French have an **à**, when the English equivalents have no preposition, as you can see from the list;

offrir à : to give (to), is often used in preference to **donner à** when giving a present;

souhaiter à : to wish.

The rules about word order, forming the negative and the imperative are the same as for the direct object pronouns; the **passé composé** is simpler: the past participle does not have to agree.

When a verb can take two objects, in French one will always be indirect: **j'offre des fleurs à Marie, maman raconte une histoire aux enfants**.

répondre and **envoyer** : examples of verb groups with new rules. Look at **Ex. 3**

Entraînez-vous
(it's useful to do these exercises now, looking first at each section above as needed)

1. Myriam has a new boyfriend. Answer for her. (You will need indirect object personal pronouns)

2. Myriam is talking about her previous boyfriend. Answer for her, in the negative, with indirect object personal pronouns.

3. Sébastien has a new girlfriend, and is being given advice. Use **impératif**, with indirect object personal pronouns.

1 Léa and Éva discuss their boyfriends. Fill the gaps with an indirect object personal pronoun.
note here means "bill";
majeur : of age, over 18 in France; **embêté** : bothered.

Page 109 Grammaire

2 What do you do, what happens, in the following circumstances? Use as much as possible verbs given in the panel, with pronouns;
se disputer : to have a quarrel.

3 This practises giving commands using indirect object personal pronouns.
Have a look at the section **A l'impératif** in the box on p.108 to see how to do it. Give M. Blanc's orders, using indirect object personal pronouns.

4 Write and act out scenes. Use direct and indirect pronouns wherever possible.

a) Organising a smart **soirée** : (here) evening party;
veille : the day before; **faire le point** : to sum up;
les Richard : the Richards, you never put an **s** on a name in French.

b) On the way home …

Entraînez-vous
It might be wise to do this again.

Page 110 Vocabulaire

Communication, giving and receiving, suppositions

1 a) Look at the speech bubbles, which give phrases which would be used in five different situations. Find two remarks for each situation.

féliciter, (to congratulate); **remercier**, (to thank); **rassurer**, (to reassure); **s'excuser**, (to apologise); **être d'accord**, (to agree).

b) Listen to the five dialogues, and make notes in the grid; **espérer** : to hope, **prudent** : careful. These **formules** are very useful in real life, and are worth learning by heart.

Les échanges : the box contains verbs for giving / taking, **prêter, emprunter, rendre** : to lend, borrow, return.

2 What would you do / say in the following situations? Make up a short dialogue for each, using the verbs in the box.

a) See unit introduction for the etiquette here.
d) when you want to pay, you can use **offrir** : **c'est moi qui offre le café**.
e) See unit introduction about **faire-part**

Déplacements : changing place.
There is a distinction between people and things, **prendre avec soi** is used for things, in this context meaning "what is taken with you";
apporter : to bring (of things);
amener is used for people: **il amène Madeleine à la soirée**, (he's bringing Madeleine to the party); **il apporte le champagne**, (he's bringing the champagne).

The box arranges the words in pairs meaning the same thing, showing opposites with arrows. Adding the **re/r** is like adding "back" in English.

3 Fill in the gaps using verbs from the box; **jouet** : toy; **maillot de bain** : swim-suit

Page 111 Vocabulaire

The panel shows how to express a straightforward supposition, with **si** : if.

4 Imagine:
a) possible outcomes of these people's suppositions - there are lots of possibilities;
b) The conditions needed to produce these outcomes.
augmentation : pay-rise.

5 The extract from **L'Express** is about information highways and interactive telecommunications; **ce qu'on va pouvoir faire** : what we are going to be able to do.

Read the text; much of the new "techno-speak" is adapted from English, and easy to guess, some of it is not; **faire son marché gérer son budget** : **marché** here means day to day shopping; **gérer** : to manage; **sons** : sounds; **jeu individuel** : game (or sport) played alone, (opposite) **collectif**;

à l'aide de : with the help of; **le monde entier** : the whole world.

Prepare a presentation of each section, giving practical examples of their applications and describing their advantages. Discuss the possible disadvantages of these new communication systems.

Prononciation

One sound, rather like the "y" of "y -ellow".

1. - 5. There are four examples in each section, the one given, and three more. Listen and repeat.

Write down the three words not given.

NB: there are always exceptions; a very important one is the word **ville**, town, where the **ll** is pronounced as an L and not a Y.

Pages 112 & 113 Civilisation

Eureka: Europe's technological meeting point

As you can see from the introduction, Eureka is a European project to further technological advance through international co-operation.

The activities are designed to collect words and if possible should be done in company.

Remember, many technical words are the same, but other words, while easily understood, are not necessarily best translated here by their English counterparts, ex. **équipement** : (here) system.

1 Read each section separately, and prepare a presentation on each project, commenting on it.

Automobile* - **environ** : around / about; **être à l'étude** : to be under research, (lit.) study; **réalisation** : (here) outcome; **propre** : clean; **sûr** : safe; **léger** : light; **conducteur** : driver; **embouteillage** : congestion.

Information et communication - améliorer : improve; **administration** : government bodies; **avion** : aircraft; **traduction** : translation; **téléviseur** : VDU; **voix** : voice; **chirurgien** : surgeon.

Agro-alimentation - alimentaire (adjective) : food; **conserver (se)** : to keep; **viande** : meat; **produits laitiers** : dairy (milk) products; **betterave** : beetroot; **caburant** : fuel; **cueillir** : to pick / gather.

Travail - chaîne de fabrication : production line; **durée** : length, < **verbe durer** : to last.

2 List the adjectives in the text, and find their opposites both in this context and others.

3 Find the verbs that mean **faire**, (**créer**, to create, is given as an example), and find the nouns derived from them; (**acteur** is often used to mean the doer, and has nothing to do with theatre here).

Then do the same with the words involving change.

4 Think up 5 suitable projects for Eureka, using the format in the example, of **colle** : glue.

Page 114 Civilisation

Le Futuroscope de Poitiers

The **Futuroscope** at **Poitiers**, (map p.172), is a remarkable "theme park" of the latest technology, with the pavilions built to resemble organic forms - a crystal for the Cinema, a drop of water for Communications. It is easily reached from the N10 or A10.

Much of the vocabulary is guessable, except: **siège** : seat; **bouger** ; to move; **tapis** : carpet; **une promenade en barque** : (lit.) a walk in a boat, **promenade** means "outing"; **écran** : screen; **immeuble** : (big) building; **jusqu'à** : until / as far as.

1 List all the things mentioned that you find new and exciting.

2 Prepare a presentation of an interesting theme park that you know. Exploit the language given here, adapted for the park you want to talk about.

3 You are asked to devise a new activity or object, which requires quite a degree of ingenuity. To help, there is an example using skiing, and the following method: **supprimer** : remove a ski > monoski; **ajouter** : add wheels > grass skis; **déplacer** : change location to water > water ski. Try the system with an object of your choice.

---

* **consomme 1,4 l. / 100 kms** : the normal way of assessing petrol consumption in France.

VOCABULAIRE

1 La communication

a. Faites le test.

ÊTES-VOUS L'AMI(E) IDÉAL(E) ?
oui = 2 points ; plus ou moins = 1 point ; non = 0 point

vos points

1. Vous aimez accueillir vos amis chez vous. ☐

2. Vous aimez discuter de tout avec eux. ☐

3. Quand vous n'êtes pas d'accord, vous respectez leurs opinions. ☐

4. Quand vous voyagez, vous leur envoyez une carte postale. ☐

5. Quand ils vous écrivent, vous n'oubliez jamais de répondre. ☐

6. Vous leur téléphonez parfois pour leur donner des nouvelles. ☐

vos points

7. Parfois, vous leur offrez un petit cadeau. ☐

8. Pendant les vacances vous leur prêtez votre maison. ☐

9. Ils peuvent vous emprunter votre voiture. ☐

10. Dans les situations difficiles, vous les aidez toujours. ☐

11. Ils vous parlent de leurs problèmes psychologiques. ☐

12. Vous ne leur posez jamais de questions indiscrètes. ☐

De 0 à 8 : Attention à la solitude !
De 8 à 16 : Vous découvrez l'amitié. Mais vous pouvez vous améliorer.
De 16 à 24 : Vous êtes un(e) ami(e) fidèle. Vos amis vous adorent.

b. Complétez avec un verbe trouvé dans les phrases de ce test.

– Ma voiture est en panne. Je vais .... la voiture de Pierre.
Il ne l'utilise pas beaucoup et il la .... toujours à ses amis.

– Hélène est allée faire un séjour linguistique en Italie. Elle a été ....
dans une famille milanaise.

– Nathalie est en vacances dans les Pyrénées. Elle .... une carte
postale à son amie Cathy pour lui .... de ses nouvelles.

2 Création et adaptation

La société CRILIX a quelques problèmes. Lisez le rapport de l'expert. Formulez ses conseils comme dans l'exemple.
Utilisez une seule fois chaque verbe de la liste.

Société CRILIX – VÊTEMENTS

a. L'image de l'entreprise n'est pas bonne chez les jeunes.
   → Il faut améliorer cette image.

b. CRILIX n'a pas de produits originaux. ....

- adapter
- améliorer
- créer
- imaginer
- inventer
- transformer

c. Le logo de l'entreprise n'est pas bon. ....

d. Les publicités de CRILIX sont banales. ....

e. Les vêtements fabriqués par CRILIX
   ne correspondent pas aux goûts actuels *. ....

f. L'entreprise est mal organisée. ....

* modern, contemporary

GRAMMAIRE ET ORTHOGRAPHE

3 | Conjugaisons du présent

Mettez les verbes entre parenthèses au présent.

a. Verbes en -dre (see p.185, verbs 18 - 20)

Après le spectacle, à la sortie des artistes, les spectateurs veulent voir la vedette.

LE PORTIER : Je vous (défendre) d'entrer. Vous (entendre) ?

UN SPECTATEUR : Mais nous (attendre) depuis une heure. Nous voulons la voir. Vous (comprendre) ?

LE PORTIER : Vous (perdre) votre temps. Elle (descendre) toujours par un autre escalier. Écrivez-lui. Elle (répondre) toujours.

b. Verbes en -yer (see p.184, verbs 7 and 8)

M. BLANC : En ce moment, nous (employer) 35 personnes. Mais j'(essayer) d'engager des stagiaires. Nous les (payer) bien. J'ai mis une annonce dans un journal. Beaucoup de jeunes m'(envoyer) leur curriculum vitae.

4 | Les pronoms compléments directs ou indirects

Dans la lettre suivante, soulignez les pronoms compléments (directs ou indirects). Classez-les dans le tableau. Indiquez le nom qu'ils remplacent et la construction du verbe.

« Xavier et Inès viennent nous voir ce week-end. Nous les attendons. Samedi, je leur montre Lyon et je les accompagne au musée des Beaux-Arts. Le soir, nous leur offrons le restaurant. Nous les invitons à la Tour rose. Dimanche, Cathy s'occupe d'Inès. Elle l'emmène voir le palais idéal du Facteur Cheval à Hauterives. Xavier m'a demandé de l'accompagner dans le Beaujolais. Je vais lui indiquer quelques bonnes caves. »

Pronoms compléments directs		Pronoms compléments indirects	
nous voir → nous =	Cathy et moi	je **leur** montre → leur (Xavier et Inès)	
voir =	voir quelqu'un		→ montrer quelque chose à quelqu'un

5   Les pronoms compléments indirects

Complétez avec un pronom indirect.

L'entraîneur de l'équipe de France de rugby explique son travail à des journalistes :

« Je dois être proche de mes joueurs. Je dois .... donner de l'énergie et de la confiance. Je .... parle beaucoup. C'est très important. Quand un joueur a un problème, il peut .... parler et je .... donne des conseils. Mais je sais aussi être autoritaire. Les veilles de match, je .... interdis de se coucher tard et je .... défends de voir des journalistes. Vous savez, vous les journalistes, vous .... demandez toujours trop de choses : des interviews, des photos, des émissions de radio ou de télé. »

6   Les pronoms compléments et le passé composé

**Complétez le dialogue en utilisant un pronom complément direct
ou indirect.**

Un représentant discute avec une cliente.

LE REPRÉSENTANT : Est-ce que vous avez vu nos nouveaux modèles ?

LA CLIENTE : Non, ...

LE REPRÉSENTANT : Est-ce que vous avez eu le catalogue ?

LA CLIENTE : Non, ...

LE REPRÉSENTANT : Votre mari a reçu la documentation bricolage ?

LA CLIENTE : Non, ...

LE REPRÉSENTANT : Est-ce qu'on a pris votre adresse ?

LA CLIENTE : Oui, ...

LE REPRÉSENTANT : Vous avez téléphoné au directeur des ventes pour le catalogue ?

LA CLIENTE : Oui, ...

LE REPRÉSENTANT : Vous avez écrit à la direction ?

LA CLIENTE : Oui, ...

7   Les homonymes grammaticaux (Puns)

**Certains mots ou groupes de petits mots grammaticaux se prononcent de la
même manière mais n'ont pas le même sens.**

Exemple : Il **t'a** pris **ta** voiture. Elle **l'a** vue à **la** gare.

**Complétez les phrases suivantes avec les homonymes indiqués entre
parenthèses.**

– Les voleurs .... pris .... sac. (mon – m'ont)

– Tu .... dit : « .... femme .... quitté. » (ma – m'as – m'a)

– Les douaniers .... demandé .... passeport. (ton – t'ont)

– .... mère .... appelé(e). (ta – t'a)

– Marie a trouvé .... maison de ses rêves.
   Elle .... achetée le mois dernier. En ce moment, elle .... rénove. Est-ce que tu .... vue ? (la – l'as – l'a)

– .... disques de Jacques Brel, je .... ai beaucoup écoutés dans les années 70.
   On .... entend encore à la radio. Surtout *Le Plat Pays*. Je .... encore entendu ce matin. (les – l'ai)

ÉCRITS ET ÉCRITURE

8 Lire un document d'informations pratiques

DES CARTES POUR VOYAGER PAS CHER

LA CARTE INTERNATIONALE D'ÉTUDIANT

est la seule à reconnaître le statut d'étudiant à l'étranger. Elle offre de très nombreux avantages dans près de 70 pays, en matière d'hébergement, de transports et de loisirs. Cette carte coûte 60 F. Pour tout renseignement, vous pouvez contacter les bureaux OTU : 6-8, rue Jean Calvin 75005 PARIS, tél. 43 36 80 47.

1.

LA CARTE INTERNATIONALE DES AUBERGES DE JEUNESSE

Accessible à tous, sans limite d'âge, cette carte donne accès à plus de 6000 auberges dans le monde entier. Elle coûte 100 F du 1er janvier au 31 décembre. Elle est disponible auprès de la FUAJ 27, rue Pajol 75018 PARIS, tél. 44 89 87 27 et Association inter-départementale des Auberges de jeunesse de la région parisienne : 10, rue Notre-Dame de Lorette 75009 PARIS, tél. 42 85 55 40.

2.

LA CARTE CAMPUS

offre de nombreux avantages dans les domaines des études, des loisirs et des voyages, plus une garantie assistance-voyage. Vous pouvez l'obtenir pour 200 F, valable 1 an à : MNEF 132, boulevard Saint-Michel 75258 PARIS Cedex 05. Centre téléphonique en Île-de-France, tél. 30 75 08 20 ou 3615 MNEF.

3.

LA CARTE CLUB DE L'OFFICIEL DU TOURISME

sans limitation d'âge, propose jusqu'à 50 % de réduction sur la plupart des prestations touristiques. Exemples : restaurants, magasins, hébergements, avions, activités nautiques et sportives, locations de voitures et de bateaux, matériels de photo, excursions... Coûte 150 F par an et 200 F pour 2 ans. Renseignements : L'Officiel du Tourisme, service abonnements C/O Prodige 36, rue de Picpus 75012 PARIS, tél. 43 42 07 27.

6.

LA CARTE GO 25

ou carte jeune internationale s'adresse aux moins de 25 ans. Valable en Europe et dans une vingtaine de pays dans le monde entier. Nombreuses réductions en matière de transports, d'hébergement, de services touristiques et activités culturelles. La carte vaut 45 F. Voir les bureaux OTU : 6-8, rue Jean Calvin 75005 PARIS, tél. 43 36 80 47.

4.

LA CARTE CLUB ÉTUDIANT

est la carte de la mutuelle étudiante SMEREP offrant une assistance voyage d'un an. Des tarifs préférentiels sur les locations Pierre et Vacances ou les billets d'avion Look Charters vous seront accordés. Vous pouvez l'acquérir pour la somme de 150 F, valable 1 an. SMEREP 54, boulevard Saint-Michel 75006 PARIS, tél. : 44 41 74 44 , 3615 SMEREP.

5.

Le Catalogue officiel du tourisme,1994.

a. Pour chacune des cartes présentées ci-dessus, recherchez les informations ci-dessous. Présentez ces informations dans un tableau.

	1.	2.
Qui peut avoir cette carte ? Y a-t-il des conditions particulières ?	Les étudiants	
Quel est son prix ?	60 F	
Quelle est sa durée de validité ?	On ne sait pas	
Quels avantages offre cette carte ?	Hébergement, transports, loisirs, en France et dans 70 pays étrangers	

b. Quelle carte vont choisir ces personnes ? Quelles informations complémentaires vont-elles demander ?

– Henri Dumont est employé dans une banque. Il a 30 ans. Il veut prendre une année de congé et faire le tour du monde.

– Mireille a 23 ans. Elle est institutrice. Pendant un mois, en été, elle veut voyager en Europe dans les villes où il y a des festivals de musique.

9 Rédiger un texte sans faire de répétitions

Rédigez les textes correspondant aux situations suivantes.
Utilisez les pronoms compléments (*me*, *le*, *la*, *les*, *lui*, etc.) pour ne pas répéter
certains mots.

a. Le rapport de M. Dubourg.

M. Dubourg est représentant commercial pour une grande maison d'édition. Il a rencontré la directrice de la librairie Sumer. Voici ses notes. Rédigez-les.

> Jeudi 25 octobre.
>
> Visite de la librairie SUMER. Rencontre avec Mme Delarue, directrice. Bon accueil. Invitation à déjeuner. Montré nouvelle collection de livres d'art. Très appréciée. Commande de la totalité de la collection en 10 exemplaires. Proposé « La Grande Histoire de la philosophie ». Refusée. Mme Delarue souhaite beaucoup de livres pour enfants (pour les fêtes de Noël).

« J'ai fait une visite à la librairie Sumer. J'ai rencontré…»

b. Le scénario du cinéaste.

Pendant un voyage en train, un cinéaste a une idée de scénario. Il écrit quelques notes sur un papier. Rédigez-les.

> *Michel est assis à la terrasse d'un café. Une jeune fille (Mélanie) est assise à la table à côté. Michel regarde Mélanie. Michel demande du feu à Mélanie. Michel propose à Mélanie d'aller voir l'exposition d'un ami peintre. Visite de l'exposition. Michel présente son ami peintre (Gérard) à Mélanie. Gérard montre ses tableaux à Michel et à Mélanie. Mélanie est intéressée par un tableau. Gérard invite Mélanie à venir voir son atelier [...].*

Entracte

1 Mots fléchés

Maladie – Santé – Urgences.

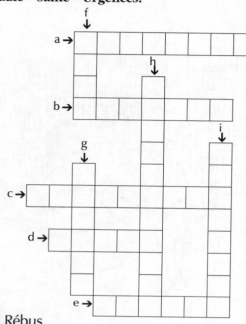

a. Sentiment d'être seul.

b. Ne peut pas attendre.

c. On y vend des médicaments.

d. Premier des biens.

e. État d'une jambe après une mauvaise chute.

f. Service d'urgence (sigle).

g. Ne se sent pas bien.

h. Utilisés contre la maladie.

i. Conséquence possible d'un accident.

2 Rébus

Personnages célèbres.

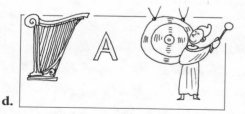

3 Devinettes

Qu'est-ce que c'est ?

a. Bien ou mal rangée
J'emmène le nécessaire
Toujours prête pour voyager.

b. Avec moi on peut voyager
Mais il faut me réserver
Et bien sûr me payer.

c. Je suis pleine dans la journée
Et vide à la nuit tombée.

d. Normalement je suis blanc
Mais quand je tombe, je deviens jaune.

Dans un magasin de vêtements

LA CLIENTE : Bonjour. Hier, je vous ai acheté ce tablier de cuisine. Je viens le changer.

LA VENDEUSE : Mais pourquoi ? Hier, il vous allait très bien.

LA CLIENTE : Oui, mais il est un peu petit pour mon mari.

À la sortie de l'école

LE PREMIER ÉLÈVE : Tu as su faire le devoir ?

LE DEUXIÈME ÉLÈVE : Non, j'ai rendu feuille blanche.

LE PREMIER ÉLÈVE : Moi aussi.

LE DEUXIÈME ÉLÈVE : Zut ! Le prof va encore dire qu'on a copié.

Au bord du lac

LE GARDE-PÊCHE : Monsieur, la pêche est interdite ici ! Je vais vous faire un procès-verbal.

LE PÊCHEUR : Mais je ne pêche pas ! Je fais seulement prendre un bain à mon ver de terre. Et la baignade n'est pas interdite !

LE GARDE-PÊCHE : D'accord, mais je vous fais quand même un procès-verbal ... parce qu'il est interdit de se baigner sans maillot de bain.

Dans la chambre, le soir

MADAME MARTIN : Mais enfin, Henri, je ne comprends pas. Pourquoi poses-tu tous les soirs, sur la table de nuit, un verre plein d'eau et un verre vide ?

MONSIEUR MARTIN : Parce que la nuit, quand je me réveille, quelquefois j'ai soif… et quelquefois je n'ai pas soif.

Réponses

1. a. solitude – b. urgence – c. pharmacie – d. santé. – e. cassée – f. SAMU – g. malade – h. médicaments – i. blessure

2. a. Astérix : as-terre-x – b. Napoléon : nappe-eau-lait-on – c. Charles de Gaulle : char-le-deux-goal – d. Harpagon : harpe-a-gong

3. une valise – un billet – une chaussure – un œuf

UNIT 5 - Introduction

UNDERSTANDING AND SPEAKING
- Talking about the future
- Writing an official letter
- Asking and granting permission - forbidding
- Describing and buying clothes
- Describing and buying or renting somewhere to live
- Using quantitative pronouns
- Reporting speech

DISCOVERING
- The French education system
- Government and politics
- Fashion
- Housing
- Historic figures and attitudes
- Paris

In revolutionary mode

La mode is the hero of this unit. The French role in fashion is too well documented to need to be mentioned, but it is well to remember that this is not mere window dressing: it is a vital contribution to the French economy. **Lyon**, France's second city, and home of the fictitious fashion college **Crémode**, was built up round the silk trade, and the Paris collections still dominate the world. The successful **stylistes**, (it is no coincidence that English has no word for this profession), enjoy a similar status to the film stars they dress, and the rewards are high, as we see from Cédric's meteoric rise, and his ability to buy a flat in central Paris.

Before he achieves this, the unit introduces the student of French to French student life! There has for many years been a tradition of revolution in the French universities, and the spectacle of students marching through the streets has become commonplace. This spirit is allied to the fact - also observable elsewhere - that the revolutionary, once successful, becomes a pillar of the establishment once so bitterly assailed.

A schooled workforce

There is a brief overview of the French education system, supported by its tripod of principles: **l'école gratuite**, (free), **obligatoire**, (compulsory), **laïque**, (secular). It is justly prized. Teachers in France, from the **lycée** upwards, enjoy considerable prestige, even if not considerable rewards. Further down the system, classes are large and the **maîtres des collèges**, (secondary school teachers), are showing the strain. At 18, the **baccalauréat** guarantees the right to a free university place, generally speaking with no subsistence grant from the state. The student body is thus enormous, often restive, and frequently self-supporting. Degrees can take years of part-time study, with increasingly little guarantee of a "proper job" at the end of it, as Romain discovers. The notion persists, as difficult to refute as to confirm, that money and influence are still pivotal to success. Small wonder, then, that the street demonstrations have a real edge, and the **solidarité** with the workers is so keen.

For those who make it, and most still do, they need a home, and Sylviane et Cédric are to be found house-hunting. It is virtually impossible to have a "house" in central Paris, and rented flats are the norm. Houses can be rented or bought in the suburbs, **la banlieue**, and as everywhere, certain locations are desirable, others not. It is not unusual for the French to rent their main home, and buy a second home in the country, where the post-war drift to the cities has left many empty houses.

Do you speak the lingo?

Linguistically, the unit introduces slang for the first time. Don't say this too loudly, but French has a relatively small, (though, of course, perfectly adequate!) vocabulary. Any deficiencies that might have been imagined are more than made up for by the great richness, and constant up-dating, of its **argot**, slang. Whole parallel word lists could be drawn up: **boulot, fric**, (job, money), are given here, others abound. Some, like those, last, but others disappear as quickly as they are coined. It is curious that while the street language of many English speaking cultures is being impoverished to a handful of obscenities, French is bursting and dynamic with subversive-inventiveness, subversive because the language has an official watchdog: the **Académie Française**. This august body is empowered to outlaw new words.

A word of warning: be very careful of using slang, for two reasons: it is very difficult to assess its acceptability in any precise circumstances, and there is a danger of giving offence; and the very essence of slang is that it constantly changes, and you might use an expression as dated as "spiffing" in English.

Grammar
- the future tense
- restrictions

Vocabulary
- education
- government and politics

Speaking
- making plans
- comparing systems, (education, government)

UNITÉ 5

Leçon

13

Page 118

Aux armes, citoyens! : call to arms from the **Marseillaise**, (the French national anthem), battle cry of the **Révolution de 1789**

At the door of a student canteen in Lyon. These are reasonably priced, and compared to the UK, gastronomically exquisite. Students buy tickets in **carnets**, books, one ticket per meal.

Ⓐ Dialogue

prêter : to lend

ça fait le troisième de la semaine : that's the third this week.

je sais compter : I can, (lit.) I know how to, count

promis, juré : (it's) promised, sworn!

I hour later

étudiant en lettres : an Arts student; **Crémode** : fashion college; what verb has been joined to **mode**, (fashion)?

on ne parle que de ça : that's all we talk about

il y aura : (future) < **il y a**, there will be;

ils se révolteront : (future) they will revolt;

devront (future) < **devoir**

tu trouveras (future) < **trouver**; **boulot** : job, (slang); **chez Cabanel** : (here) with Cabanel, (an imaginary fashion house); **fric** : money, (slang)

je te jure que oui : I so swear, (solemn declaration). Change it to "I swear not"

A few days later

pas question : no question, i.e. very emphatic refusal; **être plein de fric** : to be loaded, (lit.) full of loot; **petite** ; does not mean "small" here, as she is in fact very tall, it is used dismissively = insignificant; **bourgeois** : middle class, (term loaded with derision); **BCBG** < **Bon Chic Bon Genre** : upper class, snooty etc. Find a swingeing equivalent to Cédric's appraisal.

avoir tort : to be wrong; opposite: **avoir raison**

mignonne : sweet, nice, rarely applied to males over about five.

il n'y aura pas qu'elle : there won't only be her, **ne ... que** : only; he could also have said **il n'y aura pas seulement elle**

Page 119

Ⓑ Lettre

Cédric has written a formal letter, to ask for work, to accompany his C.V. Glance through it: what can you say about the job? Look at the format: his name and address top left, theirs below, right, the place and date of writing. The first two digits of the post code are the **département**.

Monsieur le Directeur : formal opening, especially useful if you do not know the name of the **Directeur**.

terminer : to end; **continuerai** (future) < **continuer**; **vivement** : (lit.) in a lively manner, here "very much"; **libre** : free; **en vous remerciant .... ma demande** : thanking you in advance for considering my application; this and the next sentence are formal endings for this sort of letter - they seem over the top to English speakers, but are what is required.

Ⓒ A revolutionary **tract** for the students at **Crémode**

meilleur : better; **formation** : training;
contre : against; (opposite - **pour** : for)
restructuration : reorganisation

s'opposer à : to oppose;
diminution : lowering, lessening;
bourse d'études : university grant;
programme : course;
stage en entreprise : work experience/placement;
réclamer : demand; **le droit d'accès** : the right of access.

Add a few more demands ...

Page 120 Grammaire

The Future tense

The panel gives you the future tense. This does not exist in English, but corresponds to "will (do, go etc.)", and is used in exactly that way, (see 2.).

I. Construction des temps futurs

Once you are used to the form, it is very easy to use, and there are few irregulars, the most common of which are listed. The regular form is the infinitive, (minus the final **e** if there is one) and the endings shown.

2. You have now met three ways of talking about the

future, used as in English: "I'm eating with Monique tonight" > **je mange chez Monique ce soir**; "she's going to make us a bouillabaisse" > **elle va nous faire une bouillabaisse**; "one day, she will give me her special recipe" > **un jour elle me donnera sa recette spéciale**. The difference is the degree of certainty, and you can only use the first two if the actual time/date is known - then, it doesn't matter how far ahead it is: **en 2020, je prends ma retraite!**

3. When answering questions in the negative, it is more polite sometimes to add **pouvoir** in the future. The tenses must be logical: question in future, answer in future, (English is more flexible).

4. **pour** : used to express an intention in time.

Entraînez-vous
(it's useful to do the first exercise now.)

1. Florence is being asked about her plans for tomorrow, **demain**. Answer in the future.

1 Put the verbs in brackets into the future. **plaire** : to please

Page 121 Grammaire

2 Two people are making plans. Speak for them, using the verbs given in the future, and other appropriate verbs. See also **Ex. 5**, and **Ex. 6** for more searching use of tenses.

Restriction et exception : this box explains the **ne ... que** and **seulement**, (only), seen in **Dialogue Ⓐ**; **ne ... que** is like **ne ... rien/jamais/personne**, the **que** replaces **pas** in the negative. It can also stand on its own with a noun / pronoun / number:
Il y avait beaucoup de monde à la soirée? Que trois personnes.
Seulement needs no **ne**.

The words for "except", **sauf, excepté, en dehors de** are always followed by a noun / pronoun / number, not by a verb form, as you can in English, "he hates all sports, except free skating" > **il déteste tous les sports, sauf le patinage artistique**.

3 This practises these two functions, talking about a fussy young woman with very restricted tastes. See **Ex. 7**.

4 This is a group discussion on the future prospects for the young, with each of 5 groups preparing 1 of the 5 sections. Try to find four other people to work with. You are discussing your own country, and the phrases given are to help, but their inclusion is optional.

a) How is society changing?

b) What the state, (or other decision makers), should do; (**devront** is in the future, because you are discussing future actions, English allows the present here, French does not!)

Entraînez-vous
It might be wise to do 1 again.

2. Like **3** , but this time it's an awkward boy.

Page 122 Vocabulaire

L'Éducation*
For more about French education, see unit introduction. There are sometimes only rough equivalents for the terms used in this panel, **école** is the general term for an educational institution at any level.

1 Read the panel;
enseignement public, gratuit, laïque, obligatoire: state education, free, secular, compulsory, (6-16); **privé** : private.

The panel gives an overview, **survol**, of the French state system; **collège** : secondary school;
lycée : further education college, (there are a few schools for 11-18 year olds called **lycée**); **baccalauréat** : exam taken at 18, important as it guarantees a place at university; **droit** : law;
DEUG is the basic degree; + 1 year > **licence**, (bachelor); + 1 more year > **maîtrise**, (master). These are often expressed as **Bac + 3, Bac + 4**, etc.

The **grandes écoles/supérieures** are unique, with their **concours d'entrée**, (competitive entrance exam); the photo of the **Polytechniciens** shows graduation from the prestigious military academy, **la Polytechnique**; **maître** : (here) teacher.

Page 123 Vocabulaire

• Find the different types of school and exams, **examens**;

• Find examples of use and the opposites of the adjectives given.

• Compare with state education in your own country.

2 Looking at the list of things, say in which sort of "school" they would be learnt; **lois** : laws;
oeuvre : work (of art); **Voltaire** was a philosopher.

---

* Except in this case, talking about the education system, **éducation** has the wider sense in French of "upbringing".

3 **conseiller d'orientation** : careers adviser.
Give advice to the following youngsters:
avocat : (equivalent) solicitor;
informaticien : computer scientist;
maçon : builder

4 Look at the box with vocabulary, giving the expressions needed to talk about education. Then listen to Philippe and Martine talking about how they got where they are today.
hauts fonctionnaires : civil servants,
Note down:
a) the "schools" and places they have been to;
b) the length of time each part of their training took;
c) their successes and failures;
au début : at the beginning;
j'ai mis, < mettre, 3 ans pour : I took 3 years to;
avoir envie de : to want to; **ça a marché** : it went well;
particulier : (here) special;
le service militaire : military service is being phased out now; **Mexique** : Mexico; **s'inscrire** : to enrol;
agrégation : highest competitive exam for teachers

5 Look at Cédric's letter on p.119. Who is it to? What is he asking? How does he try to win his reader over? In that letter, pick out the expressions which mean the same as the ones in the box below.
solliciter : to ask for, formal language.

This is a useful model that you could adapt. Notice the strict formulas used, very flowery compared to English, and two more are suggested: **mes sentiments les meilleurs** is a warmer ending; if Cédric is lucky, his answer will end with it; **mes salutations distinguées** is very superior. Can you work out the meaning of **pièces jointes?**

There are other useful samples in **Ex. 8 & 9**.

Prononciation

1. Two similar sounds, **s** as in Sahara, and as in Zaïre. Answer in the negative. Listen, then correct yourself.
2. This wistful poem is all in the future. Repeat the phrases; **décrocher** : to pick up (the phone)

Pages 124 & 125 Civilisation

Un peu de politique

1 Look at the map on p.172, which shows how France is split into **régions**, such as **la Bretagne**. Each has several **départements**, such as **Finistère**. There are 95 altogether, listed alphabetically with a number which is used in many official codings: **Finistère** is n° 29. This number is used to start the post codes and to end the registration numbers of cars, and as part of social security numbers. Each **département** has **communes**, 36,500 in all, which are lumped together to form large towns, or rural **cantons**, (not mentioned here).

2 **Les pouvoirs publics** : the authorities/government, **pouvoir** : (lit.) power. Read the information on p.124 and the top of p.125. These explain national and local government.

The French parliament has a directly elected lower house, **l'Assemblée nationale**, with 577 members, **députés**; they then elect the upper house, **Sénat**. Since the Revolution, (1789), there have been five republics. The **présidents** of this, **la cinquième république**, are shown, with their principal policies.

In the **pouvoirs locaux**, administration is led by **le préfet**, a civil servant, and his team. **Ex. 3** puts this very succinctly.

The four sections of this activity all concern this information. With ingenuity and reference to previous similar exercises, you can find your way through it.

Les événements : events

3 Read the headlines.

The CIP was an attempt by Balladur, (then prime minister), to place young jobless in work, paying them 80% of the SMIC, (see p.84).

manifestation : demonstration;
syndicat : trade union; **défiler** : to march;
renoncer : to give up; **colère** : anger

There is a fine tradition of protest marching in France. Write headlines of your own, either for recent events, or for something you have always longed to protest about.

VOCABULAIRE

1 L'école

Lisez cet emploi du temps d'un élève de collège et répondez.

	Lundi	Mardi	Mercredi	Jeudi	Vendredi	Samedi
8 h	Dessin	Musique		Français	Mathématiques	Mathématiques
9 h	Allemand	Histoire		Français	Biologie	Allemand
10 h	Anglais	Français		Mathématiques	Biologie	Anglais
11 h	Sport	Mathématiques		Allemand	Français	Géographie
12 h						
13 h 30	Histoire	Technologie		Latin	Latin	
14 h 30	Physique	Physique		Sport	Anglais	
15 h 30	Technologie	Latin		Sport	français	
16 h 30						

a. Quels sont les jours de congé des élèves ?

b. Quelle est la durée :

– de l'enseignement littéraire ?

– de l'enseignement scientifique ?

– de l'enseignement artistique ?

c. Dans quelle matière peut-on faire chacune des activités suivantes :

– apprendre par cœur ?

– chanter ?

– compter et calculer ?

– étudier l'Antiquité ?

– faire un schéma ?

– faire du sport ?

– dessiner ?

– traduire ?

– lire et commenter ?

– observer une carte ?

2 L'enseignement

Complétez avec un verbe de la liste.

a. Céline est étudiante en lettres. En ce moment, elle .... le théâtre de Molière. Elle .... un exposé sur cet auteur.

b. Jacques Durand est professeur de collège. Il .... la biologie. Il .... 18 heures de cours par semaine.

c. Les écoles hôtelières .... les jeunes aux métiers de cuisinier, de serveur, etc.

d. Anne veut apprendre le chinois. Depuis trois mois elle .... des cours à l'école des langues orientales.

- ■ donner
- ■ enseigner
- ■ étudier
- ■ former
- ■ préparer
- ■ suivre

3 Le pouvoir politique

a. Que dirigent-ils ?

le président de la République

le préfet

le Premier ministre

le président du conseil régional

le maire

- ■ l'État
- ■ le gouvernement
- ■ la région
- ■ le département
- ■ la commune

b. Qui est élu ? Qui est nommé ?

4 Les suffixes -(e)ment   Pay special attention to this little grey box

Il faut distinguer :
La formation d'un nom
à partir d'un verbe
– remercier
→ un remerciement
– renseigner
→ un renseignement
Cette formation se fait souvent avec des verbes en -er.
Elle donne des noms masculins.

La formation d'un adverbe à partir
du féminin d'un adjectif
– lent(e)
→ lentement
– rapide
→ rapidement
Exemple :
Il travaille rapidement.

a. Complétez le tableau

Verbe	Nom
déranger	un dérangement
développer	
	un enseignement
gouverner	
	un équipement
commencer	
	le changement
ranger	

b. Transformez les phrases en remplaçant les verbes soulignés par un nom.   Attention au 2e!

Excusez-moi de vous <u>déranger</u>. → Excusez-moi du dérangement.

Il est interdit de <u>stationner</u>. ....

<u>Enseigner</u> une langue étrangère est obligatoire. ....

Il faut <u>développer</u> l'industrie. ....

c. Utilisez le contraire des adjectifs soulignés pour former des adverbes et compléter les phrases.

Exemple : Il n'est pas <u>égoïste</u>. Il prête généreusement ses affaires.

– Le vieil homme ne va pas <u>vite</u>. Il marche ....

– Ce devoir n'est pas <u>difficile</u>. Je l'ai fait ....

– Le ministre n'a pas fait un discours très <u>court</u>. Il a parlé ....

– Le repas n'a pas été <u>triste</u>. Les invités ont dîné ....

– Le chef des ventes n'est pas un <u>timide</u>. Il a exposé .... au directeur les problèmes de l'entreprise.

GRAMMAIRE

5 Le futur

Mettez les verbes entre parenthèses au futur.

Le magazine *L'Étudiant* interroge Eva et Ludovic sur leurs projets.

L'ÉTUDIANT : Qu'est-ce que vous (faire) après vos études ?

EVA : Quand Ludovic (avoir) son diplôme de gestion, il (devoir) faire son service militaire. Moi, je (être) dessinatrice. Je (chercher) un emploi.

L'ÉTUDIANT : Ludovic, vous savez où vous (aller) faire votre service militaire ?

LUDOVIC : Non, mais je le (savoir) dans un mois. J'espère que je (partir) en coopération en Afrique.

L'ÉTUDIANT : Eva ne vous (suivre) pas en Afrique ?

Ludovic : Si, j'espère qu'elle (venir) avec moi.

EVA : On (voir)…

6 Présenter un projet

Le président de la région Provence-Alpes-Côte d'Azur présente le projet de technopole Sophia-Antipolis.
Mettez les verbes au temps qui convient.

« La technopole Sophia-Antipolis (être) un lieu de rencontre entre la recherche et l'industrie. Nous (développer) les secteurs de haute technologie. Nous (accueillir) les chercheurs étrangers et ils (s'installer) chez nous.

Ainsi, nous (préparer) l'avenir de la région et la Côte d'Azur (devenir) une région dynamique. »

Située près de Nice, la technopole Sophia-Antipolis regroupe différentes activités de recherche (informatique, électronique, bio-technologie, etc.).

7 La restriction et l'exception

Complétez avec *ne… que*, *seulement*, *sauf*.

Les derniers ours des Pyrénées

En France, il reste encore quelques ours. Mais ils .... sont .... une douzaine.
On .... les trouve .... dans les Pyrénées.

Et .... dans les vallées d'Aspe et d'Ossau.
Les petits .... naissent .... tous les deux ans. L'ours ne s'attaque pas à l'homme .... s'il se sent en danger. Sa chasse est interdite depuis 1958.

8 | Lettres de demande

Lisez ces lettres (ou début de lettres).

a. Pour chaque lettre, trouvez :

– qui écrit
– ce que demande la personne qui écrit.

b. Relevez :

– les formules de demande
– les formules de politesse.

Madame, Monsieur,

J'ai l'intention de passer, avec ma famille, le mois d'août dans votre région. Je vous serais très reconnaissante de bien vouloir me faire parvenir une documentation sur le département de l'Indre-et-Loire (itinéraires touristiques, présentation des châteaux de la Loire, guide des hôtels et des restaurants).

Avec mes remerciements anticipés, je vous prie d'agréer, Madame, Monsieur, l'expression de mes sentiments les meilleurs.

Ma chère Carole,

Impossible de t'avoir au téléphone, ça ne répond pas.

Pourrais-tu m'envoyer la photocopie des derniers cours.

Je te remercie d'avance.

Amicalement.

Laure

Cher Monsieur Prato,

J'ai enfin trouvé un travail intéressant à Paris.

Pourriez-vous me faire suivre mon courrier à l'adresse suivante :

Nicolas BOURGET 12, rue de Bagnolet 75020 PARIS

Avec tous mes remerciements, recevez l'expression de mon meilleur souvenir.

Monsieur le Directeur,

Titulaire d'un DUT d'informatique industrielle, je souhaiterais me lancer dans le monde du travail après mon service militaire (en octobre prochain). J'ai découvert votre entreprise à l'occasion d'une enquête réalisée pendant ma deuxième année d'étude. J'ai été très intéressé par votre activité et je crois…

Dans l'espoir que vous voudrez bien m'accorder un entretien, je vous prie d'agréer, Monsieur le Directeur, l'expression de mes sentiments respectueux.

9 Rédigez une lettre de demande

Quelques formules utiles pour les lettres officielles

Formules d'introduction
– J'ai l'honneur de… solliciter un poste, un congé, un entretien, etc.
présenter ma candidature à…
porter à votre connaissance les informations suivantes, les faits suivants.
– Je vous prie de trouver ci-joint un curriculum vitae, le dossier X, etc.

Pour demander (ces formules peuvent aussi servir d'introduction) :
Je vous serais reconnaissant(e) de bien vouloir examiner le projet, m'accorder un congé…
Je souhaiterais recevoir… avoir…, etc.

Formules de politesse
– Je vous prie d'agréer, Monsieur (Madame, Monsieur le Directeur,
Madame le professeur,…)
– Je vous prie d'agréer l'expression de mes sentiments respectueux.   D'inférieur à supérieur
– Je vous prie d'agréer l'expression de mes salutations respectueuses.

– Je vous prie d'agréer l'expression de mes sentiments les meilleurs.   } D'égal à égal
– Je vous prie de recevoir l'assurance de mes salutations distinguées.

---

a. Un étranger écrit au directeur des cours de français d'une université. Faites une lecture critique de sa lettre (ci-contre).
Réécrivez cette lettre selon le plan suivant :

1. Intention d'étudier dans cette université.

2. Demande de renseignements.

3. Remerciements et formule de politesse.

b. Vous êtes intéressé(e) par une offre d'emploi en France correspondant à votre profession.
Rédigez une lettre de demande d'entretien selon le plan suivant :

1. Formule d'introduction. Demande générale.

2. Précision sur votre formation et vos compétences.

3. Intérêt pour le travail proposé.

4. Demande d'entretien.

5. Formule finale (souhaits et formule de politesse).

Would it be worth building a data-base of set phrases for letters?

> Bonjour M. Le Directeur !
>
> On m'a dit que votre université organisait des cours de français en été. Ça m'intéresse.
>
> Il faut m'envoyer une documentation sur ces cours. Je veux savoir le prix, les dates, comment on peut se loger, etc.
>
> Merci beaucoup.
>
> Amitiés.
>
> Silvio Brand

Grammar
- pronouns **en** and **y**
- relative importance and quality

Vocabulary
- clothes and fashion

Speaking
- suggesting - insisting - refusing
- expressions linked to choosing and buying an object

UNITÉ 5 · *Leçon* **14**

Page 126

Qui ne risque rien n'a rien! : (equivalent) You have to speculate to accumulate.

Two years later. Cédric is in Paris, having qualified.

Ⓐ **Dialogue**

As you might with a film, ask yourself what is revealed by each remark about their life: for instance, Sylviane's opener shows that they haven't seen each other for a long time;
their feelings: what does the **j'espère** suggest? movements, gestures, intonation.

se rappeler : to remember

je me faisais du thé : the rebel Cédric is drinking tea, a very bourgeois drink in France.

merci here means **non, merci**, the intonation being important. As "Thank you" in English means "yes", you need to be careful with this, and say, **oui, merci**

Flo : see leçon 13; **collection** : (here) of clothes; **comme un grand** : like a grown-up!

dessin : drawing, design

comment tu les trouves? : what do you think of them?

original : (here) revolutionary; **à mon goût** : for my taste; **en revanche** : on the other hand;

cette robe me plaît : (lit.) this dress pleases me, **plaire** means "to please", but is often used as here to express "to like", "to fancy", "to enjoy", but the word order is always as here.

prendre : (here) to take on, employ;

mannequin : model

tu veux rire : you must be joking! (lit.) you want to laugh

c'est pas ton genre : it's not your style, (in conversation, you can leave out the **ne**)

réfléchir : to think over / consider, the **y** means "about it"; **à propos** : about that ... /on that subject; **endroit** : place

peut-être : perhaps;

j'en connais un : I know one, the **en** means "of them", and is not necessary in English;*

le 14e : the 14th arrondissement in Paris;

papa : look back at **leçon 13** for Cédric's views then.

Page 127

Ⓑ Cédric and Sylviane, his new model, are in a clothes shop: **Mode**, on the door, means "fashion".

Je peux vous aider? : usual greeting: can I help you?

on regarde : frequent reply: "just looking".

…

trop large : too wide / baggy; **taille** : size; **en dessous** : below

à l'aise : easy, comfortable

plaisanter : to joke; **avoir l'air de** : to look like

Ⓒ **Le tout Paris de la mode** : the whole Paris fashion world

verser : to pour; **là-dedans** : into it; **ajouter** : to add; **ambiance** : atmosphere; **cour** : court;

dizaine : about 10, like **douzaine** : dozen;

stars : film, not heavenly.

histoire : (here) history, it also means "story";

temps : (here) time; **mélanger** : to mix;

décolleté : low-necked;

Fragonard : 18th century French painter, especially portraits, all frills and lace.

This article is done like a recipe. Can you re-work it with real ingredients to make a salad?

---

* It's an important general principal in French: there are no loose ends. See comments on pronominal verbs, **leçon 6**.

Page 128 Grammaire

Les pronoms "en" et "y"

en is a pronoun replacing a noun preceded by **de**.

The first panel shows **en**, as an expression of quantity, (easier than English, "some / any"):

1. This works easily: **Tu veux du café? etc.** : Do you want some coffee? Yes, I want some / No, I don't want any.

2. This is harder, because in English, there is no pronoun: **Tu as un roman policier? etc.** Have you got a detective story? Yes, I've got one / two / lots (of them) / No, I haven't any (of them). You have to remember to put **en** in, in case you might mean one / two / lots (etc) of something else. (See the Foot Note on previous page).

The word order for the **passé composé** and **impératif** is the same as for the direct object pronouns.

Entraînez-vous

(It's useful to do the two exercises now; they both practise **en** used this way.)

1. Answer the questions about Cédric's past.

2. Answer as if you were Sylviane's rich **papa**.

1 a) **Un sondage sur la lecture**, a survey on reading. Answer the questions, using **en**, then put them to your neighbour. Add a question about **librairies**, (book-shops)

b) Make up suitable questions for another survey to ask a neighbour: on a food product; on living conditions.

See Ex. 5

The second panel shows **en** and **y** as impersonal indirect object pronouns.

As before, **en** is a pronoun for nouns preceded by **de**, while **y** is a pronoun for nouns preceded by **à**, or another preposition of place, (see the **NB**). In neither case, is there a simple translation, and again, in English there would not always even be a pronoun. Look at the examples carefully, and remember whole sentences as a future reference.

While **y** is always impersonal, **en** is sometimes used for people, informally: **tu as des nouvelles de ton oncle? oui, j'en ai reçu une lettre hier.** There are several exercises to practise these.

Page 129 Grammaire

2 Fill the gaps in this overbearing mother's interrogation; **insupportable** : unbearable. Look at the question to find out which pronoun to use.

Assez de etc : Enough (of) - too much (of)- not enough (of): these are used just as in English. This box shows a very smart lady's candid opinion of Marie-Sophie and her invitations; **s'ennuyer** : to be bored. Adapt her phrases to describe her: **elle est trop snob aussi** etc.

3 You are to imagine possible causes for the situations below. See **Ex. 9**

4 This should be done in pairs, so if necessary, give yourself an extra personality to work with, as you refuse these rather insistent invitations, with suitable excuses.

Entraînez-vous

It might be wise to do 1 & 2 again.

3. Answer the questions about Pierre Gerbault, as he's not **en forme**. Use **assez, trop, pas assez**

Page 130 Vocabulaire

S'habiller : Dressing

There are groups of words for
to dress - dressed - clothes - clothing:
**s'habiller - habillé - habits - l'habillement,
se vêtir - vêtu - vêtements - le vêtement**
and they are more or less interchangeable; however, the group based on **habit** implies care; **habit** on an invitation means "formal dress"; **elle est toujours très habillée** means "smartly dressed".

Clothes are important to the French, (see unit introduction)

1 **Un coup d'œil sur la mode** : a glance at fashion. Look at the models in the photos, and the table below, and find the words for the clothes they are wearing; some of them are not visible, as you will find if you look in the **tableau**. Compile a list of the clothes you wear most frequently.

Page 131 Vocabulaire

Look at the box **Les vêtements** on the right. It contains vocabulary for describing clothes; **osé** : daring; you could add **ajusté** : fitted, and **assorti** : matching.
The list of **tissus**, fabrics, is only basic, you could add **lin** : linen. The best source of vocabulary is a catalogue like **La Redoute / Les 3 Suisses**.

2 Comment on the clothes pictured, exploiting all this vocabulary.

3 You are **habilleur/se**, (dresser) for the cinema. List the characters in the following films, and imagine the clothes that they would wear;
commissaire : police superintendent;
enquête : investigation;

l'enfer : hell;
dramatique is often used in French to mean "dreadful", "serious";
séduisant : attractive;
toit : roof;
enquêter : to investigate.

4 ⌒ Listen to the tape and fill in the blanks. You will hear the expressions **aller avec** : to go with;
bien / mal : well / badly;
plutôt : rather, (here) I prefer; **ceci** : this (one)

5 Prepare a scene between 3 people, a couple and the salesperson, trying to buy an item of clothing. Include **plaire** for things liked, insist on trying on, **essayer**, comment on how it fits, **se sentir bien/mal à l'aise**, and don't forget, (see NB), your size, **taille** for clothes, **pointure** for shoes. There is a useful selection of phrases back on p.18.

**NB : Taille pour dames - de 34 à 48,
pour hommes - de 40 - 54;
pointure pour dames - de 34 à 40,
pour hommes - de 40 - 45**

⌒ **Prononciation**

1. Three nasal vowels, nasal meaning "pronounced through the nose", refers to the effect an **n** has on the vowel before it. As you will hear, this only happens when the **n** is not pronounced.

Pages 132 & 133 Civilisation

Figures éternelles de l'Histoire

NB: **figure** meaning "figure / personage" is unusual: it usually means "face".

This double page gives a sprint through French history via some of its best known characters, (notably the legendary **Astérix!**), identifying them with some famous modern equivalents.

Le Gaulois : the Gaul, the equivalent of an ancient Briton. Any unglossed words are very similar to English;
conquête : conquest; **avant J.C.** : BC;
millénaire : millennium;
au milieu de : in the middle of;
chef : chief / head; **battu** : beaten;
croire : to believe; **ils se croient généreux** : they believe themselves (to be) generous etc.;
gauloiseries : practical jokes; **brouillon** : messy.

Jeanne d'Arc : Joan of Arc, burnt by the English, and the French have never forgotten it!
paysanne : peasant (girl);
elles ont les cheveux courts : Joan's short hair was revolutionary at that time.

Louis XIV et son siècle : Louis XIVth and his century, namely 75 years of rule, which enabled Louis to put his mark on French history, founding many of the things regarded today as typically French;
grandeur < **grand** : greatness; **fier** : proud, (see the map on the inside back cover for places all over the world where French is spoken today); **étiquette** : (here) prescribed behaviour at court, but usually means "label".

Voltaire et les intellectuels, always revered in France, the intellectual élite has often influenced world philosophy, from Cartesian principles, (< **Descartes**) to post-war existentialism, (**Sartre** et al)

1 From these two pages, sketch **la mentalité des Français** by noting down attitudes and behaviour mentioned. Always give an example, and say whether you think they are literally true or rather exaggerated for comic effect.

2 Find the vocabulary relating to war, much of which has been absorbed into English.

You may find it easier to reverse the last two activities.

3 Choose an historical figure, French if possible, do some research and prepare a short portrait of him/her. There are several glaring omissions to the history here! Write the deeds in the **passé composé**, the background information in the **imparfait**:
Marie-Antoinette était autrichienne, elle a épousé le futur roi Louis XVI …

4 Can you think of any figures in the history of your own country who had a lasting influence on today's behaviour? Write a sketch of him / her, but this time use the **présent**.

Leçon 14

VOCABULAIRE

1 Les vêtements

Ils se préparent pour un bal costumé. Faites la liste des vêtements qu'ils vont porter. Quels personnages veulent-ils imiter ?

2 La matière

a. De quelle matière peuvent être faits les objets suivants ? Trouvez dans la liste une matière par objet.

Exemple : une bague en or

1. une bague
2. une bouteille
3. un bracelet
4. des chaussures
5. une chemise
6. une épée ancienne
7. un foulard
8. une maison
9. un miroir
10. un imperméable
11. un pull over
12. un pantalon
13. une table
14. un tuyau

- l'argent
- le bois
- le coton
- le cuir
- le cuivre
- le fer
- la laine
- l'or
- la pierre
- le plastique
- la soie
- le synthétique
- le velours
- le verre

b. Complétez avec un nom de matière.

L'........................ du Rhin est un célèbre opéra de Wagner.

La Tour d'........................ est un grand restaurant de Paris.

L'Homme de .... est une série télévisée américaine.

Marco Polo a suivi la route de la ....

L'île de Murano, près de Venise, est célèbre pour le travail du ....

3 L'histoire

Voici quelques grands événements de l'histoire de France depuis 1945. Trouvez dans la liste les dates de ces événements.

a. Fin de la Seconde Guerre mondiale. Droit de vote pour les femmes.

b. Signature du traité de Maastricht pour l'Union européenne.

c. Événements de mai. Révolte des étudiants. Grève générale et manifestations.

d. Guerre d'Algérie.

e. Guerre d'Indochine.

f. Création de la CEE (Communauté économique européenne).

g. Arrivée au pouvoir du général de Gaulle.

i. Arrivée au pouvoir de François Mitterrand.

- 1945
- 1947-1954
- 1956-1962
- 1957
- 1958
- 1968
- 1981
- 1992

4 Conflits sociaux

a. Lisez ces informations.

■ Gr ves
Parfois la SNCF et la RATP (métro) font la grève pour améliorer leurs conditions de travail ou avoir une augmentation. Alors toute la région parisienne est bloquée.

■ Guerre scolaire
En 1994, les défenseurs de l'école publique sont descendus dans la rue. Ils étaient 1 million à refuser les nouvelles aides financières de l'État à l'École privée.

■ Crise du monde rural
En 1992, les agriculteurs se révoltent contre les accords de la PAC (Politique agricole commune) et la Coordinaiton agricole essaie de bloquer les accès à Paris avec des tracteurs.

■ Action commando
L'association DAL (Droit au logement) défend les sans-abri. Elle se bat pour eux en occupant les logements vides dans les grandes villes.

b. Complétez le tableau.

Conflit	Acteurs* du conflit	Causes	Actions et conséquences
	* doer		

GRAMMAIRE

5 Le pronom *en* (idée de quantité)

Lisez le texte ci-contre. À la sortie d'un hypermarché un enquêteur pose des questions à M. Berger. Répondez pour lui.

– Vous avez des chiens ?

– Combien en avez-vous ?

– Vous vous occupez beaucoup d'eux ?

– Est-ce que vous lisez des revues sur les chiens ?

– Est-ce que vous avez lu des livres sur les chiens ?

– Est-ce que vos chiens mangent du CRAKO ?

– Pourquoi ?

– Qu'est-ce qu'ils mangent alors ?

– Ils en mangent beaucoup ?

> Monsieur Berger a trois chiens. Il les adore et s'occupe beaucoup d'eux. Dans sa bibliothèque il a une cinquantaine de livres sur les chiens et il est abonné à la revue *Vie des chiens*. Chaque semaine, il achète 10 kilos d'aliments pour chien. Il achète du CADOR, jamais du CRAKO parce que ses chiens ont horreur de ça.

6 Les pronoms *en* et *y* avec un verbe au présent

Dans la lettre suivante, remplacez les mots soulignés par un pronom pour éviter les répétitions. Utilisez *en*, *y*, *le*, *la* ou *les*.

> Chère Martine,
>
> Cette année, je suis allée faire du ski à Val d'Isère. Je suis <u>à Val d'Isère</u> depuis quatre jours mais je ne m'habitue pas <u>à cette station</u>. Il y a trop de monde. Mon moniteur de ski n'est pas sympathique. Je ne supporte pas <u>ce moniteur</u>. Ma chambre d'hôtel n'est pas confortable. J'ai horreur <u>de cette chambre d'hôtel</u>. Et puis je n'aime pas le ski. Je ne réussis pas à m'intéresser <u>au ski</u>. Hier soir, je suis allée dans une discothèque. Je me suis ennuyée à mourir <u>dans cette discothèque</u>. Bref, j'ai choisi Val d'Isère mais je regrette beaucoup <u>d'avoir choisi Val d'Isère</u>.
>
> À bientôt.
>
> Nathalie

7 les pronoms *en* et *y* avec un verbe au passé composé

Un journaliste fait l'interview d'un chercheur finlandais du CERN (Centre européen de recherche nucléaire) de Genève. Complétez les réponses comme dans l'exemple.

JOURNALISTE : Vous avez passé deux ans au CERN de Genève ?

CHERCHEUR : Oui, j'y ai passé deux ans.

JOURNALISTE : Vous vous êtes occupé de recherche atomique ?

CHERCHEUR : Oui, ...

JOURNALISTE : Vous vous êtes aussi intéressé à la physique des étoiles ?

CHERCHEUR : Oui, ...

JOURNALISTE : Vous vous êtes servi des travaux de Charpak ?

CHERCHEUR : Non, ...

JOURNALISTE : Vous avez pensez à retourner en Finlande ?

CHERCHEUR : Non, ...

JOURNALISTE : Alors, vous vous êtes bien adapté à Genève ?

CHERCHEUR : Oui, ...

8 Les pronoms *en* et *y* avec un verbe a l'impératif

Une jeune femme veut divorcer. Elle demande conseil à un psychologue. Complétez les réponses.

— Est-ce que je dois discuter du divorce avec mon mari ?　　　— Oui, discutez-en !

— Est-ce que je dois parler de ça autour de moi ?　　　— Non, ...

— Est-ce que nous devons penser à notre future organisation avec les enfants ?　　　— Oui, ...

— Est-ce que je dois réfléchir à ma situation future ?　　　— Oui, ...

— Est-ce que je dois chercher un emploi ?　　　— Oui, ...

9 *Pas assez – assez – trop*

Voici des titres de presse. Rédigez un sous-titre en utilisant les mots entre parenthèses comme dans l'exemple.

Université : les étudiants manifestent (étudiants/professeurs) → *Trop* d'étudiants, *pas assez* de professeurs.

Licenciements chez Usinox (travail/personnel)

Mauvaise saison touristique (soleil/pluie)

Salaires : mécontentement général (travailler/gagner)

Spectacle de danse surprenant mais ennuyeux (original/long)

ÉCRITS ET ÉCRITURES

10 Comprendre une explication

Les autodidactes : self-taught

Les autodidactes nous montrent qu'on peut réussir dans la vie sans l'université et sans diplôme. Ainsi, Pierre Bérégovoy est devenu Premier ministre avec un simple CAP[1] d'ajusteur[2]. Et Alain Delon n'a lui aussi qu'un CAP de charcutier. Alain Prost n'a fait que des études secondaires. Roland Moreno, l'inventeur de la célèbre carte à puce[3], n'a passé que le bac. Comment expliquer ces réussites inattendues ?

Tout d'abord, l'école demande un travail de mémoire et de réflexion sur des sujets abstraits, éloignés des préoccupations quotidiennes. Les autodidactes n'ont pas ces qualités. Ils ont le goût de l'action et de la création. Pour Alain Ayache, sorti de l'école à 11 ans et devenu directeur de presse : « L'autodidacte ne sait pas. Donc, il doit imaginer. »

Ensuite, les autodidactes ont découvert très tôt la vraie vie. Ils se sont formés par l'expérience. Ils ont rencontré des problèmes et des difficultés. Ils ont appris à se battre pour gagner.

D'autre part, ils ont beaucoup travaillé. Michel Denisot, journaliste et animateur de télévision, le dit bien : « Quand je présentais le journal de 13 heures, je commençais ma journée à 5 heures du matin pour tout vérifier et ne pas faire d'erreur. »

Enfin, les autodidactes ont horreur de l'école mais ils adorent lire. Ce sont souvent des lecteurs passionnés.

1. CAP : certificat d'aptitude professionnelle

2. ajusteur : ouvrier qualifié dans la mécanique

3. carte à puce : carte avec micro-processeur (carte de crédit, carte de téléphone, etc.)

a. Complétez ces deux phrases pour expliquer le mot « autodidacte ».

L'autodidacte n'a pas réussi ....

Il a appris ....

b. Présentez les autodidactes cités dans le texte.

Nom	Situation de départ (ou formation)	Réussite professionnelle
P. Bérégovoy	CAP d'ajusteur	Premier ministre

c. Trouvez quatre explications à la réussite des autodidactes.

1. des qualités de ....

2. ....

d. Relevez les mots de liaison.

Ainsi, ...

---

11 Donner des explications pour une acceptation ou un refus

a. Vous acceptez l'invitation ci-contre. Rédigez la réponse selon le plan suivant :

1. Dites que vous avez bien reçu l'invitation. Remerciez.

2. Dites votre plaisir. Donnez deux raisons à ce plaisir.

3. Rédigez une phrase finale.

> *ALAIN ET CARLA TELLIER*
>
> Chers amis,
>
> Nous voici enfin installés dans notre nouvelle maison ! Nous invitons tous nos amis à une petite fête samedi 27 juin à partir de 20 h.
>
> Dans l'attente du plaisir de vous recevoir, recevez toutes nos amitiés.
>
> Carla et Alain

b. Vous venez de refuser poliment l'invitation ci-contre. Vous écrivez à un(e) ami(e) et vous lui expliquez pourquoi vous avez refusé. Donnez cinq raisons à ce refus.

Exemple : – Cédric était un ami mais il a beaucoup changé.
– Vous n'avez pas envie ....

This is an invitation, as compared to a **faire-part**, (see **leçon 12**). How do you know?

> Monsieur et Madame Robert Chambon
> Monsieur et Madame Jacques Girard
> ont la joie de vous faire part du mariage de leurs enfants
>
> Sylviane et Cédric
>
> le 25 septembre à 17 heures
> en l'église de la Madeleine,
>
> et seraient heureux de vous accueillir, à l'issue de la cérémonie religieuse, au Domaine de Beauregard.

c. Vous répondez à l'invitation ci-contre et vous refusez. Expliquez votre refus. Donnez plusieurs raisons.

Exemples : – Vous ne vous intéressez plus à l'archéologie.
– Vous n'avez pas envie de passer un mois avec des gens inconnus. Etc.

> Chère Constance,
>
> Ce petit mot pour te proposer de t'associer, pendant le mois d'août, à l'équipe de restauration du château de Broussac...

Grammar
- reported speech
- **faire + infinitif**

Vocabulary
- housing

Speaking
- expressing an opinion
- reporting what someone has said

UNITÉ 5

Leçon
15

Page 134

La fortune sourit aux audacieux : (equivalent) Fortune favours the bold

Saint-Tropez : a Mediterranean port, playground of the rich and famous.

Ⓐ Dialogue

From the picture, deduce what has happened since Cédric's collection was shown in Paris.

ils disent que : they say that; **génial** : brilliant, of genius

ils n'ont pas tort : they're not wrong (colloquial). How is Cédric developing?

fais voir ça : (equivalent) show me that

chez Jean-Paul Laurent : a fashion house; **chez** here means the establishment not the person.

c'est la gloire : (lit.) it's glory, equivalent "Fame at last!"; **fêter** : celebrate; **faire apporter** : to have (something) fetched

faire exprès : to do on purpose

ça ne fait rien : it doesn't matter, useful phrase if someone is apologising to you

sélection : (here) selective entry to higher education, (see notes on **Bac** in **leçon 13**)

faire rire : to make ... laugh

There are several expressions in the dialogue for reporting what other people have said. Can you find them?

Page 135

Ⓑ Cédric and Sylviane are wanting to buy a flat in Paris; most young people have to rent something outside Paris, so they must have lots of money.

agent immobilier : estate agent;

vous permettez : excuse me; **salon** : drawing room;

salle à manger : dining room; **cuisine** : kitchen;

salle de bains : bath-room; **clair** : light

c'est dommage : it's a shame

ça ne vous suffit pas : isn't that enough for you?

dès qu'on est deux : as soon as there are two (of us / you)

aménagé : done up; **démolir** : to demolish; **cloison** : partition wall

doucement! : (take it) gently, slow down

tant pis : too bad; **tant mieux** : so much the better

Draw a sketch of the flat. What does Cédric suggest? Will Sylviane let him do it?

Ⓒ réception : a "gathering" < **recevoir** : to receive.

gendre : son-in-law;

connaître de nom / réputation / vue etc. : to know by name / reputation / sight

adorer : very strong in French - Cédric is gushing, and so, later, is Legrand.

coupe : shallow glasses used for champagne

tenue : outfit

traiteur : (here) caterer; **laisser tomber** : to drop; **copain** : (slang) friend, mate

il ne faut jurer de rien : you should never swear by anything, i.e. you can't be sure of anything

Can you explain the lesson's title?

Page 136 Grammaire

Rapporter des paroles : Reporting speech is the subject of the first panel, with the little girl telling her brother what their mother said. Three types of phrase are given, with the original words, and the reported version:

1. statements:
"Il fait beau" > **Elle dit qu'il fait beau**;
"It's a fine day" > She says (that) it's a fine day.
In English, you can leave out the "that" linking the two halves, but you must keep **que** in French.

2. commands:
"Dépêche-toi" > **Elle te demande de te dépêcher**;
these take an infinitive as in English, ("she asks you to hurry up").
NB: a negative infinitive has the **ne pas** together before it.

131

3. questions: as in 1, but the linking word varies according to the question,

si : if / whether;

qui : who;

ce que : what;

où : where.

Look again at the reported speech in Dialogue Ⓐ, and make up what was actually said?

ex. : Figaro Magazine : Cédric Girard est un styliste génial"

🎧 **Entraînez-vous (p.137)**

(It's useful to do exercise 1 now; it practises reported speech).

1. Jacques is hard of hearing, so repeat to him what Marie says.

1 You are in Paris with a French friend who speaks no English, and an English friend who speaks no French. Her remarks have been translated for you - report them in French to your other companion..

NB : LA tour Eiffel / LE tour de France.

2 From the following report, reconstitute the conversation between Cédric and Sylviane's father.

Exprimer une opinion

The second panel shows ways of seeking, and giving an opinion. There are no new words here, but look carefully how they are assembled.

It is difficult in French to say "I do not think that so-and-so is...", as it needs a subjunctive - better to say "I think that so-and-so isn't ..."

ex. **Performance 2000 s'installe à Paris, et licencie ses employés. Quel est votre avis? Je pense que c'est dramatique pour les employés concernés. Personnellement, je crois qu'ils trouveront très difficile d'avoir un nouvel emploi à Bordeaux. Je suis contre ce projet: La vie est trop chère à Paris. Ils ont tort de partir.**

Page 137 Grammaire

3 Give your opinion on the three topics:

• Cédric's behaviour throughout;

• modern art,

• the **râleur**, **râler** means to grumble, grouse.

Justify your opinions.

César b. 1921: sculptor who uses industrial materials; he also created the **césars**, the French equivalent of Oscar awards);

The box **Faire + verbe à l'infinitif** shows an expression which has no direct English equivalent, but is very neat and useful. It is for getting things done, not doing them yourself. The conductor gets the choir to sing, the girl makes the boy laugh; perhaps "she had him rolling on the ground with laughter" > **elle l'a fait rouler par terre**.

In US English, there is the expression "I had him come in" > **Je l'ai fait entrer**.

The second verb is always in the infinitive in French.

4 Make up the following sentences as in the example, using **faire** + the infinitive in brackets.

🎧 **Entraînez-vous**

It might be wise to do exercise 1 again.

2. Sylviane's father is too rich to do things himself. Answer the questions for him, **Non**, then use **faire + infinitive**.

Page 138 Vocabulaire

Se loger : Finding somewhere to live

1 **les annonces immobilières** : housing ads.

They are for different types of housing. It is common to give the floor area, and the rooms are counted, plus kitchen and bathroom; **studio** : 1 room + kit. & bath.;

immeuble : block of flats;

de standing : exclusive (in estate agent language);

à rénover : needs refurbishment;

piscine : swimming pool;

rez-de-chaussée : ground floor; **étage** : (upper) floor.

a) List in 3 columns the different:

1. types of housing;

2. rooms and

3. other parts of the house, (garden etc).

With a dictionary, add any important words not given here; **salle de séjour** : living room is probably the main room in most French homes.

b) 🎧 Listen to the tape. An estate agent is making a suggestion to Cédric and Sylviane. Note down what it consists of, and draw up the advertisement for it.

c) Talk to your neighbour. One of you is an estate agent and the other is a client. Make it as authentic as you can. Then change parts.

2 You have just moved into the flat drawn above.

a) Name the different rooms, saying where they are, (p.46 has useful vocabulary).

b) The box has words for furniture;

meuble : item of furniture, (it comes from **mobile**, and is used for non-fixtures, **immeuble**, for the building, comes from **immobile**, since it cannot be moved);

armoire : cupboard/wardrobe;

bibliothèque : bookcase; **canapé** : sofa;

cuisinière électrique : electric stove;
fauteuil : arm chair; **poubelle** : rubbish bin.
Which room would they all be best in?
With a dictionary, add any important words not given
here; **commode** : chest of drawers, might be useful.

Page 139 Vocabulaire

3 Look at the pictures. Say what each building and each
room is, then link the interiors to the exteriors.
How do you know which is which?

Where would you prefer to live? What are the good and
bad things, **les défauts**, about these homes? Why?

Prononciation

1. Three easily confused consonants. Listen, and mark
the order you hear them in.

2. Repeat them in the order given.

3. Five famous sayings for you to repeat, the first four in
chronological order. They correspond to :

"Fickleness, thy name is woman."

"Live for the day."

"There is no such word as can't."

"I never think about the future: it comes soon enough",
(as Einstein spoke German, one translation is as good as
another)

"If you want the end, you'll find the means";
moyens : means.

Page 140 - 142 Civilisation

Magies de Paris

magie : magic, it is an anagram of ...?

Over the next three pages, there are photos of Paris; the
steps shown lead up the steep slopes of **Monmartre** to
the **Sacré-Coeur** and **place de Tertre**, beloved by
artists. There are more pictures in the rest of the book,
(especially unit 1), and on p.175 there is a plan.

1 Find all the places and situate them on the plan,
(pp. 46 & 81 have the phrases you need.)
Add any other places you have heard of, or know, if you
have been to Paris.

2 Choose two pictures:
1. to decorate a classroom, and
2. to serve as the background for a scene in a film;
(alternatively, you might "do" a television commercial).
Explain the reasons for your choice.

3 Read the remarks about Paris that three foreigners
who live there have made.
What for them is **le charme, la magie de Paris**?
le Marais is one of the oldest parts of Paris, **le 4e
arrondissement**; **cinéphile** : film buff.

Page 142 Civilisation

4 Look at the following sentences, and work out which
places in Paris they are referring to.

La Pyramide du Louvre was built in 1980 as a new
entrance to the museum, created from one of Louis
XIV's sumptuous palaces.

Le quartier chinois is in the south of Paris.

Notre-Dame, l'Ile de la Cité, the map p.175 shows
you that the heart of Paris is two islands in the Seine. This
is where the city originated.

Place de la Sorbonne with the renowned university of
Paris.

Place de la Concorde is at one end of the **avenue
des Champs-Elysées**. The main **guillotine** was here
during the Revolution.

Avenue des Champs-Elysées leading to the
Arc-de-triomphe.

Quartier Barbès, north-east Paris, centre for
immigrants from North and central Africa.

Pont Alexandre lll, showing off new metal-working
technologies, like the Eiffel tower, built at the end of 19th
century.

Leçon **15**

VOCABULAIRE

1 Types d'habitation

Faites correspondre l'habitation et sa définition.

- un appartement
- un studio
- un château
- une villa
- une maison de campagne
- un(e) HLM
- un immeuble
- une résidence

a. grande construction des siècles passés avec parc

b. Les habitants de la ville y passent leur week-end.

c. habitation à loyer modéré

d. habitation collective

e. habitation collective de bon standing

f. logement d'une pièce

g. logement de plusieurs pièces dans une habitation collective

h. maison avec jardin situé en dehors du centre ville

2 Inventaire d'actions

Observez ces trois situations. Faites la liste de tout ce qui s'est passé entre la scène initiale et la scène finale.
Cherchez des verbes complémentaires dans un dictionnaire.

2. Préparatifs pour la fête

■ chercher une robe ■ essayer ■ etc.

1. Déménagement

■ chercher ■ visiter ■ acheter ■ louer
■ faire un emprunt ■ peindre ■ réparer ■ décorer
■ déménager ■ installer ■ préparer ■ etc.

Exemple : Ils ont cherché un appartement. Ils sont entrés dans une agence. Ils sont allés visiter un appartement. Ils ont loué l'appartement. Ils ont repeint l'appartement. Ils ont réparé… Ils ont déménagé, etc.

3. Délinquance

■ avoir envie de ■ surveiller ■ entrer ■ etc.

3 La maison

a. **Trouvez le nom des parties de la maison.**

une antenne ☐ un mur ☐

une cheminée ☐ une porte ☐

un escalier ☐ un toit ☐

une fenêtre ☐ un volet ☐

b. **Quel est le sens des mots soulignés dans les phrases suivantes ?**

– Entre ces deux partis politiques, il y a un <u>mur</u> d'incompréhension.

– Entre les deux pays en guerre l'ONU a établi un <u>couloir</u> de sécurité.

– Dans le discours du Premier ministre il y avait deux <u>volets</u> : le chômage et l'insécurité.

– L'Abbé Pierre s'occupe beaucoup des personnes <u>sans toit</u>.

– Si on tolère l'utilisation des drogues, c'est la <u>porte</u> ouverte à tous les problèmes.

– La société Performance 2000 a une <u>antenne</u> à Paris.

GRAMMAIRE ET ORTHOGRAPHE

4 Rapporter les paroles de quelqu'un

a. **Gilles est allé à l'ANPE.**
Voici ce que l'employé lui a dit :

« Asseyez-vous monsieur !
Comment vous appelez-vous ?
Montrez-moi votre curriculum vitae !
Que savez-vous faire ?
Il n'y a pas beaucoup d'offres d'emploi dans cette spécialité !
Parlez-vous une langue étrangère ? ... »

b. **Martine a prêté son appartement de Nice à ses amis Valérie et Yves. Quand Valérie et Yves arrivent à l'appartement, ils trouvent une lettre de Martine (voir ci-contre). Valérie la lit et explique à Yves les conseils de Martine. Rédigez ce que dit Valérie.**
Utilisez les verbes : *dire – demander – conseiller/déconseiller – souhaiter*

« Martine nous conseille de... »

À la sortie de l'ANPE, Gilles rencontre une amie :

« Alors, comment ça s'est passé ? Qu'est-ce qu'ils t'ont dit ? »

Rédigez la réponse de Gilles.

« D'abord il m'a demandé de m'asseoir. Puis… »

Nice, le 03/07
• Conseils pour votre séjour :
– voir le musée d'Art moderne***
– visiter le musée Chagall**
– ne pas boire l'eau du robinet.
• Valérie, deux petits services :
– changer l'eau des poissons
– ne pas oublier le chat !
• Yves peut-il réparer le robinet ?
Vous pouvez utiliser ma voiture. Papiers et clés sur la table.
Bonnes vacances. Bises.

Martine

5 | Faire + verbe à l'infinitif

Un producteur de télévision donne son opinion sur les émissions humoristiques et satiriques. Transformez les phrases comme dans l'exemple.

Que pensez-vous des émissions comme « Les Guignols de l'info » sur Canal Plus, « Le Bébête show » sur TF1 ou « Rien à cirer » sur France Inter ? (See Unit 1. **Ex. 6 b**)

— Tout le monde rit pendant ces émissions. → Ces émissions font rire tout le monde.

— Les jeunes découvrent la politique à travers ces émissions. ....

— Nous réfléchissons. ....

— Nous oublions nos problèmes. ....

— Elles ont beaucoup de succès. Alors l'audimat[1] monte. ....

1. audimat : mesure du nombre de téléspectateurs regardant une émission.

6 | Irrégularités de quelques verbes en -er

(voir aussi Exercice 3, Leçon 12 p. 66)

> **Verbes en -ger**
> Forme particulière après *nous* :
> manger → nous mangeons
>
> **Verbes du type *lever***
> Alternance è / e
> je lève – tu lèves – il lève –
> nous levons – vous levez – ils lèvent
>
> *Exception :* quelques verbes en -eler et -eter qui doublent la consonne :
> j'appelle / nous appelons
> je jette / nous jetons

Mettez les verbes entre parenthèses au présent.

« En ce moment, nous faisons un régime pour maigrir. J' (acheter) beaucoup de fruits. Je (peser) les aliments très caloriques. Nous (changer) aussi nos habitudes. Nous (partager) mieux les trois repas principaux et nous (manger) léger à chaque repas.

Ah ! J'(appeler) François. C'est dimanche, et d'habitude il (se lever) tard. Mais ce matin, je l'(emmène) faire un jogging. Ça fait partie de notre régime. Nous (appeler) ça notre petit déjeuner d'air pur. »

7 | Pluriel des noms et des adjectifs en -al

> **Pluriel des noms**
> un journal → des journaux
> un cheval → des chevaux
> *Quelques exceptions :*
> un bal – un carnaval –
> un festival – un régal
> (un bal → des bals)
>
> **Pluriel des adjectifs**
> un élu local → des élus locaux
> une capitale régionale
> → des capitales régionales
> *Quelques exceptions :*
> final – banal – natal
> (des articles banals)

Accordez les adjectifs :

— des centres (commercial)

— des spécialités (régional)

— des guerres (colonial)

— des artistes (original)

— des prix (normal)

— des échanges (international)

— des pays (natal)

— des fêtes (national)

ÉCRITS ET ÉCRITURE

8   Les faits divers

Agression sur l'autoroute
Deux jeunes délinquants arrêtés par la police.

Jeudi soir, Jacques Vignal, représentant de commerce, a quitté Paris pour rentrer chez lui, à Lyon, par l'autoroute. Après 300 km, vers une heure du matin, il s'est arrêté sur l'aire de repos proche de Tournus. À cette heure tardive, le parking était désert. M. Vignal s'est alors endormi dans sa voiture. Tout à coup, deux inconnus l'ont réveillé. Ils disaient vouloir du feu. Quand l'automobiliste a ouvert sa portière, ils l'ont frappé violemment et lui ont pris son argent. Heureusement, M. Vignal n'était que blessé et a pu lire le numéro d'immatriculation de la voiture de ses agresseurs. Quelques minutes après, un routier allemand, M. Tanzer, de Fribourg, est venu stationner à ses côtés. Étonné de voir une voiture avec une portière ouverte, le routier est sorti de son véhicule et a entendu les plaintes de la victime. Il a alors téléphoné à la police et a conduit M. Vignal à l'hôpital. Un quart d'heure après, la police arrêtait les agresseurs au péage de Mâcon. Il s'agit de deux jeunes délinquants connus des services de police. ●

a. Lisez l'article ci-dessus. Le police interroge M. Tanzer et M. Vignal.
Répondez pour eux.

Questions posées à M. Tanzer

– Quelle est votre profession ? Où habitez-vous ?

– Comment avez-vous découvert M. Vignal ?

– Quelle heure était-il quand vous l'avez découvert ?

– Dans quel état l'avez-vous trouvé ?

– Qu'avez-vous fait après ?

Questions posées à M. Vignal

– Quelle est votre profession ? Où habitez-vous ?

– Que faisiez-vous sur ce parking ?

– Comment s'est passée l'agression ?

– Vous a-t-on pris quelque chose ?

– Avez-vous reconnu vos agresseurs ?

b. Observez l'organisation du texte.

1. **Les acteurs**

   Faites la liste des mots qui désignent les acteurs de cette histoire.

   Exemple : M. Vignal – représentant de commerce – l'automobiliste –, etc.

   M. Tanzer, ...

2. **Les actions**

   Soulignez les actions principales du récit.

3. **Les lieux**

   Encadrez les indications de lieu.

4. **Le temps**

   Entourez les indications de temps.

Jeudi soir, Jacques Vignal, représentant de commerce a pris l'autoroute pour aller de Paris à Lyon

9 Rédiger le récit d'un incident

D'après les documents suivants, rédigez un bref article sur le cambriolage de la maison de Colette Sicard.

Colette Sicard va faire sa déclaration de vol au commissariat de police.

LE POLICIER : Je dois prendre votre nom, votre adresse et votre profession.

COLETTE SICARD : Colette Sicard, célibataire, 14, rue Lamartine, infirmière.

LE POLICIER : Ça s'est passé quand et à quelle heure approximativement ?

COLETTE SICARD : Hier, donc le 20 décembre. Je peux vous dire l'heure exactement parce que j'ai surpris les cambrioleurs. J'arrivais chez moi, hier soir. Il était 9 heures du soir. J'ai ouvert la porte du garage pour rentrer ma voiture... La porte fait du bruit. Et alors, j'ai entendu des pas sur le toit de la petite maison à côté de ma villa. Ils étaient deux, j'en suis sûre.

LE POLICIER : Ils sont entrés comment ?

COLETTE SICARD : Par la fenêtre de la chambre. Ils ont cassé un carreau. Ils sont partis par là aussi.

LE POLICIER : Ils vous ont pris quelque chose ?

COLETTE SICARD : Oui, tenez, j'ai fait la liste. Mais quand je les ai surpris, ils venaient d'arriver... parce que j'ai trouvé seulement la chambre en désordre. Ils n'ont pas eu le temps de visiter les autres pièces.

Liste des objets volés

une bague en or

un collier de perles

une montre

deux bracelets

une pendulette

1 000 F en billets de 200 F

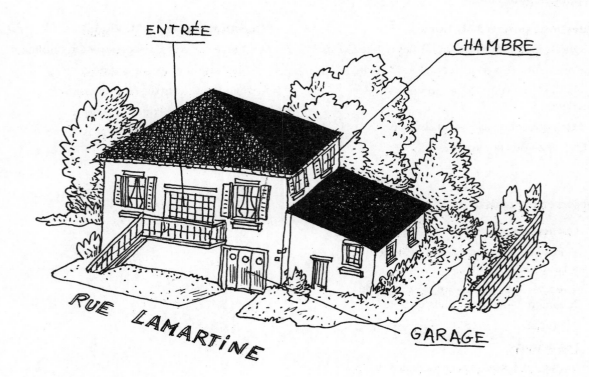

ENTRÉE

CHAMBRE

RUE LAMARTINE

GARAGE

Entracte

Les jeux télévisés

Les Français adorent les jeux télévisés. Il y a des jeux pour tous les goûts et pour tous les niveaux de connaissance.

« **Le Millionnaire** » est d'abord un jeu de loterie. On achète un ticket (10 F) et on gratte pour voir la somme gagnée (de 10 F à 50 000 F). On gagne quand la même somme est inscrite 3 fois. Si on a beaucoup de chance, le ticket montre 3 TV magiques ! Alors, on peut passer à la télévision au « Jeu du Millionnaire ». On fait tourner une roue et on peut gagner de 100 000 F à 1 million de francs ! Mais cela n'arrive qu'une fois sur 500 000 !

Facile, non ?

« Le Jeu du Millionnaire »

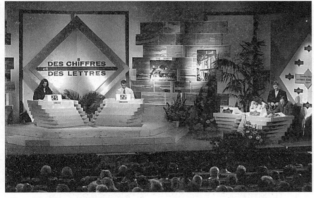

Dans le jeu « **Des chiffres et des lettres** » deux joueurs s'opposent dans des épreuves de lettres et des épreuves de chiffres. Le gagnant revient le jour suivant. S'il reste plusieurs jours il peut participer à la super finale et gagner… une voiture (70 000 F). Le grand principe des jeux de la télévision française est : plus le jeu est difficile, moins on gagne d'argent.

« Des chiffres et des lettres »

Épreuves des lettres.

Le joueur demande 9 voyelles ou consonnes. Elles sont choisies au hasard. Avec ces 9 lettres il doit former le mot le plus long possible.

Exemple : avec | T | F | R | E | I | E | F | D | N |

on peut faire : IDÉE, DENT, FRITE, DÉFIER et, si on est très fort, DIFFÉRENT (9 lettres).

Exercez-vous :

| E | E | A | I | L | V | R | C | H | ....
| L | C | L | T | N | I | E | E | E | ....
| T | R | R | N | F | I | E | O | E | ....

Épreuves des chiffres.

On choisit au hasard :

– un nombre de 3 chiffres. Par exemple : | 7 | 0 | 7 |

– 6 nombres de 1 ou 2 chiffres. Par exemple : | 4 | 9 | 1 | 7 | 10 | 2 |

Le joueur doit utiliser les 6 nombres, avec les 4 opérations (addition, soustraction, multiplication, division), pour retrouver le nombre 707.

Exemple :
$$4 \times 9 = 36 \qquad 36 - 1 = 35 \qquad 35 \times 2 = 70$$
$$70 \times 10 = 700 \qquad 700 + 7 = 707$$

Essayez :

Faites : | 1 | 7 | 3 | avec | 25 | 6 | 10 | 50 | 9 | 3 |

| 1 | 2 | 9 | avec | 1 | 25 | 10 | 50 | 75 | 2 |

« Questions pour un champion »

Bernard Pivot dicte un texte à toute la France.

Dans « **Questions pour un champion** » quatre joueurs doivent répondre à des questions de culture générale.

Épreuves des questions courtes (1 joueur est éliminé)

Exemple : Né à Rouen en 1821, je suis l'auteur de *Madame Bovary.*

Questions sur thème (1 joueur est éliminé)

Exemple : les « Arthur » célèbres

– poète français né à Charleville

– auteur américain de pièce de théâtre, mari de Marilyn Monroe.

Questions progressives (1 joueur est éliminé) : il faut répondre très vite, avant la fin de la question.

Exemple : Je suis né en 1959.

– Je suis petit, malin et intelligent.

– Je défends mon village contre les Romains.

– Je suis un personnage de bandes dessinées.

La France est sans doute l'un des rares pays où l'on fait des dictées à la télévision. Chaque année, l'animateur Bernard Pivot organise un grand concours d'orthographe. Des centaines de milliers de téléspectateurs essaient d'écrire sans fautes, sous sa dictée, un texte difficile.

UNIT 6 - Introduction

UNDERSTANDING AND SPEAKING

- Comparing people and objects
- Finding information in documents
- Expressing wishes and feelings using the subjunctive
- Describing and emphasising using the relative clause
- Carrying conviction in a discussion
- Descriptive or persuasive writing

DISCOVERING

- Through advertising, dreams and ideals of the French
- Press and television
- The European Community, (shared history, hopes and fears, cultural and educational exchanges)
- French-speaking countries
- Psychological films

Project on advertising

Like **unité 3**, this **unité** prepares and then produces a project. In this case, an advertising campaign, with a slogan on a poster, a short text, and a 30 second TV commercial, to be produced in the form of a short film script. These are about a product from your own country, to be marketed in France.

This is a very challenging project, even in your own language, but it allows you plenty of scope for your imagination. This is the final unit, and you now have the skills needed for it. You will draw on all that you have learnt up till now, as well as new skills introduced here. There are lots of references to earlier pages as you go through the lessons.

Humour is often central to advertising; it is deflating, but salutary, to recall that humour in a foreign language is very tricky for a non-native speaker: humour depends on so many factors, which is why comedy does not always cross frontiers. But if you are determined to be amusing, go for it, and enjoy it!

Marketing and the media

Successful marketing involves convincing people they want to buy something specific, so you have to learn how to present, and how to persuade: **convaincre et argumenter**. In addition you must tailor your methods for the French market. **Leçons 16 and 18** show you plenty of examples of French advertising, via the different media. There is on p.152, a photo showing some of the most popular press. The French press is different compared with, for instance, newspapers in the UK. There is a very strong tradition of serious, regionally based daily papers, **Ouest France, Le Parisien**, and this spreads the readership widely; national papers, **Le Monde, Libération**, are less powerful as the regional ones offer real competition. In addition, the Sunday paper has only recently become the hefty, magazine / paper combined, (and even now **Le Figaro** is the only one). Instead, there are several popular weekly magazines, **L'Express, Le Nouvel Observateur**, with serious political comment and current affairs analysis, and some lighter items as well. There are plenty of specialist journals, **Le Journal des Finances, L'Équipe**, and fashion magazines like **Elle**, not to be dismissed as bimboid nonsense, as well as the gossipy ones, that can be, but are fun.

La francophonie

Another theme of the unit, especially in **leçon 17**, is French-speaking round the world. Until quite recently, French was the official diplomatic language, and is still the main second language of huge sectors of the world - the middle and far East as well as Canada and parts of Africa. The French are passionate supporters of their own language, promoting it through government schemes, such as teacher exchange programmes. They are also worried about the threat from English, especially American English, and to protect French from encroaching anglicisms, the television programmes are controlled, only allowing a limited number of foreign, (chiefly American), programmes. The TV pages reproduced on p.153 show the result of this. It has had the useful spin-off of stimulating home-produced material.

This unit is all about making a case for something, be it an idea or a product. The French are passionate arguers: it is said that wherever you have two Frenchmen, you have three political parties. They love a discussion, argued to the hilt. They love marching with banners, blocking motorways, obstructing the TGV. Watch them in cafés, especially at election time: the hands are whirling, the faces are intent. But a word to the wise: keep out of the way of the flak!

HEALTH WARNING

See Unit 3 Introduction

Grammar
- comparisons and superlatives

Vocabulary
- advertising
- consumer items, qualities and defects
- press and television

Speaking
- comparing qualities and defects of something
- choosing an activity from a programme

UNITÉ 6 · *Leçon* **16**

Page 146

Advertising and our dreams

Publicité is both advertising in general, and an advertisement; **rêve** : dream.

When examining these adverts, bear in mind they are designed to work on the subconscious level, and that they are very ingenious. Before looking at them, think of slogans in English which are especially memorable. Analyse how they work and then you will be equipped to tackle these French equivalents.

🅐 Advertising slogans, based on a zappy use of language. They are for:

Crédit Industriel et Commercial, the bank;
Conforama, the furniture shop;
Avantages, the up-market magazine for women;
Canapés Cinna, (no pun in French), the sofa-manufacturer;
Peugeot, the bicycle section;
Audemars-Piquet, the luxury watch maker.

Advertising often uses superlatives, (see SOS), the best / fastest / whitest etc.

Find the superlatives used here. They have **plus / moins**, unless they are the exceptions given on p.148. Look out for repetition, and for the way the phrase is often balanced, "the best - for less" etc.

There are favourite themes in advertising - dreams, journeys, snobbery. Can you see any of those, and others?

The way the language is used is given below, but try to work it out for yourself before looking.

"The most prestigious of signatures", suggests that no further discussion is necessary.

"Better equipment means less effort", the repeated **mmm** has a soothing effect.

"The best made for doing nothing" this works better in French, where **faire** means both "to make" and "to do".

"There is more than one life in a woman's life" : with this magazine, women discover whole new dimensions to their life.

"The country where living is less expensive" : this works better in French, where **la vie** means both living and life. **Conforama** (< **confort**) is a big shop, so calling itself **un pays** evokes exotic escapism.

"Closer to go further", **plus proche** : closer, both physically nearer, and closer in the "family ties" sense.

Page 147

🅑 **La Publicité, miroir de nos rêves**

This article describes how advertising exploits our dreams and aspirations.

moyens : means; **séduire** : to charm;
objectif et précis : objective and precise;
de la même manière : in the same way;
équilibré : balanced, but this important word in French is used in a more general way, to mean "at ease with yourself"; **avoir envie de** : to want;
supprimer : to suppress;
renvoyer < **envoyer**, to send, means "to return, send back", or here, perhaps, "to reflect".

Divide the article under the headings
moyens pour vendre,
changements (aujourd'hui),
exemples,
giving instances of the three **points** used to sell,
informer, séduire, faire rêver.

Explain by paraphrasing the idea behind the title of the article. The pick out the sentence in the article which means the same thing..

🅒 **Les médias font leur pub.**

The media are both a vehicle for advertising, and advertise themselves. These are examples: **France inter, France Culture** are radio stations, the others are newspapers or magazines. There are other examples on pp.152-153.

As in 🅐, the slogans depend on playing cleverly with words. Nearly all the pazazz is lost when these are explained, but here goes.

Écouter, ça n'a rien à voir : (lit.) listening that's nothing to see, in fact means, listening has nothing to do with it, the pun being totally lost in English;

plus vite, plus haut, plus fort : "faster, higher, stronger" the Olympic motto: **L'équipe** is a sporting paper;

Paris Match, a journal rather given to sensationalistic photographs designed to shock, e.g. pictures of road accidents.

poids : weight, **choc** : impact

je le lis, j'agis : I read it and act, i.e. the journal gives practical advice; this not only loses the rhyme when translated, but also the pun, since **action** is French for "shares" in the financial sense;

France culture claims modestly "The world belongs to those who listen";

Le Monde (the World), France's (arguably) most prestigious newspaper, "As the name implies..." < **indiquer**.

Pages 148 - 149 Grammaire

Comparing

The panel explains how to make comparisons.

1. with both adjectives and adverbs. There is only one way to do this in French, corresponding to the English "more / as / less", (there is no equivalent of the -er > faster). The exception, as shown, is **bon / bien**, **mauvais / mal** are also irregular.

2. with quantities, both with nouns and verbs

In both these cases, to make a superlative, ("the most important person", "he ate the least quickly"), you must put the article in French, as in English, but be careful in French, because with adjectives the article must agree: **la plus belle / les plus énormes**

NB : the example given here is a relative clause, (lit.) "It is Éric who runs fastest". In English you would use intonation : "**Eric** runs fastest". Think of people you know who are particularly good at something to practise this :

C'est maman qui fait les meilleurs gâteaux; c'est Shakespeare qui écrit les pièces les plus connues etc.

1 Look at the table of results of sporting events: **saut** : jump.

a) Complete the sentences about the events; **court < courir** : to run

b) Chose some great sporting heroes and make up sentences about them;

lancer : to throw; **adroit** : skilful; **résistant** : resilient; **fort** : strong, and sometimes "good", as in **il est très fort en maths**.

2 Looking at part 2 of the panel and, using the information in the table below, compare the consumption of medicines, the holidays and the retirement age in the four European countries given.

3 Taking information that you know about different countries, compare them.

🎧 **Entraînez-vous**

In 1. you are going to compare Paris and Marseille.
2. Use the information in the table opposite about a beauty queen contest; **taille** on its own means "height" or "waist", but **tour de taille** means "waist measurement".

Pages 150 - 151 Vocabulaire

Words, objects and our dreams

Find different words to express the idea in the title, and then find the phrase in the article that means the same thing. Lastly, pinpoint examples of dream items : **l'homme de nos rêves** etc.

1 Look at the table, (**palmarès** is like a star rating), classifying the words the French like most, and least, and find the 6 most highly prized, and the 6 most feared;

paix : peace; **tendresse** : tenderness;
amitié : friendship; **guérir** : to heal;
douceur : gentleness; **guerre** : war; **trahir** : to betray;
angoisse : anguish; **mort** : death; **fusil** : gun;
vide : empty; **vieillir** : to grow old; **chasse** : hunt

a) List the 10 things that you appreciate most, and compare with the list drawn up by any other students you know. Make an average by listing the 10 most often given.

b) Compare that list to the French choice.

c) See if you can find these ideas in the adverts on p.146, and any adverts you know in your own country.

2 Read the poem, about a consumer society.

L'appartenance : belonging, > **j'appartiens à** : I belong to; the **marques**, (brand names), are well known, so you can deduce the words you do not know; except maybe **mélomane** : music lover.

Give the products and their **marques**.

What do you think the poem means? Do you agree?

Think of some products that you yourself are attached to, and write about them in the style of this poem.

3 Look at the article going on to p.151;

comportement : behaviour;
coloré : (brightly) coloured;
sans volets : without shutters, (all traditional French buildings have shutters);
climatisation : air-conditioning;
insonorisation : sound-proofing;
coffre : car boot;
sûr : (here) safe;
téléviseur : television set;
donner la parole à : to let someone speak / have their say
auditeur : listener;
problème intime : personal problem;
animateur : presenter

a) Describe the items, comparing them to their older

equivalents, **aujourd'hui, les radios deviennent plus petites et portatives** etc.

b) What new behaviour do these new objects show?

c) What aspirations does such new behaviour reveal?

d) Describe and discuss in the same way other new items.

🎧 Prononciation

To practise the three groups of sounds, you have a series of advertising slogans. Just as they have to look zappy to be memorable, they must sound zappy too. Remember "Beanz meanz etc."?

They are all for food products, and are genuine; **saucisson** : salami-type sausage; **qui m'aille** : which suits me.

Page 152 Civilisation

Les médias

These two pages give examples of media in France, the press, and television.

La Presse

1 You are shown a sample of the press, newspapers and magazines, that are widely read in France; there are **quotidiens**, (lit.) "dailies", and **hebdomadaires**, "weeklies". There are more on p. 147 .
In the **gros titres**, (headlines), you might need the following vocabulary (papers left to right).
Top row: **tuer** : to kill; **la Bourse** : Stock Exchange; **cotisations** : payments; **Sécu** : national insurance.
Second row: (cartoon) **inauguration** : opening ceremony; **Manche** : Channel;
(under photo) **naufrage** : shipwreck.
Bottom row: **coups de foudre** : love at first sight.

a) using the categories given, (**un fait divers** : a miscellaneous item), say what type of information is given in each headline.

b) Put each publication in its category.

c) Say who each one is intended for. Can you draw parallels with your own national / regional press?

Page 153 Civilisation

La Télévision

2 The television programmes for a Saturday evening are given below, for three of France's seven channels. The box on the right lists the sort of **émissons** : programmes; **série** : "soap"; **reportage** : documentary. In the listings, a **Minitel** number is given for more information.

Using your imagination, and the phrases in the box, to classify each programme. **Bébête Show** : like "The Muppets", but political satire; **les hauts et les bas** : the ups and downs

3 Compare with the sort of programmes there might be in your own country, using the comparative: **nous avons plus de / moins de** etc.

4 Draw up your perfect evening's viewing.

5 🎧 You are going to hear the television news headlines. Note them down.

Listening to the radio is probably the hardest of all.

Listen several times, the first time right through, simply noting the number of items, and the rough subject, using the list given. Sometimes just one word will give the clue.

Listen to each item separately, as many times as you wish, accumulating facts each time.

Some of the words you are not familiar with: **retard** : delay; **Asie** : Asia; **taux** : rate, level; **cambrioleur** : burglar; **but** : goal.

VOCABULAIRE

1 Les objets de la maison

Cochez les mots que vous connaissez. Cherchez (en petits groupes) le sens des mots nouveaux. Classez les mots dans les deux tableaux.

1. une armoire
2. un aspirateur
3. une assiette
4. un balai
5. une bibliothèque
6. une brosse
7. une brosse à dents
8. un buffet
9. un canapé
10. une casserole

11. une chaîne hi-fi
12. une chaise
13. une commode
14. un couteau
15. une cuillère
16. une cuisinière
17. un fauteuil
18. une fourchette
19. un gant de toilette
20. des jeux

21. des jouets
22. une lampe
23. un lit
24. un miroir
25. un peigne
26. un piano
27. un placard
28. un plateau
29. une poêle
30. un poste de radio

31. un rasoir
32. un réfrigérateur
33. un savon
34. une serviette
35. une table
36. un tableau
37. un tapis
38. un téléviseur
39. un tube de dentifrice
40. un verre

Tableau des pièces de la maison	
la cuisine	
le salon – salle à manger	
les chambres	1
le bureau	
la salle de bains	
la pièce de rangement	2

Tableau des fonctions	
dormir	
préparer le repas	
manger	
jouer et se distraire	
nettoyer	2
ranger	1
autres (précisez)	

2 Jeune / vieux – nouveau / ancien, etc.

Complétez avec les adjectifs du tableau.

Quand il s'agit :
- de la durée de la vie
  → jeune / âgé – vieux

- du moment de la création
  → nouveau / ancien

- du moment de la création et de l'état de l'objet
  → neuf / usé (worn) – d'occasion (achat)

- de la mode
  → moderne / ancien

■ M. et Mme Dupuis viennent d'acheter une maison .... Les maçons viennent juste de la terminer. Les Dupuis ont tout le confort .... mais ils ont meublé les pièces de manière très classique avec des meubles .... de leurs grands-parents.

■ J'ai acheté une voiture .... de 10 ans. Le moteur avait 200 000 km et j'ai fait mettre un moteur .... Les sièges sont un peu .... mais quand on est assis, ça ne se voit pas.

■ Notre directeur a pris sa retraite. Mais un .... est arrivé. Il a 60 ans. Ce n'est donc pas un .... Mais comme il est très dynamique, il ne paraît pas très ....

145

3 La radio et la télévision

Complétez les phrases avec l'un des deux ou trois mots.

■ un programme
une émission

Ce soir, il y a .... intéressante à la télévision. Pour savoir à quelle heure elle commence, je consulte .... de la semaine.

■ une station
une chaîne

Joseph Durand a annoncé sa candidature à la présidence de la République, le matin sur .... de radio Europe I. Le soir sur .... de télévision France 3, il a dit qu'il n'était plus candidat.

■ une nouvelle
une information
un journal

Je vais écouter les .... à la radio et le .... de 13 h à la télévision. Il y a des .... importantes sur l'affaire Richard.

■ un présentateur
(une présentatrice)
un animateur
(une animatrice)

PPDA (Patrick Poivre D'Arvor) est .... le plus connu du journal télévisé de 20 h sur TF1. Michel Drucker est .... célèbre d'émissions de variétés.

■ un avertissement
la publicité
une annonce

La société LADOR a fait de la .... mensongère à la télévision. Son directeur a reçu .... et la société a été condamnée à mettre .... dans un grand journal

GRAMMAIRE

4 Les comparatifs

a. Comparez leurs qualités. Utilisez l'adjectif entre parenthèses.

– l'avion / le train (rapide) : *L'avion est plus rapide que le train.*

– l'électricité / l'essence (polluant) : L'électricité ....

– Michel (1 m 80) / François (1 m 80) (grand) : Michel ....

– les croissants / le pain (bon) : Les croissants ....

b. Comparez ces actions.

– Pierre (8 h de travail quotidien) / Cédric (6 h de travail quotidien) :

Pierre travaille plus que Cédric.

– Pierre (8 000 F par mois) / Cédric (10 000 F par mois) :

Pierre gagne ....

– Conférence de Michel (1 h 30) / conférence de Marie (2 h) :

Michel parle ....

– Lectures de Michel (deux livres par semaine) / lectures de Sophie
(deux livres par semaine) :

Michel lit ....

c. Comparez ces performances.

– Hélène court le 100 m en 14 secondes. Sophie met 15 secondes :

Hélène court plus vite que Sophie.

– Hélène saute 1 m 50. Sophie saute 1 m 60 :

Hélène saute ....

– Hélène lance le poids à 10 m. Sophie à 9 m :

Hélène lance le poids ....

– Hélène monte à la corde en 4 secondes. Sophie aussi :

Hélène monte à la corde ....

– * Notes en sport d'Hélène : 15/20. Notes en sport de Sophie : 14/20 :

Hélène est ....

> * Sport is a compulsory element of the "**bac**"

d. Comparez les quantités.

– Marseille (914 000 habitants) – Lyon (462 840 habitants) :

Il y a plus d'habitants à Marseille qu'à Lyon.

– Montpellier (195 600 habitants) - Rennes (205 700 habitants) :

Il y a .... à Montpellier.

– Au petit déjeuner, Pierre mange deux croissants et Marie aussi :

Pierre mange ....

– Pierre lit dix livres par an. Marie en lit quarante :

Pierre lit ....

5 Le superlatif

Les lieux suivants ont une particularité.
Caractérisez-les par une phrase superlative comme dans l'exemple.

– L'Amazone fait 6 750 km : *C'est le plus long fleuve du monde.*

– L'Himalaya fait 8882 m d'altitude ....

– La fosse des Mariannes dans le Pacifique a une profondeur de 11 034 m

....

– La Russie fait 17 075 400 km². ....

– Le Sahara ....

– L'État du Vatican ....

6 Quelques régularités de l'orthographe des mots

- Les sons [ɑ̃], [ɛ̃], [ɔ̃], [œ̃] , s'écrivent avec un « m » final devant les lettres *m, b, p.*
Exemple : une ambassade – emmener – simple – humble

- Voyelle + [f] au début d'un mot s'écrit souvent *aff, eff, off,* etc.
Exemple : un effort – une affaire.
- Orthographe des sons [g] et [ʒ]
  Au début d'un mot :
  [ʒ] s'écrit « j » devant a, o, u (un jardin, la joue)
  « g » devant e, i (le genou, une gifle)
  [g] s'écrit « g » devant a, o, u (un garage)
  « gu » devant e, i (un guide)
  À la fin d'un mot :
  [ʒ] s'écrit souvent « ge » devant a, o, u (nous mangeons)
  « g » devant e, i (il mange)
  [g] s'écrit comme au début d'un mot
Ces règles ont des exceptions. *Exemple :* un bonbon – afin – déjà.

Complétez :

a. avec « m » ou « n » :

un e…pire – un i…perméable – le mo…de – une cha…bre – une a…bassade – l'i…migration – l'i…agination

b. avec « j », « g », « gu », « ge » :

une …eune fille – un feu rou…e – une …olie pla…e – un …arçon …entil mais …ourmand – nous ne bou…ons pas d'ici

ÉCRITS ET ÉCRITURE

7 Opinions

Lisez ces extraits du courrier des lecteurs d'un magazine hebdomadaire de programmes de télévision.

Lors de la remise de la médaille d'or à Surya Bonaly, sur France 2, nous avons été scandalisés par la coupure volontaire de l'hymne national ! Ni *Marseillaise*, ni drapeau, alors que deux minutes supplémentaires d'antenne auraient suffi pour cela. On devrait aussi supprimer les deux dernières minutes des matchs de foot ou de tennis. Alors là, ce serait drôle...
Mmes Françoise B., Laurence S. et Katia C. (de Toulouse) ainsi que MM. M. P. (Villeurbanne), Charles-Joseph de L. (Paris XVIII⁶) et Georges V. (Lyon).

1.

Il est inadmissible que lors d'une émission comme « 7 sur 7 », nous devions subir plusieurs minutes de publicité, alors que les présentations sont à peine terminées. C'est, à mon avis, de la dernière goujaterie de dire : « Bon, maintenant taisez-vous, nous allons écouter la pub ». Comment Mme Sinclair, qui a tant de tact, peut-elle accepter de telles incorrections ?
F. et Th. B . (Saint-Georges-sur-Loire).

2.

Contrairement à l'un de vos correspondants, je trouve les programmes de la Cinquième « globalement positifs ». J'apprécie particulièrement les journaux en VO et leurs horaires, la qualité des cours de langues et celle des émissions d'information médicale. J'aime moins le style des présentateurs, mais l'on ne peut plaire à tous !
Mme M. C. (Paris XIV⁶) et le Dr Christian S. (Reims).

3.

Je suis scandalisée ! C'est la deuxième fois que la cérémonie des césars passe sur Canal Plus. Et nous, alors ?
Mme Danièle C.

4.

TRISTES « GAGS ».

Je regarde toujours avec plaisir « Vidéo gag » avec les enfants, mais nous avons été choqués par une pauvre bête qu'on essayait de tirer avec une corde... pour l'emmener à l'abattoir ! De tels « gags » ne nous font pas rire du tout...
Magali et ses enfants (Thonon-les-Bains).

5.

TV Magazine, c'est bien pratique. Mais j'ai cependant des reproches à faire : le non-respect des horaires dans les programmes du soir et les sports du week-end. C'est désagréable. Alors, voulu ou pas, je pense que vous pouvez y remédier.
M. Alain J. (Amiens).

6.

TV Magazine, Le Figaro, avril 1995.

a. Dans quelle lettre exprime-t-on une opinion sur :

– le programme d'une chaîne ?

– une émission sur le championnat du monde de patinage artistique ?

– une émission où l'on commente l'actualité de la semaine ?

– une émission où l'on donne un prix aux meilleurs acteurs ?

– un magazine de programmes de télévision ?

– une émission humoristique ?

**b. Dans chaque lettre, relevez les opinions négatives ou positives.
Relevez les expressions qui expriment ces opinions.**

Exemple : lettre 2. : Trop de publicité dans l'émission « 7 sur 7 »,
« Il est inadmissible que... » , « À mon avis... »,
« Comment Mme Sinclair peut-elle... ? »

c. Trouvez les mots qui correspondent à ces définitions.

lettre 1. : impolitesse – politesse

lettre 2. : critique

lettre 3. : en version originale (pas traduit)

lettre 4. : diffusion

lettre 5. : lieu où l'on tue les animaux de boucherie

d. Exprimez votre opinion sur une émission de télévision.
Une émission vous a plu, vous a déplu, vous a choqué(e).
Rédigez un bref commentaire pour le courrier des lecteurs d'un magazine de télévision.

8 | Comparer et donner son opinion

Vous êtes directeur du personnel dans une entreprise et vous devez choisir le représentant commercial pour les États-Unis. Vous avez eu un entretien avec deux personnes (Mme Desgrieux et M. Augier). Faites votre choix et rédigez une note à votre PDG pour le justifier.

	Mme Manon Desgrieux	M. Patrick Augier
1. Âge	40 ans	34 ans
2. Expérience dans le domaine commercial	10 ans	10 ans
3. Comportement et capacité à travailler en groupe	Excellent sens des relations humaines.	Sens de l'humour mais autoritaire.
4. Maîtrise de l'anglais et séjour aux États-Unis	Très bonne maîtrise l'anglais. Deux ans de séjour aux États-Unis.	Bilingue (mère anglaise). Quatre ans de séjour aux États-Unis.
5. Diplômes et formation	Excellente formation pratique.	Formation théorique et bonne formation pratique.
6. Disponibilité	Mariée – un enfant (16 ans).	Célibataire.

« Mme Desgrieux est plus .... Elle a autant .... Je trouve que .... Je pense que .... »

Grammar
- present subjunctive

Vocabulary
- international organisations and events
- European educational programmes
- moral values

Speaking
- talking about wishes
- talking about feelings

UNITÉ 6 *Leçon* 17

Page 154

La France et le Monde

Ⓐ and **Ⓑ** **Opinions sur l'avenir de l'Europe**

avenir : future

The left-hand side of the page is about Europe's shared history, with different countries contributing to a common pool of culture and ideas.

chevalier : knight; shown here, Perceval, the hero of the 12th century "Quest for the Holy Grail", a symbol of Man's spiritual quest.

enluminure : illumination; **Moyen Âge** : Middle Ages, (singular in French)

Apart from the instances given here, in Mediæval Europe, scholars, artists and craftsmen were international figures, travelling from country to country.

What other examples of Europe's common heritage can you think of?

The right hand side shows some of the views of the 100 or so young French people, expressed during a debate on the future of Europe.

se fasse < faire : subjunctive after **je voudrais**;
puissions < pouvoir : subjunctive after **pour que**;
faire face à: to confront;
mettions < mettre : subjunctive after **il faut que**;
mettre en commun : to share, pool

il faudrait commencer par mieux nous connaître : (we should) start by getting to know each other better - the word order is worth remembering;
soient < être : subjunctive after **je voudrais**

se ressembler : to be like each other

Find the arguments a) **pour**, b) **contre l'Europe**.

Find the phrases that express wishes, necessities, feelings.

Highlight the verbs in the subjunctive. The ones with a different form were pointed out, but can you find those where the subjunctive has the same form, and you only know that it's the subjunctive because of its context.

Page 155

Ⓒ Le français dans le monde

francophone : French-speaking

The map shows the parts of the world where French is spoken either as the first or official language, or as the main second language. The photos are of three countries which fall into that category. (pp.160 → will deal with this section in full).

Page 156 Grammaire

Subjonctif

While the subjunctive does exist in English, ("I think that **might** be the case"), its use is rare, and the name "subjunctive" is hardly ever used. In French, there are certain important expressions that require it. In general, the French are particular about it, and it lends elegance to your language.

The insert explains the sense, form and uses of the **subjonctif** :

1. **The sense**: it is used when expressing a state of mind, longings, wishes, regrets, doubts, the desire that something *may be* the case. When expressing what the case actually is, or what the speaker thinks, believes, hopes it is, the indicative, (the form you already know), is used. The distinctions are blurred - eg. **espérer**, to hope, always takes the indicative - but that is the general logic behind it.

2. **The form**: onto the stem of the **ils** part of the verb, the endings are the same in all the conjugations; this means that with -**er** verbs, except **nous / vous**, and all **ils**, the subjunctive is the same as the indicative form.

There are quite a few irregulars, however.

3. **The main uses**: for expressing wishing, necessity, preference, for feelings except hope, for doubt and uncertainty. You are given verbs which take the **subjonctif** after **que**, but there are also some conjunctions, such as **pour que**, which are followed by the subjunctive.

NB : (see under the drawing, don't forget that many verbs can take an ordinary infinitive.

Be careful with **vouloir** : it is very simple to use in English, ("I want to go to the cinema", "I want you to go to the cinema too."), but in French the second sentence must be done with a whole verbal phrase:
Je veux que tu viennes au cinéma avec moi.

Entraînez-vous

Both exercises practise the subjunctive

In 1. use **il faut que + subjonctif**

2. Uses **je ne suis pas sûr que + subjonctif**

See **Ex. 9** and **10**.

1 Complete this list of what is be to wished for in a European education system, by putting the verbs in brackets into the appropriate part of the subjunctive.

Page 157 Grammaire

2 Doubts and regrets on European reconstruction. Use the phrases given to start your answer and re-working the sentences. You will need a verb in the subjunctive.

particularités : typical features; **passer avant** : to be put before; **s'habituer à** : to get used to.

3 Wishing for a better world. This is a group activity, if you can.

Il s'agit de : it is about / a matter of. Like **il faut**, this is impersonal, and only exists with **il**. There is no one English translation.

Look at these headlines:

attentat : attack; **nourri** : fed, nourished;
logement : housing; **centrale** : power station.

What problems are they about?

Choose one of these problems. What should be done? What would you like?

Have you any doubts about these proposed solutions? The box gives you useful vocabulary;
résoudre : to solve / resolve, this is an irregular verb

Entraînez-vous

It would do no harm to have another go at these.

Page 158 Vocabulaire

Europe sans frontières
Europe without frontiers

Read the article **Influences** :
Nîmes can be found on the map on p.172;
temple here means "temple", but can be used to mean any non-Catholic church;
médiathèque : resource centre; **fierté** : pride;
le diplôme de Cambridge : English for foreigners exam; **taureau** : bull;
annuaire du téléphone : telephone directory.

1 Make a list of different nationalities and their influences in Nîmes. Explain each one with one of the possible causes suggested.

2 Use the list for possible reasons for French residents and influences in your own country. They are broken down into 5 categories;
ambassade : embassy;
Alliance Française : centres offering French courses, the equivalent of the British Council;
the incidence of c) on English is huge: see how many words you can list;
écrivain : writer.

Page 159 Vocabulaire

3 Look at the information in the box;
apprentissage : learning; **s'adresser à** : to ask.
Then listen to the cassette, several times, if you need: two people have come to France to study or do their training.
For each of them, find out the things listed.
compter : (here) to be part of;
cursus des études : university course;
suffisant : enough.

4 Look at the photos on p.154, and read what the young people have to say. Do you agree?

In list **A** opposite, find words which describe the subject of the pictures;
esprit de l'entreprise : enterprising spirit;
loyauté : loyalty.

In list **B** opposite, find words which mean the opposite;
esclavage : slavery; **haine** : hatred;
paresse : laziness.

Think of historical, fictional or living people to whom you consider some of these words apply.

Prononciation
Repeat the phrases: the sound in **oui / nuit**, is like the English "we".

2. is a delightful and ingenious amalgam of the sounds.

Pages 160 & 161 Civilisation

Around the world in French

The idea is to work as three groups, each on one area, and report back to the others. If you are working on your own chose the area that most interests you.

1 Look at the map on p.155, and find the main French-speaking areas. Why is French spoken there? Then situate the 3 stages of the **tour du monde en français**.

Le Québec : **char** : cart;

La Polynésie française :
cocotier : coconut palm;
autonome : self-governing;
les territoires d'outre-mer are a group of self-governing ex-colonies which have retained special links with France.

Gauguin (1848 - 1903), was a 19th century French painter, very influential on early 20th century painting.

Jacques Brel (1929 - 1978), was a Belgian singer in 1950s and 1960s Paris.

2 Match the description of the place's status with the different paragraphs.

3 These three parts of the French-speaking world are all very different. Use the geographical vocabulary to compare their scenery, and describe the photos on p.161.

4 Compare the status of French in each place. Show its historical background;
its present, **actuel**, status, (is it the only language spoken there? etc);
the language's special characteristics.

5 If you were to live in one of those countries, which would you chose? Explain why.

VOCABULAIRE

Les sentiments

Quels sentiments éprouvent-ils dans les situations suivantes ? Formulez ces sentiments par un nom et par une expression avec *être* ou *avoir*.

Exemple : Il éprouve de la fierté → Il est fier.

1. Sa fille vient de réussir à un examen difficile.

2. Elle est dans un avion. Tout à coup, l'avion commence à tomber.

3. Stéphanie a rencontré l'homme de sa vie.

4. Pierre a vu sa petite amie aller au cinéma avec un autre garçon.

5. Arnaud vient de perdre son emploi.

6. Mme Dubois a laissé sa voiture cinq minutes devant la porte du garage de son voisin. Ce voisin l'a insultée.

- l'amour
- la fierté
- l'indignation
- la jalousie
- la peur
- le(s) souci(s)

Trouvez le sentiment le plus proche de chacun des sentiments de la liste ci-dessus.

l'amitié – l'angoisse – la colère – l'envie – l'orgueil – la préoccupation

2 Les suffixes -*té* et -*ité*

Les suffixes -*té* **et** -*ité* s'ajoutent à un adjectif pour former un nom.
beau → la beauté
utile → l'utilité
Ces noms sont féminins et ne prennent pas de « e » final.

a. Trouvez le nom ou l'adjectif.

gratuit	→ la gratuité
rapide	→ ....
....	→ la méchanceté
moderne	→ ....
....	→ la stupidité
facile	→ ....
....	→ la difficulté

Mettez en valeur la qualité. Transformez comme dans l'exemple.

- Les républicains défendent l'école gratuite.
  → Les républicains défendent **la gratuité de l'école**.

- La remarque stupide a fait rire tout le monde.

- L'abbé Pierre est apprécié pour ses actions généreuses.

- Le service après-vente rapide des magasins Darty a fait le succès de cette entreprise.

3 La géographie

Indiquez le nom des rubriques de ce descriptif de la Côte-d'Ivoire.

Give the appropriate heading for each of the items of information

Situation	: Afrique de l'Ouest
....	: Liberia, Guinée, Mali, Burkina Faso, Ghana
....	: 322 000 km²
....	: Yamoussoukro
....	: baoulé, dioula, bété etc.
....	: français
....	: 12 100 000 habitants
....	: franc CFA
....	: colonie française de 1893 à 1960, puis pays indépendant
....	: café, cacao, bananes, ananas
....	: fer, bois

4 L'histoire

À quelles époques de l'histoire de la France situez-vous les personnages, les monuments et les événements suivants :

a. l'Antiquité

b. le Moyen Âge

c. la Renaissance (xve et xvie siècles)

d. les xviie et xviiie siècles

e. le xixe siècle

Personnages

■ un chevalier ■ un esclave ■ un président de la République ■ une reine ■ un roi

Monuments

■ les châteaux de la Loire ■ le château de Versailles ■ l'Arc de triomphe ■ une église romane ■ une cathédrale gothique ■ un théâtre romain ■ un château féodal

Événements

■ une grande révolution ■ une croisade au Moyen-Orient ■ la création d'un grand empire colonial ■ une grande guerre de religion ■ la fin de l'autonomie des provinces ■ de nombreuses invasions par des peuples venus de l'Est ■ une monarchie absolue ■ la colonisation par les Romains

roman : Romanesque; **Romain** : Roman; **croisade** : crusade

GRAMMAIRE ET ORTHOGRAPHE

5 La conjugaison du subjonctif présent

Rédigez leurs discours. Mettez les verbes au subjonctif présent.

faire les courses
prendre des rendez-vous
passer à la Sécurité sociale
aller chercher les enfants à l'école

Il fait beau.
Il y a beaucoup de spectateurs.
Les comédiens sont excellents.
Nous avons un metteur en scène génial.

LA MÈRE DE FAMILLE : « J'ai un travail fou ce matin, il faut que je… »

L'ORGANISATEUR D'UN SPECTACLE DE THÉÂTRE EN PLEIN AIR : « Je suis content qu'il… »

6 Présent de l'indicatif ou présent du subjonctif

Mettez les verbes entre parenthèses à la forme qui convient.

Des jeunes expriment leurs souhaits pour une autre société.

LUCIEN : « Je pense que l'école (devoir) aider les jeunes à trouver du travail.
Et pour cela, il faut que les élèves y (recevoir) une vraie formation
professionnelle. Je voudrais que chacun (sortir) de l'école avec un métier. »

SAMIA : « Je crois que les inégalités entre riches et pauvres (être) trop importantes.
Je voudrais que vous (construire) un monde plus juste. Je souhaite aussi que les
gens (pouvoir) circuler dans tous les quartiers le jour comme la nuit. »

GILLES : « Il faut que les jeunes (savoir) quel avenir les (attendre). Je souhaite que
nous (discuter) plus souvent avec les élus pour qu'on nous (comprendre) mieux.
Je regrette que cette consultation (être) si tardive. »

7 La lettre finale non prononcée des noms

On peut quelquefois trouver
la lettre non prononcée d'un
nom en pensant :
– au verbe correspondant
Exemple :
le respect ← respecter
– au féminin du participe
passé de ce verbe
Exemple :
un fait ← participe passé
« fait / faite » du verbe faire

**a. Trouvez les noms formés à partir de ces verbes
(tous ces noms sont masculins).**

refuser → *un refus*   sauter ....

souhaiter ....   partir ....

regretter ....
emprunter ....

b. Trouvez les noms formés à partir du participe passé de ces verbes.

produire ....   écrire ....   voir ....

permettre ....   recevoir ....   surprendre ....

mourir ....   sortir ....   suivre ....

8 L'orthographe du son [j]

Cherchez des mots contenant le son [j] et correspondant à ces définitions.

a. [j] écrit « y »

Exemple : essayer

– Donner de l'argent à un commerçant.

– Aller de Paris à Marseille.

– Engager du personnel.

b. [j] écrit « ill » entre deux voyelles

Exemple : un papillon

– Elles permettent d'entendre.

– Sur les arbres.

– Il faut l'acheter pour prendre le train.

c. [j] écrit « ail », « eil », « euil » (à la fin d'un mot)

Exemple : un œil

– Dans le ciel, les jours de beau temps.

– Bureau d'information qui reçoit le public.

– Le chômeur n'en a pas.

ÉCRITS ET ÉCRITURE

9 Désirs, sentiments, opinions

Lisez les documents ci-dessous.

En conclusion, je ne suis pas sûr que le manuscrit de Pierre Filiol puisse intéresser le public de notre série « Policiers ». Mais il y a un grand talent d'écrivain dans ce roman *. Je suggère donc qu'il soit lu par le responsable de notre série « Jeunes romanciers ».

1. * novel

Bonjour. Je m'appelle Sophie. Je vais être directe. Je cherche à fonder un foyer et à avoir des enfants. Je voudrais rencontrer un homme qui soit tendre, simple et compréhensif. J'ai 32 ans.

2.

D'autre part, la nouvelle organisation de nos services et notre installation dans les nouveaux locaux risquent de perturber notre clientèle. Il est donc impératif que le personnel d'accueil soit compréhensif et fasse tout pour aider nos clients.

3.

Nous réclamons plus de dialogue avec le personnel d'encadrement*. Nous souhaitons que notre délégué puisse participer à toutes les réunions où se décide l'avenir de l'entreprise.

4. * welfare

NON
À LA DÉMOLITION
DU QUARTIER !

5.

On est séduit au premier coup d'œil. Par leurs couleurs et leur mouvement, les tableaux de Céline Arnaud-Deprez expriment la gaieté et la joie de vivre. ■

6.

a. De quel type de document s'agit-il ?

■ un article de presse ■ un compte rendu de réunion syndicale
■ un graffiti ■ une note de service ■ un rapport ■ un message sur Minitel

b. Dans chaque article : qui écrit ? à qui ?

c. Pourquoi ces personnes écrivent-elles ? Pour exprimer :

■ une certitude ■ une crainte ■ un enthousiasme ■ un doute ■ un ordre ■ une protestation ■ une revendication ■ un souhait ■ une suggestion

d. Relevez les expressions utilisées pour exprimer ces désirs, ces sentiments, ces opinions.

10 Exprimer un désir, un sentiment, une opinion

**À partir des instructions et des informations suivantes,
rédigez la lettre de Valérie à son amie Anne.**

Situation

Anne est l'amie d'enfance de Valérie. Elle habite le Canada. Elle a invité Valérie,
son mari et leurs deux enfants à venir passer le mois d'août chez elle. Valérie lui
répond et lui donne des nouvelles.

Rédaction de la lettre

a. **Lisez ci-dessous ce que Valérie a dit à d'autres amies.
Utilisez ces informations pour rédiger la lettre.**

b. **Selon l'information, exprimez :**

  1. le regret

  2. la nécessité – la crainte

  3. l'espoir

  4. l'insatisfaction et le souhait

NB : Vous pouvez imaginer d'autres informations à mettre dans la lettre.

(1) Non, nous ne partons pas en vacances l'été prochain. Nous restons à Paris.

(2) Et non, notre fils Fabien n'a pas réussi à son examen. Il doit travailler pendant les vacances pour le repasser en septembre.

Chère Anne,

Je regrette beaucoup…

(3) Ma fille Séverine cherche toujours du travail. Peut-être qu'elle trouvera quelque chose pour l'été.

(4) Ça ne va pas très bien en ce moment entre Patrick et moi. Il n'est jamais à la maison et, quand il y est, il reste tout le temps devant son ordinateur. On ne se parle presque jamais. Il ne s'occupe pas des enfants.

Grammar
- subordinate relative clauses

Vocabulary
- feelings and values

Speaking
- persuading
- putting forward arguments

UNITÉ 6

Leçon
18

Page 162

Project

Campagne publicitaire

In this lesson, you are going to devise and plan an advertising campaign for a product from your own country to be marketed in France. Before doing so, you should think about advertising in general.
What makes an advertisement successful?
Why are some memorable?
How do they try to fix a brand name in your mind?
How do they match the advertisement to the desired "image" of the product?
Which forms of advertising are used - posters, radio / TV commercials, packaging, sponsorship etc.?

Think carefully of your market, the French, and of ways you need to attract them specifically.

Have a look at the examples in lessons 16 and 17, of advertising itself, and of the sort of influences you should bear in mind.

Vous êtes publicitaire : You are a marketing man.

> **étape 1 : choisissez votre produit**. There are 3 categories suggested, and there is no limit to the choice. Think carefully over what is likely to sell. They do not include shops, but several, (Burberry, Marks and Spencer), are very successful. You could choose something which you know is already sold, and think of better ways to approach the French market. Certain British foods have proved resistant to the hard sell so far: mint sauce and Marmite would be challenging.
>
> Your choice is crucial : you need something that will inspire you.

You are to devise, **imaginer**, 3 things:
a) a poster and slogans;
b) 8 lines of advertising text, or "blurb";
c) a 30 second TV commercial.

****la durée** : shows it is long lasting, with staying power etc.

You will learn:
mettre en valeur un mot : to draw attention to a word;
convaincre : to convince;
construire un scénario : to create a film script.

You are given an example of each of the forms you are to devise:

Poster with slogan: BIC razors.
la fête du travail (see lesson 6);
la retraite anticipée : early retirement, often associated in France with redundancy programmes.

This poster uses contrast as its selling point, (remember that **activité** is also used in French to mean **travail**); what qualities are being claimed by implication for BIC razors?

Define the sorts of words, (**noms, adjectifs**); are there many verbs?

Which is the most important word in the slogan? Why?*

Page 163

8 lines of short advertising text, or "blurb":
traducteur : translator, **interprète** : interpreter;
vous n'osez pas : you don't dare, **oser** is popular in advertising in France;
appareil : machine, device.

List what this device offers, and the advice given.

NB: at time of going to press, great caution is to be used over investing in miracle translation packages.

30 second TV commercial.

One brief episode in a story which you can imagine ....
Analyse the way the advertisement works.

See how the proposed **images** reflect the **son**, soundtrack;
tu as bien deux minutes : you must have a couple of minutes to spare;
toujours fidèle : still faithful (to Nescafé);
mouillé : wet; **klaxon** : car horn.

The main impact is visual, as you can see from the gaps in the right column; **on a tant à partager** : there's so much to share.

Fill in the story, **un couple divorcé** etc.

Page 164 Grammaire

Mettre en valeur is difficult to translate. It means "to bring out the best". Here the expression "to enhance" is used as a substitute.

Les pronoms relatifs : relative pronouns

These are used to join together two sentences about the same thing, avoiding repetition. "I like that film. That film is on this week." → "I like the film which is on this week."

The panel shows 3 basic relative pronouns to learn:

1. **qui** is the subject of the verb in the relative clause, (see examples).

2. **que** is the object of the verb in the relative clause, (see examples).

3. **où** is both "where" and "when" at the start of a relative clause, (see example).

When it means "where", you will probably use it instinctively, because **où** means "where", but remember to use it for time: **c'était le même jour où j'ai acheté ma robe de mariée** : it was on the same day that I bought my wedding dress.

NB : The relative pronoun is often omitted in English, (in both the examples you have been given it could have been left out), but NEVER in French.

The phrase **c'est .. qui / que / où** gives the emphasis which in English can be done the same way, **c'est Shell que j'aime** : It's Shell (that) I like, but is often done with heavy intonation impossible, in French: I like <u>Shell</u>.

There is plenty of practice in **Ex. 4, 5, 6.**

1 Put **qui / que / où** as required into the gaps.
2 Put the 2 sentences together using the right relative pronoun.

Page 165 Grammaire

3 Explain the following using **c'est qui / que**. All these things have been explained earlier in the book, but you might need to hunt about for them!

4 Re-work these sentences, so that the words in bold, **les lettres grasses**, are at the start of the sentence. (This is a device used in slogans, to put the brand name at the start : **Persil, qui lave** etc., **Perrier, que vous aimez ...**)

The box shows other ways to **mettre en valeur**, all taken from advertising. The series of infinitives shows how it can be used to give instructions. Advertising, though, often uses classic imperatives, because it makes them more personal, like "you too can ski in the Alps".

5 You are given a series of notes about the CD ROM of the equivalent of the Encyclopaedia Britannia.
morceaux de musique : bits of music;
compléments d'information i.e. not just facts, but examples, of film etc.
Make up a short text explaining its advantages over conventional books. Use **qui / que / où** wherever appropriate.

> **étape 2** : Make up the slogans and produce your poster.

 Entraînez-vous
All exercises practise **qui / que / où**,

1. **qui** to confirm;
2. **que** to specify a choice;
3. **où** to confirm; and
4. to advise.

Page 166 Vocabulaire

Convaincre - argumenter -
the essence of advertising!

The panel gives you the means of persuasion:
by describing positively;
by advising;
by promising;
by reassuring;
by insisting.
All are used by the salesgirl at the bottom - **petite retouche** : minor alteration.
Try your hand at being a used car salesman to exploit the full potential of these words.

1 Choose one of the following scenarios. make up the dialogue and write it out or act it. Pages 54 and 136, and **"donner son opinion"** are useful, so is p.148, **"comparaison"**;
un système domotique : home-automation system;
chauffage : heating;
surveillance : (here) burglar alarm.

2 and **3** are both about products, their qualities and marketing techniques.

2 Read the articles about the 2 different products;
Lingofoly's : ignore the **'s**, the French have an anarchistic way of using it to make an English word plural, **plateau de jeu** : games tray; **arrêt** : stop;

alphapage is an electronic pager which shows on its liquid display the code of the **appelant** : caller, when the telephone starts to ring, **sonner**.

Pick out the arguments put forward for the game and pager.

Before doing these next two, it is worth looking at **Ex. 8**, a long exercise based on a strip cartoon satirising consumer behaviour, in this instance, their expectations.

Page 167 Vocabulaire

3 Adapt your selling arguments to the customer.
Compare these three adverts for LU biscuits, one for the home market in France, the others abroad.
Read the commentary, and the text below the third photo. Why do you think a different approach is adopted?
Think of a product being marketed in your country: would the advertising work in France?
What sort of advertising would seduce the French?

4 Different arguments for different purchasers. Given five types of people thinking of buying a rich jewel, which of the following sentences would be the one to work; **économe** : economical to the point of meanness; **orgueilleux** : very proud; **placement** : investment (NB: remember that the sexes sometimes have different requirements.)

> **étape 3** : Choose a typical product of your country, and think of good arguments to sell it to the French. Then design your advertisement.

 Prononciation

The sounds of a burglary!

This is a series of onomatopœias, i.e., words that sound like their meaning, (BANG! SPLASH!) and interjections. They are wonderful practice. There are lots in English, think of Superman.

Pages 168 & 169 Civilisation

Scénario : script

The 4th part of your advertising campaign is **un spot publicitaire**, a 30 - second film, for TV.

These pages are based on the psychological drama in **La Discrète**.

1 Read the extract, why do they use **vous**?
débutant : beginner; **éditer** : to publish;
amie - remember that this can mean "girl-friend / lover" as well as "friend"; **se venger** : to take revenge;
dactylographie : typing;
les quais : the walkways along the Seine, a famous refuge for lovers; **bateau-mouche** : sight-seeing boat;
embarcadère : pier;
provinciale : a small-town girl, dreadfully insulting from a **Parisien**;
fichez-moi la paix : (lit.) leave me in peace, push off! (it's quite strong, but not vulgar).

Pick out the characters' different tastes.
From the list, choose the adjectives that describe each of them; pp.19 and 26 (wishes, and taste / preferences) may help.

Selon vous : in your opinion: by answering these questions, you can guess the rest of the film.

2 Compare this scene with the Nescafé commercial on p.163. Show the information given by the images, (as described) and the dialogue, about the story and the characters.

> **étape 4** - p. 169 devise a 30 - second **spot publicitaire** for the product you have chosen. Present the **spot** the way the Nescafé **spot** is shown on p.163.

Il faut se poser ces 2 questions :

1. **Ce spot, me donne-t-il envie d'acheter le produit?**

2. **Est-ce que le nom du produit va être bien fixé dans la tête des consommateurs?**

Bon Courage et bon amusement!

UNITÉ 6 — *Leçon* **18**

VOCABULAIRE

1 Caractériser

Quels adjectifs utiliseriez-vous pour faire la publicité des objets suivants :

a. un sèche-linge

b. un canapé-lit

c. une montre de grande marque

- automatique
- beau
- commode
- confortable
- harmonieux
- léger
- magnifique
- pratique
- programmé

- précis
- résistant
- robuste
- superbe
- souple
- simple
- transformable
- utile

2 Les adjectifs et leurs contraires

> Le contraire d'un adjectif ou d'un participe passé peut quelquefois se former avec un préfixe.
>
> **in, im, ir, il-**
> capable / **in**capable
> possible / **im**possible
> responsable / **ir**responsable
>
> **dé(s)-**
> habillé / **dés**habillé
> agréable / **dés**agréable

Vous avez fait un très mauvais séjour dans une région de France. Réécrivez le texte ci-dessous pour raconter ce séjour, en utilisant le contraire des adjectifs soulignés.

Nous avons passé des vacances <u>agréables</u> en Normandie. Les hôtels étaient <u>confortables</u>, <u>propres</u> et <u>bon marché</u>.

Les chambres étaient <u>belles</u> et toujours <u>en ordre</u>. Nous avons eu un guide <u>expérimenté</u>, <u>compétent</u>, <u>intéressant</u> et <u>capable</u> de répondre à toutes les questions. Les gens du groupe étaient <u>sympathiques</u> et <u>gais</u>. Bref, je suis très <u>contente</u> de ce voyage.

Sylvie

Exemple : « Nous avons passé des vacances désagréables en… »

3 Convaincre

Que dites-vous pour convaincre quelqu'un dans les situations suivantes ?

Vous pensez…

a. que l'histoire que vous avez racontée est vraie.

b. que la promenade en montagne est sans danger.

c. que vous savez garder un secret.

d. qu'il doit acheter cette belle chemise bon marché.

e. qu'il doit prendre le même plat que vous.

Vous dites…

1. Je vous jure que c'est vrai !

2. Rassurez-vous ! Il n'y a pas de risque.

3. Il ne faut pas hésiter une seconde !

4. Je vous le recommande. C'est délicieux !

5. Je vous promets de ne rien dire.

GRAMMAIRE ET ORTHOGRAPHE

4 Les pronoms relatifs

a. **Complétez avec *qui*, *que*, *qu'*, *où*.**

La Bretagne

La Bretagne est une région .... a changé de visage en trente ans. Elle a, bien sûr, toujours ses monuments (calvaires, menhirs) .... on peut voir sur toutes les cartes postales. C'est toujours une région .... les touristes apprécient pour ses plages et ses petits ports typiques .... on peut faire de la voile. Mais l'image .... donne la région a changé.

Ainsi la pêche, ... était une activité traditionnelle est en crise.

L'agriculture, ... les Bretons ont su développer, est devenue la première de France pour la production. Autour de Brest et de Rennes, ... est la capitale de la région, on trouve des industries modernes. Et la langue bretonne .... on étudie maintenant à l'école est de moins en moins parlée par les Bretons.

b. **Reliez les phrases en utilisant le pronom relatif qui convient. Supprimez les mots soulignés.**

Le cinéaste Luc Besson

– En 1982, Luc Besson tourne le film *Subway*. <u>Ce film</u> raconte une aventure dans le métro parisien.

– En 1987, Luc Besson réalise *Le Grand Bleu*. La critique accueille très mal <u>ce film</u>. Mais <u>ce film</u> attire beaucoup les jeunes.

– *Le Grand Bleu* raconte l'histoire de deux amis. <u>Ces deux amis</u> font de la plongée sous-marine.

– En 1994, Luc Besson réalise *Léon*. On <u>y</u> retrouve l'acteur préféré du cinéaste et le public accueille très bien <u>ce film</u>.

Exemple : En 1982, Luc Besson tourne le film *Subway* qui raconte…

5 Mettre en valeur un mot avec les constructions *c'est… qui* et *c'est… que*

Présentez les produits suivants en mettant en valeur le nom de la marque.

Les produits de beauté VÉRA

VÉRA vous donnera la beauté. Vous essayerez VÉRA. Avec VÉRA, on vous aimera.

L'encyclopédie SAVOIR

SAVOIR vous cultivera. Vous consulterez SAVOIR à tout moment. Dans SAVOIR vous trouverez la réponse à toutes vos questions.

1.

2.

Exemple : C'est VÉRA qui vous donnera la beauté.

6 Définitions

On utilise souvent les pronoms relatifs dans les définitions.

a. Comment s'appelle :

– La personne qui contrôle les billets dans un train ? ....

– La personne qui présente une émission de jeux à la télévision ? ....

– Le meuble où on range les vêtements ? ....

– Les plats qu'on mange au commencement d'un repas ? ....

– L'objet qu'on prend pour sortir quand il pleut ? ....

b. Donnez une définition des mots suivants. Utilisez les verbes entre parenthèses.

– un lave-vaisselle (laver)

– un presse-citron (servir)

– un coupe-papier (utiliser)

– un pharmacien (vendre)

– un député (élire, voter les lois)

– un styliste (créer)

7 Quelques homonymes grammaticaux

L'accent permet de distinguer des mots qui sont prononcés de la même manière.

a / à
Elle a habité à Paris.

ou / où
On va où vous voulez. Au cinéma ou au théâtre.

près / prêt
Il est prêt à partir.
Il habite près de la gare.

la / là / l'a
La présidente est là. Il l'a vue.

Qui l'... / Qu'il
Qui a engagé Myriam ?
– C'est M. Blanc qui l'a engagée.
Qui M. Blanc a-t-il engagé ?
– C'est Myriam qu'il a engagée.

Quel(s) / Quelle(s) / Qu'elle(s)
Quel est le nom de ce professeur ?
Quelle rue faut-il prendre ?
C'est cette robe qu'elle a achetée.
Je pense qu'elle viendra.

Complétez a. and b. show words where an accent is only there to mark the difference in the written word.

a. Avec *a – à – ou – où*.

.... est-ce que Pierre .... fait ses études ? .... Paris .... à Marseille ?

Je ne sais pas .... aller. Je vais .... droite .... gauche ?

b. Avec *la – là – l'a*.

Marie est allée à .... poste. Elle a pris .... voiture de Pierre. Elle ne se rappelle plus où elle .... garée. Elle devra .... chercher pendant une demi-heure.

c. Avec *qui l'... – qu'il*.

Henri est photographe. Voici les photos .... a prises en Australie. Les plus beaux paysages .... a photographiés seront présentés au festival d'Arles. C'est l'organisateur .... a invité .... les a choisies.

d. Avec *quel(s) – quelle(s) – qu'elle(s)*.

.... cadeau pouvons-nous faire à Sylvie ? Il faut .... ait un bon souvenir de nous. Je crois que c'est la musique classique .... préfère. Mais .... disque choisir ?

ÉCRITS ET ÉCRITURE

8 Comportements de consommateurs

a. À l'aide des définitions suivantes, lisez la BD de C. Brétecher.

JUMENT : femelle du cheval.

GRIS POMMELÉ : gris avec des taches blanches.

CHECKER (anglicisme) **:** réserver.

PICON GRENADINE : apéritif mélangé avec du sirop de grenadine.

ON SE GROUILLE (familier) **:** on se dépêche.

PONY-EXPRESS : la première compagnie de poste, au XIXᵉ siècle dans le Far West américain. Le transport se faisait à cheval.

SE NOYER DANS UN VERRE D'EAU : être incapable de résoudre un petit problème.

« C'EST UN MONDE ! » : c'est incroyable, c'est un scandale.

b. Compréhension générale :

Qui téléphone ? ....

À qui téléphone-t-il ? ....

Où est-il ? ....

Pourquoi téléphone-t-il ? ....

c. Détaillez les projets du personnage.

	1	2	3	4	5
Où veut-il aller ?	New York				
Que souhaite-t-il faire ?	prendre le métro				
Quelles sont ses exigences ?					

d. Quels sont les mots ou expressions qui caractérisent le mieux ce personnage ?

■ ambitieux ■ autoritaire ■ content ■ difficile ■ exigeant ■ cultivé ■ satisfait ■ naïf
■ mécontent ■ orgueilleux

Que veut critiquer l'auteur de cette bande dessinée ?

e. Dans le style humoristique de cette bande dessinée, imaginez le comportement du même personnage dans une des situations suivantes :

– avec l'architecte qui fait les plans de sa maison

– dans un cours de langue à l'étranger

– dans un petit hôtel-restaurant d'Auvergne.

astraltour

C. Brétecher, *Tourista*, © Claire Brétecher.

SOS Termes grammaticaux / Grammar terms

adjectifs *(nm)* : adjectives : tell you about a noun or pronoun: **ils sont <u>délicieux</u>, un accident <u>horrible</u>**

    démonstratifs : demonstrative adjectives distinguish between things; in English, "this / that" (p.44 of textbook). In French, change with gender and number: <u>ce</u> **monsieur,** <u>cette</u> **dame,** <u>ces</u> **personnes**

    possessifs : possessive adjectives indicate ownership, like "my" (p.44 of textbook). In French, they change with gender and number as well as person: <u>mon</u> **père,** <u>ma</u> **mère,** <u>mes</u> **amis**

adjectifs / adverbes comparatifs : comparative adjectives show how things relate to each other, "more / less expensive", > **plus / moins cher;** comparative adverbs also introduced by **plus / moins : plus souvent / moins rapidement.** There are exceptions. (Leçon 16)

adjectifs / adverbes superlatifs : superlative adjectives correspond to "the most / least", and are like comparatives with the article in front <u>le plus</u> **grand des hommes,** <u>la plus belle</u> **pour aller danser;** adverbs work the same way **je le fais** <u>le plus rapidement</u> **possible** - the article is always **le.** There are exceptions. (Leçon 16)

adverbes *(nm)* : adverbs : tell you about a verb **ils mangent** <u>bien</u>**, elle descend** <u>rapidement</u>

articles *(nm)* : go before a noun to explain its status

    définis : definite, for specific things <u>les</u> **arbres** : the trees

    indéfinis : indefinite, <u>un</u> **arbre** : a tree, in plural, often omitted in English, <u>des</u> **arbres** : trees

    partitifs : partitive, to mean some, or part of: <u>de la</u> **tarte** : some tart

complément *(nm)* : object. Transitive verbs need an object to complete their meaning. Direct objects follow the verb directly: **le chien mange un os.** Indirect objects need a prepostion: **il téléphone <u>à</u> Paul,** (Leçons 11, 12)

conjonction *(nf)* : conjunction, a word or phrase joining two parts of a sentence, **et, mais, pour que** etc.

conjugaison *(nf)* : group of verbs of a particular form, e.g. the -er verbs, like **aim<u>er</u>**

consonne *(nf)* : all the letters which are not **voyelles** (see below)

contables / non-contables *(adj)* : things you can count, (apples, shoes) / things you cannot, (snow, water)

homonyme *(nm)* : word with same sound, different meaning, *(wood / would)*

impératif *(nm)* : part of the verb which expresses commands (Sit! Pass me the newspaper, etc.) (Leçon 6)

indicatif *(nm)* : normal use of the verb, as compared to **subjonctif** (see opposite)

infinitif *(nm)* : infinitive, the basic form of the verb, like "to be, to watch, to ride"

nom *(nm)* : noun : a name **Président, croissants, Paris, accident, intelligence**

nombre : number: whether one (singular) or more (plural) are involved.

personne : person: who / what is doing / being: **je suis content**

    There are three persons:
    1st: singular **je**; plural **nous**
    2nd: singular **tu**; plural **vous**
    3rd: singular **il, elle, on**; plural **ils, elles**

préposition *(nf)* : word(s) opening a phrase <u>sur</u> **la table,** <u>près de</u> **la gare**

pronom *(nm)* : pronoun, replaces a noun to avoid repetition **Jean adore les croissants** > <u>ils</u> **sont délicieux**

    toniques : emphatic pronouns **chez** <u>moi</u>**; Robert,** <u>lui</u>**, aime le rock** (see p. 25 of textbook)

    personnel *(nm)* : pronoun relating to a person, animal

    impersonnel *(nm)* : pronoun relating to a thing, abstract idea (only applies to indirect object pronouns - see p. 108)

relatif *(adj)* : a subordinate clause directly following and relating to a noun : **la maison** <u>que nous voulons louer</u> **est tout près de la plage.**

stem : the base of the verb, which does not usually change, to which endings are added: **ils** <u>aim</u>**ent**

subjonctif *(nm)* : under certain circumstances, when expressing uncertainty, or feelings, or longings, the verbs are formed differently. There is an equivalent in English, but hardly ever used. (Leçon 17).

subordonné *(adj.)* : when there are two or more parts to a sentence, only one will make sense on its own. This is called the "main" clause, and the other parts are called "subordinate".

sujet *(nm)* : subject, the person (or thing) doing the verb. <u>elle</u> **voudrait**

temps : tense: when it happened (present, future, future conditional etc.)

    présent : present tense (Unit 1)

    passé composé : perfect tense (Unit 2, p.36)

    imparfait : imperfect tense (Unit 3, p.62)

    futur : there is a specific future tense, (Leçon 13)

verbe *(nm)* : verb : word expressing an act, **le Président** <u>arrive</u>, or a state, **je** <u>suis</u> **content**

    verbe régulier *(nm)* : regular verb, one which follows the normal pattern for its group - **conjugaison** - and

    verbe irrégulier *(nm)* : one that does not

    verbe pronominal : pronominal or reflexive verbs, where the act rebounds on the person doing it, (Leçon 6)

voyelle *(nf)* : vowel, (i.e., a - e - i - o - u - usually y)

Solutions

1. Profession

1. musicien, chanteur. 2. vendeuse, commerçante. 3. policier, médecin. 4. écrivain, journaliste. 5. architecte, professeur. 6. présentatrice, comédienne. 7. ingénieur, physicien. 8. journaliste, artiste.

2. Nationalités

1. britannique / britannique. 2. grec / grecque. 3. japonais / japonaise. 4. suisse / suisse. 5. brésilien / brésilienne. 6. canadien / canadienne. 7. américain / américaine.

3. Mois de l'année

a. en France : oiseaux (mars, avril, mai)

plage (juin, juillet, août)

vigne (septembre, octobre, novembre)

neige (décembre, janvier, février)

4. Conjugaison

a. Tu es… Vous connaissez… Nous parlons… Ils habitent… Elles aiment… Nous travaillons…

b. Tu es… Il / elle est… Vous allez… Ils / elles partent… Nous regardons… Tu demandes…

5. Masculin ou féminin

Le beau Serge → M
La petite Fadette → F
Belle de jour → F
Madame Bovary → F
Le bourgeois gentil-homme → M
La femme → F, du boulanger → M

6. Féminin des adjectifs

- Madame Duparc → vendeuse.
- Marie → étudiante, mexicaine.
- Maria → brésilienne, employée.
- Marie (tu) → jolie, photo → belle.
- Isabelle → musicienne.

7. C'est… / Il (elle) est…

– … *C'est* une étrangère ?

– Oui, *elle est* espagnole. *C'est* une grande architecte…

– Oui, *c'est* l'architecte de la BPE.

– Ah, *elle est* architecte !

– *C'est* une bonne architecte. Et *elle est* jolie, hein ?

8. Particularités de l'orthographe

a. • Renaud est étudiant. Il habite à Orléans, 5 boulevard du musée. Il connaît Vincent.

• Il est français. Il est étudiant. Nous aimons l'Allemagne. Nous connaissons un écrivain allemand. Vous habitez Paris mais vous travaillez à Orléans.

b. Elle – belle – européenne – nouvelle – année – Mademoiselle – comme – comment – aussi – connaître – comédienne – fille – italienne – musicienne – travailler – naissance – juillet – profession – adresse – bonne (nuit) – terrasse.

9. Papiers d'identité

1. Nom. 2. Prénom. 3. Nationalité. 4. Date de naissance. 5. Sexe. 6. Lieu de naissance. 7. Date de délivrance. 8. Date d'expiration. 9. Autorité. 10. Signature. 11. Domicile. 12. Taille. 13. Couleur des yeux.

10. Présentations écrites

11. Test

– capitale : Paris
– Président : Jacques Chirac (1995)
– footballeur : Éric Cantona
– tennisman : Arnaud Bœtsch
– comédien : Gérard Depardieu
– comédienne : Sophie Marceau
– chanteur : Johnny Halliday
– chanteuse : Patricia Kaas
– écrivain : Victor Hugo
– musicien : Debussy
– film : *Trois hommes et un couffin*
– roman : *Les Misérables*
– voiture : Renault
– vêtement : Lacoste
– eau gazeuse : Perrier
– monument de Paris : La tour Eiffel
– musée de Paris : Le Louvre
– café de Paris : Le café de Flore
– monument en France : Le Mont Saint-Michel
– 1789 : la Révolution française
– journal : *Le Monde*
– 3 villes : Lyon – Lille – Marseille
– etc.

8.c.

o	ô	au	eau
pilote – Volvo – comédien – comme – comment – Margot – joli – Orléans – connaître – sommes – Sophie – Pologne – Taylor – espagnol – Uno – Prost – Pavarotti – Rivoli – Concorde – Flore – professeur – octobre – novembre – nationalité – profession – numéro – comédie – Forum.	hôpital bientôt	aussi Renaud aujourd'hui.	beau nouveau bureau Marceau.

è	ê	ai	e + double consonne	autres orthographes
étrangère	êtes	française –mexicaine américaine secrétaire naissance semaine mai formulaire célibataire Fontaine.	elle – belle – nouvelle – Mademoiselle – italienne – professeur – musicienne – profession – adresse – terrasse.	Mais – français – anglais – espagnol – Espagne – grec – Michel – qui est-ce ? – architecte – hier – mercredi – septembre

UNITÉ 1 - *Leçon 2*

1. Objets de la classe

• architecte : stylo, crayon, gomme, feuille de papier, tableau, cassette vidéo.
• interprète : stylo, crayon, gomme, feuille de papier, dictionnaire, grammaire, cassette audio, lecteur de cassette.
• écrivain : stylo, crayon, gomme, feuille de papier, cahier, livre, dictionnaire, grammaire.
• cinéaste : stylo, crayon, gomme, feuille de papier, livre, cassette vidéo, magnétoscope.

2. Savoir / connaître

Vous connaissez John Devon ? Vous savez où il habite ? Est-ce qu'il sait parler français ? Vous connaissez les amis de John ? Vous savez comment ils s'appellent ?

3. Écouter / entendre

… – Non, je n'entends pas…
– La musique ! Écoutez bien !…
– Ah, oui, j'entends maintenant…
– Oui, j'écoute le Boléro de Ravel…

4. Les articles

a. – …c'est **l'**amie de Carine. C'est **une** fille intéressante…
– Elle a **des** amis à Orléans ?
– … Renaud, **le** garçon du café des Sports…
le vendeur du magasin Gerbier et **un** Parisien : Patrick.
b. – Vous connaissez **des** chanteurs français ? – … C'est **une** bonne chanteuse… célèbre à **l'**étranger
– Vous connaissez **le** nom d'un disque de P. Kaas ?
– C'est **le** titre d'**une** chanson…

5. Articles : de / du / de la / de l' / des

– les amis **de** Margot – la voiture **de l'**année – le prix **des** livres – la rue **du** cinéma Pagode – l'affiche **du** film – le directeur **de la** banque.

6. La négation

a. – Marie **n'**aime **pas** les bandes dessinées.
– Marie **n'**écoute **pas** de disques.
– Pierre **ne** regarde **pas** la télévision.
– Pierre **ne** comprend **pas** l'anglais.
– Pierre **n'**a **pas** d'amis étrangers.
b. – Non, Pierre et moi, nous **n'**aimons **pas** la télévision. Il **n'**y a **pas de** bons programmes. Et nous **n'**avons **pas de** téléviseur.
– Alors vous **ne** regardez **pas** les hommes politiques ?
– Ils **ne** sont **pas** intéressants… Je **ne** comprends **pas** la politique.
– Et vous **ne** connaissez **pas** « les Guignols de l'info » ?
– Non, je **ne** sais **pas** qui c'est…

7. Féminin et pluriel

… des présentateurs **jeunes** et **sympathiques**… La musique est **bonne**… les **nouveaux** disques… des programmes **intéressants**, de la musique **ancienne**… la **nouvelle** musique contemporaine…

8. Nouveaux verbes

Pierre et Marie **cherchent…**
P – Vous **avez** des romans…
P – … Je ne **comprends** pas l'anglais.
L – J'**ai** « Les Grandes Espérances »…
Regardez !… Vous **voyez** ?
P – Je **vois**. Il **coûte** combien ?
L – Vous **payez** comment ?
P – Je **paye** par chèque.

9. b. Les amis de Marie sont
[z̮]
tous anglais. Au théâtre, il y a une
[s̮]
pièce intéressante sur les années 60.
[s]   [z̮]
Nous avons un bel appartement.
[z̮]   [z̮]

10. Lecture en langue étrangère

a. Images 1, 2, 3. Un homme est avec un marchand. Il achète un collier pour 2 500 F.
Image 4. L'homme veut offrir le collier à Colette. Mais Colette a un collier. Il coûte 200 F.
b. J'ai envie → Je voudrais – offrir à Colette → C'est pour Colette – Il a appartenu à Marie-Antoinette → C'est un bijou de Marie-Antoinette – Il est magnifique → il est très beau – C'est entendu → oui, c'est d'accord, je veux bien.
c. Regarde ce collier – Il n'est pas mal – J'ai envie de l'acheter et de l'offrir à Colette – Il fait combien – 3 000 F – C'est un bijou très ancien – il a appartenu à Marie-Antoinette – Il est magnifique – Il est cher ! 2 500 F ? C'est entendu – 2 500 F – Bonjour Colette. Tiens, tu as un nouveau collier ? 200 F à la bijouterie du supermarché ! Il n'est pas mal, hein ?

11. Écrire les nombres

a. 200 – 250 – 380 – 383 – 4 000 – 4 003 – 1789
c. mille cinq cents francs – huit cent cinquante francs – cent cinquante francs.

9. Orthographe des sons [s] et [z]

a.

	s	ss (entre voyelle)	c	ç (+ a, o, u)	autres ortho-graphes
Son [s]	suis – Espagne – s'appeler – journaliste – secrétaire – artiste – semaine – samedi – inscription – salutation – monsieur – disque – s'il te plaît – spectacle – stylo – sandwich – espèces.	aussi – (vous) connaissez – professeur – naissance – profession – adresse – (bande) dessinée – nécessaire – classe.	c'est – ça – Vincent – célèbre – qui est-ce ? – médecin – décembre – célibataire – merci – difficile – pièce – ancien – facile – exercice – nécessaire – centime.	garçon français	mexicain (k + s) nationalité édition addition exercice (g + s)

	s	z
Son [z]	mademoiselle, musicien, excusez-moi	zéro

UNITÉ 1 - *Leçon 3*

1. Les loisirs.

activités sportives : randonnée à pied – équitation – ski – marche.
voyages : à pied.
activités éducatives : cours de chinois.
activité de détente : yoga, marche.

2. La musique.

a. piano – b. trompette – c. violon – d. guitare – e. orgue électrique – f. flûte – g. batterie.

3. Faire et jouer.

• faire du football – du ping-pong – de la trompette – de la danse – du ski.
• jouer au football, au ping-pong – de la trompette – aux cartes.

4. Verbes nouveaux.

vous faites – vous allez – nous ne pouvons pas – nous devons – les parents de Pierre viennent – ils veulent – je dois – je suis à Paris – vous savez.

5. Interrogation.

– Qu'est-ce que vous détestez faire ?
– Est-ce que vous aimez les concerts ?
– Quels sont vos films préférés ?
– Vous avez des acteurs ou des actrices préférés ?
– Est-ce que vous allez en vacances ?
– Est-ce que vous avez des projets de chansons ou de cinéma ?

6. Articles contractés.

• les programmes *de la* télévision – les livres *de* l'écrivain Jules Verne – les amis *des* enfants – l'article *du* journaliste – la rue *de* l'hôpital.
• travailler *à* l'hôpital – aller *au* musée du Louvre – travailler *au* marché – aller *aux* toilettes.

7. Négation.

• La paresseuse : … Elle ne fait pas de sport. Elle n'aime pas la marche. Elle n'aime pas beaucoup travailler. Mais elle ne déteste pas être en vacances.

• La « pratique » : Elle ne va pas au théâtre. Elle ne fait pas de musique. Elle n'aime pas la lecture. Elle ne lit pas les journaux. Et elle n'est pas du tout intéressée par la philosophie.

8. Prépositions de lieu.

– je vais *au* cinéma – *à la* piscine – *à* un cours de danse – *au* bowling – *chez* Michel – *au* théâtre – *à la* campagne – *en* Normandie – *à* Lyons-La-Forêt – *chez* des amis.

9. (see panel below)

10. Sons [z] et [s].

– Il est passionné de musique
– Le musée du Louvre est intéressant
– La cuisinière présente un programme sur la cuisine italienne à la télévision.

9. Sons [ʒ] et [g].

son [ʒ]		son [g]	
lettre j	lettre g	lettre « g » + a, o, u	lettre « gu » + e, i
aujourd'hui – jour	gentil – orange – partager – région – végétarien – grand	Bourgogne – garçon – Margot	bague – guignol

« g » devant e, i = [ʒ]   « g » devant a, o, u = [g]

UNITÉ 1 - *Leçon 4*

1. Offres d'emplois.

– <u>Postes proposés</u> : deux postes de cuisiniers (homme ou femme).
– <u>Organisme</u> : le restaurant universitaire de Nancy.
– <u>Conditions</u> : avoir un diplôme professionnel, une bonne expérience, être libre le 1er septembre.

2. La ville

Lieux	Professions	Activités
hôpital	un médecin (homme ou femme) – un(e) infirmier/ière – un(e) étudiant/e	voir un médecin – apprendre la médecine – dormir la nuit
hypermarché	un(e) directeur/trice – un(e) vendeur/euse – un(e) représentant/e – un(e) comptable	acheter des choses – écouter les clients, regarder les prix
bibliothèque	un jeune bibliothécaire – un(e) étudiant/e – un professeur – un(e) chercheur/euse	changer un livre – étudier un livre – lire un journal – regarder une BD – apprendre une langue
hôtel-restaurant	un(e) patron/ne – un(e) cuisinier/ière – une femme de ménage	dormir la nuit – lire le menu – manger – écouter le client
cinéma	une ouvreuse – un(e) caissier/ière – un(e) journaliste	acheter un billet – dormir – écouter les dialogues / la musique – lire le programme – manger un sandwich – regarder un film – voir une annonce
université	un professeur – un(e) chercheur/euse – un(e) étudiant/e – une secrétaire	apprendre une langue – écouter un professeur – étudier la grammaire – lire un livre – regarder un film – voir une annonce
théâtre	un metteur en scène – un(e) comédien/ne – un(e) caissier/ière – un(e) journaliste	apprendre un dialogue – dormir – écouter un comédien – lire le programme – regarder une pièce – voir une affiche

UNITÉ 2 - *Leçon 4 (suite)*

3. Verbes nouveaux.

J'*ai* un travail. Je *suis* serveur… Nous *commençons* à 8 heures… le restaurant *ferme* à 15 heures… nous *ouvrons* à 19 heures… nous *fermons* à minuit… Je *peux*… faire du sport… Le 21 août je *prends* 15 jours de congé… nous *partons* pour Biarritz… tu *veux* venir avec nous ?…

4. Le passé composé.

a. À 10 h, elle a eu un cours d'anglais. De 11 h à 13 h, elle a lu à la bibliothèque. À 14 h, elle a joué au tennis avec Léa. De 16 h à 18 h, elle a fini un exposé. À 19 h, elle a téléphoné à Paul et Lucie pour accepter l'invitation du 15. À 21 h, elle est allée au cinéma avec Léa. Elles ont vu *La Reine Margot*.

5. Le passé composé.
Interrogation / Négation.

– Pierre : Tu as lu le journal ?
– Paul : Non, je n'ai pas lu le journal.

– Pierre : Qu'est-ce que tu as fait hier soir ?
– Paul : Hier soir, je suis allé chez des amis.
– Pierre : Et vous n'avez pas regardé la télé ?
– Paul : Non, nous n'avons pas regardé la télé.
– Pierre : Est-ce que tu as écouté la radio ?
– Paul : Non, je n'ai pas écouté la radio.
– Pierre : Tu ne connais pas la nouvelle ?
– Paul : Non, je ne connais pas la nouvelle.

6. Oui / si / non.

S : Je peux regarder les disques ?
L : Oui, bien sûr, regarde !
S : Tu n'as pas de disques de Piaf ?
L : Si, mais ils sont chez des amis.
S : Tu n'aimes pas les chansons de Cabrel ?
L : Non, je n'aime pas beaucoup Cabrel.

S : Tu n'écoutes pas de musique classique ?
L : Si, mais à la radio. Je n'ai pas de disques de musique classique.
S : Tu vas au concert de Renaud ?
L : Oui, j'ai un billet.

7. Accord du participe passé.

La voiture est *partie*… Nous sommes *arrivées* au Caire. Nous avons *trouvé* un hôtel. Nous avons *vu* les Pyramides… Sylvie et moi nous sommes *allées* au musée… Luc et Pierre sont *allés*… Sylvie et Luc sont *partis*… Moi, je suis *restée*.

8. Infinitif ou participe passé.

– Nous voulons achet*er*… Nous devons chang*er*… La banque est *fermée*… nous pouvons pay*er* avec une carte…
– Les enfants sont *allés* au théâtre pour écout*er* la chanteuse…
– Pierre est *allé* écout*er* l'orchestre…

UNITÉ 2 - *Leçon 5*

1. Localiser

Au milieu de la place, il y a une fontaine. *Autour de* la place, il y a des arbres. Quand on arrive *sur* la place par la rue Monet, *en face*, on a la mairie. *À droite* de la mairie, on a l'école. *À gauche* de la mairie, on a le bâtiment des médecins. *Derrière*, il y a un grand parking. Sur le côté *gauche* de la place, il y a des magasins et *à droite*, la poste et la banque.

2. Le mouvement

• La valse : Le danseur avance et fait trois pas. Il tourne à gauche. La danseuse recule et fait trois pas en arrière. Elle tourne à droite. Le danseur et la danseuse regardent en face.
• Le rock : Le danseur marche. La danseuse passe sous le bras du danseur et recule. Deux pas en arrière.
• Le paso doble : Le danseur marche et tourne sur sa gauche. La danseuse passe devant lui sous son bras. Elle marche et tourne à droite.

3. Les distances :

a. De Paris à Marseille, il y a 800 kilomètres.
Paris-Lyon, ça fait 480 kilomètres.

La distance entre Paris et Strasbourg est de 450 kilomètres.
Pour aller d'ici à la tour Eiffel, il y a une demi-heure à pied.
b. De Paris à Nice, il y a combien de kilomètres ?
De Notre-Dame à la place Saint-Michel, ça fait combien ?
Entre Paris et Bruxelles, il y a combien de kilomètres ?
De Paris à Lyon, on met combien de temps par l'autoroute ?

4. La famille

– Le père de ma mère, c'est *mon grand-père*.
– La fille de mon fils, c'est *ma petite-fille*.
– Le mari de ma sœur, c'est *mon beau-frère*.
– La sœur de ma mère, c'est *ma tante*.
– Le fils de ma sœur, c'est *mon neveu*.
– La fille de mon oncle, c'est *ma cousine*.

5. Verbes nouveaux

– Ah ! Vous ne *connaissez* pas le quartier.
– Non, pas du tout. Nous *suivons* un plan mais nous ne *trouvons* pas votre maison.

– Vous *êtes où* ?
– Sur l'avenue de la République. Qu'est-ce que je *fais* ? Je *prends* la rue Berlioz ?
– Non, vous ne *prenez* pas la rue Berlioz. Vous *restez* sur l'avenue de la République. Vous *allez* jusqu'au numéro 28. Ma femme *attend* devant la porte.
Votre femme *est* devant la porte ? Elle *sourit* ? Alors, je ne *suis* pas loin.

6. Adjectifs démonstratifs

… *ces* photos… *ce* soleil et *cette* mer… *cette* photo… *cet* homme… *cet* écrivain, *ce* grand admirateur… *ce* portrait…

7. Adjectifs possessifs

Visitez Rouen
Sa cathédrale
Ses églises gothiques
Son palais de justice
Ses musées
– … *votre* livre… *vos* affaires… *vos* devoirs
– … *ma* femme, *mes* enfants et *mon* chien…
– … *votre* connaissance

UNITÉ 2 - *Leçon 5 (suite)*

8. Le passé composé

Elle *est arrivée* au château. Elle *a ouvert* la porte. Elle *a vu* Dracula. Dracula et la jeune fille *ont dîné* ensemble. Mais le soleil *est arrivé*. Dracula *a dû* partir. La jeune fille *a voulu* sortir. Elle n'*a* pas *pu* ouvrir la porte. Elle *a entendu* un bruit bizarre…

9. Adjectifs possessifs et mots à prononciation proche

– Caroline n'a pas fait *ses* devoirs. *C'est* une élève paresseuse. Regardez *ces* fautes…
– Michel est parti en voyage avec *sa* femme et *son* fils. Ils *sont* allés en Grèce.

– … *Mes* disques préférés sont les disques de jazz. *Mais* j'aime aussi la musique classique. Quand je suis seule chez moi, je *mets* France-Musique.
– *Mon* frère habite dans la banlieue… sur le *mont* Valérien.
Mes [me] – mets [me] – Mais [mɛ]

10. Décrire un itinéraire

Quand vous quittez l'université, allez tout droit. Traversez la Moselle et tournez à droite dans la rue du Pont. Continuez jusqu'à la rue de la Garde. Tournez à gauche, puis, dans la première rue à droite : la rue du Palais. La rue Serpenoise n'est pas loin. Tournez à gauche. Vous êtes au numéro 47.

11. Lecture rapide

P → 4, 5, 7, 11, 16.
B → 1, 10, 15, 17, 21, 23.
S → 2, 9, 13, 18, 25, 26.
I → 3, 6, 8, 12, 14, 19, 20, 22, 24.

12. Répondeur.

Bonjour les amis ! Vous appelez trop tard, je suis sorti ! Mais vous pouvez laisser les bonnes nouvelles sur le répondeur après le bip sonore.

UNITÉ 2 - *Leçon 6*

1. Activités quotidiennes.

Pauline se lève à 6 h 30 et prend une douche. À 7 heures, elle prend son petit déjeuner.
À 7 h 30, elle attend son bus. De 8 heures à 12 heures, elle est en cours. À 12 h 30, elle va manger à la cantine. De 13 heures à 14 heures, elle va au Club vidéo. De 14 heures à 17 heures, elle a des cours. De 17 h 30 à 18 h 30, elle joue au tennis. À 19 heures, elle dîne. De 19 h 30 à 21 h 30, elle fait ses devoirs et apprend ses leçons. À 21 h 30, elle fait sa toilette du soir. À 22 heures, elle lit un peu et se couche.

2. Déplacements.

… Il *part* en bateau. Il arrive au port d'Acre, puis il *repart* pour la Perse. Il *suit* la route de la soie. Il *traverse* l'Asie et en 1275, il *arrive* en Chine. Il *reste* 5 ans à la cour du Grand Khan. En 1295, il *repart* à Venise…

3. États et sentiments.

a. J'ai de la chance. **b.** Je suis étonné(e). **c.** Je suis contente. **d.** Il n'a pas de chance. **e.** Nous sommes heureux.

4. Conjugaison simple et pronominale.

Je ne *me couche* pas… Je *prépare* les petits déjeuners. Je *réveille* ma femme. Nous prenons le petit déjeuner ensemble… nous pouvons *nous parler*… ma femme *se prépare* et moi je *promène* le chien… Je *m'occupe* des enfants… Je *lave* les bols… je peux *me coucher*.

5. Négation de la conjugaison pronominale.

b. Non, je ne me lève pas tôt. J'aime bien dormir le matin.
c. Non, je ne me couche pas tôt. Je regarde la télé jusqu'à 1 heure du matin.
d. Non, nous ne devons pas nous dépêcher. Nous avons le temps.
e. Non, Valérie et Antoine ne se voient pas souvent. L'un habite à Paris et l'autre à Tokyo.

6. Impératif.

Allez au cinéma ! Toi, Patricia, habille-toi mieux ! Ne te maquille pas, il n'aime pas ça ! Intéresse-toi au tennis, il adore ça ! Ne sois pas triste ! Sortez ensemble !

7. Moi / Toi… aussi – Moi / Toi… non plus.

– Oui, elle aussi, elle adore ça.
– … Nous aussi, nous venons souvent.
– … Moi, non plus, il n'est pas bon.

– … Moi, si, j'aime bien. C'est amusant.
– … Eux aussi, ils détestent ça.
– … Moi, non, je préfère les danses modernes.

8. Les consonnes doubles.

– ensuite – aussi – un oiseau – un passeport – il pense – un bassin – la famille – une île – utile – un billet – elle s'appelle – nous nous rappelons – elle se rappelle – une musicienne – un coussin – une gardienne – la patronne – un gâteau – une hôtesse de l'air – les pattes du chien – j'ai mangé des pâtes.

9. Annonces et messages.

a. dans une maison (5).
dans un magasin de quartier (2)
dans un bureau (6)
dans un journal de petites annonces (4)
sur le panneau d'information d'un lycée (1)
sur le panneau d'information d'une université (3)
b. 2. un jeune musicien → à ses clients
3. une étudiante → à d'autres étudiants
4. un collectionneur → à d'autres collectionneurs ou propriétaires de cartes postales
5. un mari → à sa femme
6. une secrétaire → au directeur
c. – demander un service (3) (5)
– proposer un service (1) (2)
– donner une information (4) (6)

UNITÉ 3 - *Leçon 7*

1. Parties du corps

Personnages	Animaux	Éléments du paysage	Objets
– tête (œil, nez, mâchoire, dents) – tronc – bras, mains – jambes	– oiseau (bec, œil, ailes, queue) – poisson (œil, nageoire) – vache (tête, cornes) – araignée	– lune – soleil – étoile – fleur	– sablier ou verre – roue – robe – taches circulaires – masques

2. Emplois figurés

b. une entrée / une sortie
c. s'occupe de mes affaires
d. détester
e. un peu de…
f. un assistant

3. Caractère

– courageux(geuse) → e.6
– curieux(rieuse) → b.1
– généreux(reuse) → c.3
– joyeux(seuse) → a.2
– calme v d.5
– indifférent(e) → f.4

4. Conjugaison. Présent

Nous *découvrons* un monde…
Des paysages… *dorment* dans l'océan.
Des animaux… *vivent* sous l'eau.
… les hommes… *deviennent* dangereux…
Moi, je n'*attends*…
Je *défends*…

5. Verbes pronominaux. Passé composé.

… nous *avons* dansé…
Nous nous *sommes* couchés…
Je me *suis levée*…
je me *suis occupée*…
Nous nous *sommes promenés*…
Ils ne se *sont* pas *reposés*…
… nous ne nous *sommes* pas *couchés*…
Nous *avons fait* la fête…

6. Imparfait

… Noisy *était*… Tout le monde *se connaissait*.
On ne *prenait* pas…
Il n'y *avait* pas. Je *pouvais*…
On ne *regardait* pas…
… nous ne *partions* pas…
Nous n'*étions* pas gâtés… Nous *vivions*…

7. Passé composé ou imparfait

a. … Renaud *a vu*… Elle *se promenait*…
b. … nous *sommes allés*… C'était… Il n'y *avait* pas… Nous *avons passé*…
c. … le commandant Cousteau *présentait*… J'*ai adoré*…
d. … Catherine *est allée*… Elle *était fermée*.

8. Féminin et pluriel des adjectifs

a. … une femme *sportive* et *courageuse*. … les expériences *dangereuses*.
b. … une *bonne* affaire. … deux robes pas *chères* et de *première* qualité
c. … la route est *longue*… elles sont *curieuses*… les endroits *intéressants*.
d. … une chanteuse *brune* aux cheveux *courts*… les capitales *européennes*.

9. Récits

– dans un journal : 2, 4
– dans un magazine d'information scientifique : 3
– dans une conversation orale ou une lettre amicale : 1, 5

UNITÉ 3 - *Leçon 8*

1. Petit déjeuner

boissons	pain – céréales	laitages	viande – œufs – poissons	fruits
café – expresso – cappuccino – café au lait – thé – jus de fruit – sirop de pomme	pain grillé – brioche – tartines – croissant – céréales – toasts	fromage – beurre – gouda	viandes froides – omelette – œufs – bacon – jambon	compote – jus de fruit – marmelade – sirop de pomme

2. Spécialités

– *Dans le cassoulet*, il y a des haricots blancs, des morceaux de poulet, de canard, des saucisses. Spécialité du Sud-Ouest.
– *Dans la fondue savoyarde* : du fromage fondu (d'où le nom du plat), du vin blanc, des petits cubes de pain. Spécialité de Savoie.

– *Dans les crêpes*, il y a de la farine, du sucre en poudre, des œufs, du beurre fondu, du lait,
du sel et un peu de vanille. Spécialité bretonne.
– *Dans le bœuf bourguignon*, il y a des morceaux de bœuf, des champignons, des carottes, de l'oignon, du sel, du poivre. On fait cuire avec un peu de vin rouge.

3. Achats et quantité

– une boîte d'allumettes, de haricots (conserves)
– une bouteille d'eau minérale
– une douzaine d'œufs
– un kilo de haricots, de pommes de terre, de tomates
– un paquet de café, de cigarettes
– une plaquette de beurre, de chocolat

4. Articles

a. • … *du* monde… *du* pain…
b. • J'ai *de la* bière au réfrigérateur. Est-ce que vous voulez *de la / une* bière ?
c. • *Le* thé est prêt. … vous voulez *du* thé ?
d. • J'aime bien *la* glace. Est-ce qu'il y a *de la* glace au dessert ? Avec *de la* crème…

UNITÉ 3 - *Leçon 8 (suite)*

5. Encore / Ne… plus

– Mme : Est-ce qu'il y a encore du sucre ?
– M. : Oui, il y a encore du sucre.
– Mme : Et des œufs ?
– M. : Oui, il reste trois œufs.
– Mme : Alors, j'achète une autre douzaine.
Et du lait ? Il y a encore du lait ?
– M. : Oui, il reste encore 1/4 de litre.
– Mme : Il y a encore du beurre ?
– M. : Oh oui, il y a encore une plaquette de beurre.
– Mme : Et des pommes ?
– M. : Il reste une pomme.
– Mme : Alors, j'achète aussi un kilo de pommes.

6. Quantité

a. *un peu* de bœuf bourguignon – *quelques* frites – *un morceau* de pain – *un peu* de vin – *un peu* d'eau – *un* gros *morceau* de gâteau
b. *beaucoup* de travail – *toute* la journée – *quelques* minutes – *tout* le monde – *beaucoup* de touristes – *plusieurs* d'entre eux – *quelques* jeunes

7. Quelque chose – ne… rien / quelqu'un – ne… personne

J : Est-ce que quelqu'un habite ici ?
V : Non, *personne n*'habite ici.
J : Est-ce que vous entendez quelque chose la nuit ?
V : Oui, nous entendons *quelque chose*.

J : Est-ce que vous voyez quelqu'un ?
V : Non, nous *ne* voyons *personne*.
J : Est-ce que quelqu'un est entré dans la maison ?
V : Oui, *quelqu'un* est entré : moi.
J : Et vous avez découvert quelque chose ?
V : Non, je *n*'ai *rien* découvert.

8. Consonnes finales non prononcées des adjectifs et participes passés.

– une fille souriante – une place gratuite – une salade verte – une crème excellente – une fille gentille.
– une voiture blanche – une boisson fraîche – une robe longue.

UNITÉ 3 - *Leçon 9*

1 Le temps.

• *Aujourd'hui, 10 janvier,* il y a un vent très fort sur les côtes de la Manche. Sur l'océan, au sud-ouest, il y a une tempête. Le vent est très fort. Au centre sur les Monts d'Arrée, on a de la neige. Et à l'est, Rennes est dans le brouillard. Les températures sont de 6° à Brest et à Saint-Malo, de – 2° dans les montagnes et de + 4° à Rennes. À Saint-Malo, au nord-est la température est de 24°. À Rennes, on a 26°.
• *Le 30 août dernier,* le temps était nuageux au nord-ouest dans la région de Brest. Mais sur l'océan Atlantique, au sud-ouest et dans la région de Lorient il y avait du soleil et du vent. Au centre, sur la montagne d'Arrée, il y avait des orages. À l'est, sur Rennes, il y avait de fortes pluies.

2. Incidents de voyage.

a4 – b1 – c5 – d6 – e2 – f3.

3. Réactions aux événements.

Réponses possibles :
a. amusé : « c'est drôle. »
b. indigné : « c'est scandaleux. »
c. étonné : « c'est étonnant. »
d. indifférent : « ça ne fait rien. »
e. choqué : « c'est choquant.»

4 Situer dans le temps.

… *pendant* plusieurs années… *jusqu'*au bac… Il ne sortait pas *souvent*… à l'université, *cette année*… *en* juillet prochain… *le* 1ᵉʳ décembre…

5. Situation dans le temps et interrogation.

1. Les pilotes sont en grève depuis deux jours.
2. Les voyageurs attendent depuis le 2 août.
3. Les syndicats ont rencontré le P.D.G. le 2 août.
4. Ils ont discuté pendant 8 heures.
5. Ils doivent se revoir le samedi 7 août.

6. Interrogation sur le moment et la durée.

– Pendant combien de temps elle a traversé le Grand Nord ?
– Depuis combien de temps son papa voulait-il faire ce voyage ?
– À quelle date (quand) sont-ils partis ?
– Quand ont-ils dû continué avec des chiens et un traîneau ?
– À quel moment (quand) la température descendait-elle à – 45° ?
– Jusqu'à quelle date (jusqu'à quand) Montaine est restée en bonne santé ?

7. Passé composé ou imparfait.

… il *faisait* beau… Nous *avons fait* le tour… Nous *sommes montés*… Le paysage *était*… Il n'y *avait* pas… On *voyait*… c'*était*… *sommes descendus*, j'*étais*…

8. Faire des noms avec des verbes.

a.

Action	Acteur	Actrice
danser	danseur	danseuse
admirer	admirateur	admiratrice
lire	lecteur	lectrice
fumer	fumeur	fumeuse
se promener	promeneur	promeneuse
chercher	chercheur	chercheuse
explorer	explorateur	exploratrice
connaître	connaisseur	connaisseuse
réparer	réparateur	réparatrice

b.
… un gros mangeur.
… un grand dormeur.
… une grande voyageuse.
… une grande admiratrice.
… un mauvais payeur.
… un demandeur d'emploi.

UNITÉ 4 - *Leçon 10*

1. L'entreprise

a. – Commander, fabriquer, vendre un produit
– augmenter, baisser les (le) prix
– engager, augmenter, licencier, diriger le (du) personnel

b. – commander R la commande
– fabriquer → la fabrication
– augmenter → une augmentation
– diriger → la direction
– licencier → le licenciement
– baisser → la baisse
– engager → un engagement
– vendre → la vente

2. L'entreprise (see panel below)

3. Communication

• affiche c – Minitel d – ordinateur b – répondeur g – réunion f – téléconférence e, f – télécopie a.

4. Moyens de transport

– rallye Paris-Dakar → en voiture, en moto
– Paris-New York en 8 heures → en avion
– une croisière en Méditerranée → en bateau
– Tour de France cycliste → à vélo
– promenade en forêt → à pied
– traverser Paris → en métro, en bus, en taxi
– de Paris à Orléans → en train

5. Passé récent / Présent progressif / Futur proche.

a. Les archéologues viennent de découvrir des vestiges. Ils sont en train d'étudier ces vestiges. Ils vont publier un article.

b. Je viens de faire 500 kilomètres. Je suis en train de me reposer sur l'aire de repos de l'autoroute. Je vais repartir.
c. Le cinéaste vient d'écrire un scénario. Il est en train de faire le budget du film. Il va choisir les comédiens.
d. Tu viens de faire tes études. Tu es en train de faire un stage dans une entreprise. Tu vas chercher du travail.

6. Encore / ne... plus.

« Le paysage est encore beau. Mais Ornay n'est plus un grand village. Nous habitons encore dans la grande ferme près de la forêt. Mais le soir, les voisins ne se réunissent plus chez nous pour parler. Il y a encore une école communale. Mais, aujourd'hui peu d'enfants vont encore à cette école. Il y a aussi encore une belle église romane. Mais le dimanche, les gens ne vont plus à l'église. Les familles n'ont plus de vaches et on ne fait plus de fromage. »

7. Fréquence.

• *La voisine bavarde et indiscrète*
Elle sait toujours tout.
Elle pose souvent des questions indiscrètes.
Elle entre quelquefois chez nous sans avertir.
Elle ne garde jamais pour elle les secrets des autres.
• *La championne sportive consciencieuse*
Elle s'entraîne souvent.
Elle ne fume jamais.
Elle ne fait pas souvent de bons petits repas.
Elle reste toujours en forme.
• *Le vieux célibataire égoïste*
Il vit toujours seul.
Il ne parle jamais à ses voisins.

Il n'invite jamais d'amis.
Il parle souvent tout seul.
• *L'animateur de télévision dynamique et populaire*
Il n'est jamais fatigué.
Il raconte toujours des histoires drôles.
Il est toujours gai.
Il ne se met jamais en colère.

8. Les suffixes – ation, – tion, – sion.

Nous voulons :
– une augmentation de nos salaires,
– la diminution des heures de travail de nuit,
– l'organisation d'équipes de nuit,
– l'annulation du projet de licenciement,
– la confirmation de nos avantages de retraite,
– l'installation de salles de repos dans l'entreprise,
– l'information des ouvriers sur l'avenir de l'entreprise,
– des décisions rapides !…

9. Instructions

a. Téléphone.
1. Décrochez
2. Attendez la tonalité
3. Insérez votre télécarte
4. Vérifiez le nombre d'unités restantes
5. Composez votre numéro ou faites un numéro d'urgence
6. Raccrochez
7. Retirez votre carte
Distributeur de billets.
1. Vous pouvez introduire votre carte
2. Composez votre code confidentiel
3. Composez votre montant
4. Vous avez demandé 1 000 francs. Voulez-vous un reçu ?
– Oui. Appuyez sur validation
– Non. Appuyez sur correction
5. Validez ou corrigez
6. Retirez votre carte
7. Retirez vos billets
c. Projet de caisse automatique.
1. Placez votre article sur l'écran de la caisse automatique
2. Introduisez votre carte bancaire
3. Composez votre code confidentiel et validez
4. Attendez la fin de l'opération
5. Retirez votre carte
6. Placez votre article sur le tapis roulant
7. Sortez par la porte automatique et attendez votre article à la fenêtre de livraison

2. L'entreprise

Production	Communication	Vente	Gestion du personnel
– nous utilisons des robots pour fabriquer tous les jouets	– les clients peuvent passer commande par télécopie. – nous répondons très vite à leur demande.	– nous avons baissé les prix – nous exportons la moitié de notre production – nous avons engagé de jeunes commerciaux dynamiques	– nous avons adapté les horaires du personnel – nous n'avons licencié personne – nous avons un peu baissé les salaires

UNITÉ 4 - Leçon 11

1. Obligations et interdictions.

a. … le dictionnaire bilingue → *interdit…* l'utilisation du dictionnaire unilingue → *toléré.*
b. … les visites aux malades → *permises…*
c. … français, mathématiques → matières *obligatoires…* dessin, musique → matières *facultatives.*
d. … le stationnement → *interdit…* stationnement *autorisé* → camions de livraisons.
e. … c'est *défendu.*

2. Situations d'urgence :

a4 – b3 — c6 – d1 – e5 – f2.

3. Santé et maladie :

1c – 2d – 3f – 4i – 5a – 6h – 7j – 8b – 9g – 10e.

4. (see panel below)

5. Lettre de rupture.

« Je *t'*aime… je *te* connais bien… tu *me* connais mal… je *les* adore… je *la* respecte. Mais je *te* trouve… je ne *te* comprends pas… tu veux *m'*épouser… Tu *la* refuses. Tout *nous* sépare… il faut *se* quitter. »

6. Pronom complément direct et passé composé.

C – Vous avez réparé ma voiture ?
G – Oui, nous *l'*avons réparée.
C — Votre technicien a contrôlé les freins ?
G – Oui, il *les* a contrôlés.
C – Il a vérifié la batterie ?
G – Oui, il *l'*a vérifiée.
C – Vous avez changé les pneus ?
G – Non, nous ne *les* avons pas changés. Ce n'était pas nécessaire. Ils sont encore en bon état.
C – Vous avez installé le nouvel auto-radio ?
G – Non, je ne *l'*ai pas installé. Il est un peu cher. J'attendais votre accord.

7. Le pronom complément direct et l'impératif.

Paul

Ne la prenez pas !
Prenez-la !
Installez-la !
Ne le suivez pas !
Ne l'écoutez pas !
Ne la lisez pas !

8. Accord du participe passé.

– Tu as *reçu* ma carte ?
– Je l'ai *reçue…* elle a *mis…* tu as *trouvé…*
– Je les ai *achetées…*
– Tu es *partie* seule… vous avez *emmené…*
– Nous les avons *emmenés…* Les filles sont *restées…* Elles ont *acheté…* et les ont *écoutées…* Les garçons ont *rencontré…* Ces enfants… les ont *emmenés…*

9. Échec ou réussite.

b. Que fait Gaston ? → 1
Que se passe-t-il ? → 2

c. *Gaston* → incompétent, bricoleur, naïf.
Fantasio → étonné, intéressé.

d. Il s'est inscrit à un cours d'électronique par correspondance.

e. fabriquer → construire
aller très vite → brûler des étapes.
être utile à quelque chose → servir à quelque chose
un non-spécialiste → un profane.

f. Bricolage et mauvaise surprise.

g. Gaston s'est inscrit à un cours d'électronique par correspondance. Il veut aller vite et inventer quelque chose.
Fantasio lui pose des questions sur son projet.
Mais Gaston ne veut pas donner d'explications à un non-spécialiste. Puis Gaston essaie son invention. C'est un échec : toute la ville est dans le noir. C'est une panne d'électricité générale !

4. Emplois figurés

N°	Sujet	Vocabulaire de la santé, de la maladie	Information positive ou négative
2	la Sécurité sociale	traitement de choc – mort lente	–
3	les exportations	léger mieux	+
4	les élections présidentielles	fracture	–
5	le chômage des jeunes	malaise	–
6	le chômage	malade	+
7	situation dans les banlieues	situation d'urgence	–
8	rencontre de football	en pleine forme	+

UNITÉ 4 - *Leçon 12*

1. La communication.

b. • … Je vais *emprunter* la voiture de Pierre… il la *prête* toujours à ses amis.

• … Elle a été *reçue* dans une famille milanaise.

• … Elle *envoie* une carte postale à son amie Cathy pour lui *donner* de ses nouvelles.

2. Création et adaptation.

b. Il faut créer des produits originaux.

c. Il faut inventer un bon logo.

d. Crilix doit imaginer des publicités originales.

e. L'entreprise doit adapter les vêtements fabriqués aux goûts du public.

f. Il faut transformer l'organisation de l'entreprise.

3. Conjugaison : présent.

a. Verbes en – dre.

Le portier : Je vous *défends*… Vous *entendez* !

Un spectateur :… nous *attendons*… Vous *comprenez* ?

Le portier : Vous *perdez*… Elle *descend*… Elle *répond*…

b. Verbes en – yer.

Monsieur Blanc :… nous *employons*… j'*essaye*… Nous les *payons*…

Beaucoup de jeunes m'*envoient* leur CV…

4. Pronoms compléments directs ou indirects.

Pronoms compléments directs

– nous les attendons → les = Xavier et Inès (attendre quelqu'un)

– je les accompagne → les = Xavier et Inès (accompagner quelqu'un)

– nous les invitons → les = Xavier et Inès (inviter quelqu'un)

– elle l'emmène → l' = Inès (emmener quelqu'un)

– l'accompagner → l' = Xavier (accompagner quelqu'un)

Pronoms compléments indirects

– nous leur offrons → leur = à Xavier et Inès

(offrir quelque chose à quelqu'un)

– Xavier m'a demandé → m' = à moi (demander quelque chose à quelqu'un)

– Je vais lui indiquer → lui = à Xavier (indiquer quelque chose à quelqu'un)

5. Les pronoms compléments indirects.

« … Je dois *leur* donner de l'énergie… Je *leur* parle beaucoup… il peut *me* parler et je *lui* donne des conseils… je *leur* interdis de se coucher tard et je *leur* défends de voir des journalistes… vous *leur* demandez toujours trop de choses… »

6. Pronoms compléments et passé composé.

– C : Non, je ne *les* ai pas vus.

– C : Non, on ne *m*'a pas envoyé le nouveau catalogue.

– C : Non, mon mari ne *l*'a pas reçue.

– C : Oui, vous *l*'avez prise.

– C : Oui, je *lui* ai téléphoné pour le catalogue.

– C : Oui, je *leur* ai écrit.

7. Homonymes grammaticaux.

– Les voleurs *m'ont* pris *mon* sac.

– Tu *m'as* dit : « *Ma* femme *m'a* quitté ».

– Les douaniers *t'ont* demandé *ton* passeport.

– *Ta* mère *t'as* appelé(e).

– Marie a trouvé *la* maison de ses rêves. Elle *l'a* achetée le mois dernier. En ce moment, elle *la* rénove. Est-ce que tu *l'as* vue ?

– *Les* disques de Jacques Brel, je *les* ai beaucoup écoutés dans les années 70. On *les* entend encore à la radio. Surtout « Le Plat Pays ». Je *l'ai* encore entendu, ce matin.

UNITÉ 5 - *Leçon 13*

1. L'école

a. Jours de congés : mercredi, samedi après-midi, dimanche.

b. • Durée de l'enseignement littéraire : 14 h.
Français (5 h) – Latin (3 h) – Anglais (3 h) – Allemand (3 h)
• Durée de l'enseignement scientifique : 8 h.
Maths (4 h) – Physique (2 h) – Biologie (2 h)
• Durée de l'enseignement artistique : 2 h.
Musique (1 h) – Dessin (1 h)

c. • Apprendre par cœur → langues – histoire – géographie
• chanter → musique – langues
• Compter, calculer → maths – physique – technologie – géographie
• étudier l'Antiquité → histoire – latin – français
• faire un schéma → histoire – géographie – technologie – maths – physique – biologie
• faire du sport → sport
• dessiner → dessin – histoire – géographie – biologie – physique – maths
• traduire →langues vivantes ou mortes
• lire et commenter → français – histoire – géographie – langues vivantes
• observer une carte → biologie – géographie – histoire

2. Enseignement

a. … elle *étudie* le théâtre… Elle *prépare* un exposé…
b. … Il *enseigne* la biologie. Il *donne* 18 heures…
c. Les écoles hôtelières *forment* les jeunes…
d. … elle *suit* des cours…

3. Pouvoir politique

a. – Le président de la République → l'État
– le préfet → le département
– le Premier ministre → le gouvernement
– le président du conseil régional → la région
– le maire → la commune
b. Président (élu). Premier ministre (nommé). Président du conseil régional (élu). Préfet (nommé). Maire (élu).

4. Les suffixes – (e)ment

a.

Verbe	Nom
développer	le développement
enseigner	un enseignement
gouverner	un gouvernement
équiper	un équipement
commencer	le commencement
changer	le changement
ranger	le rangement

b. – *Le stationnement* est interdit
– *L'enseignement* d'une langue étrangère est obligatoire
– *Le développement* industriel est nécessaire

c. … Il marche *lentement*
… Je l'ai fait *facilement*
… Il a parlé *longuement*
… Les invités ont dîné *joyeusement*
… Il a exposé *courageusement* au directeur les problèmes de l'entreprise

5. Futur

L'étudiant : Qu'est-ce que vous *ferez* après vos études ?
Éva : Quand Ludovic *aura* son diplôme de gestion, il *devra* faire son service militaire. Moi je *serai* dessinatrice. Je *chercherai* un emploi.
L'étudiant : Ludovic, vous savez où vous *irez* faire votre service militaire ?
Ludovic : Non, mais je le *saurai* dans un mois. J'espère que je *partirai* en coopération en Afrique.
L'étudiant : Éva ne vous *suivra* pas en Afrique ?
Ludovic : Si, j'espère qu'elle *viendra* avec moi.
Éva : On *verra*.

6. Présenter un projet

« Le technopole de Sophia Antipolis *sera* un lieu de rencontre entre la recherche et l'industrie. Nous *développerons* les secteurs de haute technologie. Nous *accueillerons* les chercheurs étrangers et ils *s'installeront* chez nous. Ainsi, nous *préparerons* l'avenir de la région et la Côte d'Azur *deviendra* une région dynamique. »

7. Restriction et exception

En France, il reste encore quelques ours. Mais ils *ne* sont *qu*'une douzaine. On *ne* les trouve *que* dans les Pyrénées. Et *seulement* dans les vallées d'Aspe et d'Ossau. Les petits *ne* naissent *que* tous les deux ans. L'ours ne s'attaque pas à l'homme *sauf* s'il se sent en danger.

1. Les vêtements

1. Elle porte un chemisier décolleté, une jupe et des chaussures (à talons hauts). Sur le chemisier elle a une ceinture (à boucle). Elle a un foulard sur ses cheveux. Elle a aussi des lunettes de soleil. Elle ressemble à Brigitte Bardot.

2. Il a une chemise (à carreaux). Dessus, il a mis un blouson. Il porte aussi un jean avec une ceinture et des bottes en cuir. Sur la tête, il a un chapeau. Il a un foulard autour du cou. Aux pieds, il a des bottes (à éperons). Il imite Lucky Luke.

3. Il a mis un imperméable. Mais on voit son costume et sa cravate. Sur la tête, il a un chapeau. Il veut imiter l'inspecteur Columbo.

4. Elle porte une longue robe. Aux pieds, elle a des sandales… Elle a aussi des boucles d'oreille, un collier et des bracelets. C'est Cléopâtre.

2. La matière

a. 2 en verre – 3 en or – 4 en cuir – 5 en coton –
6 en fer – 7 en soie – 8 de pierres – 9 en argent, en verre – 10 en plastique – 11 en laine – 12 en velours – 13 en bois – 14 en cuivre.

b. L'or du Rhin – La Tour d'Argent – L'homme de fer – la route de la Soie – le travail du verre.

3. L'histoire

1945 : a
1947-1954 : e
1956-1962 : d
1957 : f
1958 : g
1968 : c
1981 : i
1992 : b.

4. (see panel below)

5. Le pronom « en » (idée de quantité)

– Oui, j'*en* ai.
– J'*en* ai trois.
– Oui, je m'*en* occupe beaucoup.
– Oui, j'*en* lis une
– Oui, j'*en* ai lu une cinquantaine.
– Non, ils n'*en* mangent jamais.
– Ils *en* ont horreur.
– Ils mangent du Cador.
– Oui, ils *en* mangent 10 kilos par semaine !

6. Les pronoms « en » et « y » avec un verbe au présent

… J'*y* suis depuis 4 jours… Je ne m'*y* habitue pas… Je ne *le* supporte pas… J'*en* ai horreur… Je ne réussis pas à m'*y* intéresser… Je m'*y* suis ennuyée à mourir… je *le* regrette beaucoup.

7. Les pronoms « en » et « y » avec un verbe au passé composé

… C : Oui, j'*y* ai passé deux ans.
… C : Oui, je m'*en* suis occupé.
… C : Oui, je m'*y* suis aussi intéressé.
… C : Non, je ne m'*en* suis pas servi.
… C : Non, je n'*y* ai pas pensé.
… C : Oui, je m'*y* suis bien adapté.

8. Les pronoms « en » et « y » avec un verbe à l'impératif

– Oui, discutez-*en* !
– Non, n'*en* parlez pas autour de vous !
– Oui, pensez-*y* !
– Oui, réfléchissez-*y* !
– Oui, cherchez-*en* un !

9. Pas assez – assez – trop

– Les étudiants manifestent parce qu'il y a *trop* d'étudiants à l'université et *pas assez* de professeurs.
– Usinox licencie parce qu'il n'y a *pas assez* de travail et *trop* de personnel.
– La saison touristique est mauvaise parce qu'il y a *trop* de pluie et *pas assez* de soleil.
– Les travailleurs sont mécontents parce qu'ils travaillent *trop* et ne gagnent *pas assez*.
– Le spectacle de danse était *assez* original mais *trop* long.

4. Conflits sociaux

Conflit	Acteurs du conflit	Causes	Actions et conséquences
Grèves	– SNCF – RATP	– améliorer les conditions de travail – avoir une augmentation	– toute la région parisienne est bloquée
Guerre scolaire	– défenseurs de l'école publique – État	– les nouvelles aides financières de l'État à l'école privée	– 1 million de personnes sont descendues dans la rue pour refuser
Crise de monde rural	– agriculteurs – la coordination agricole	– accord de la PAC	– se révoltent contre – bloquer les accès à Paris avec des tracteurs
Action commando	– Association DAL	– défendre les sans-abri	– se bat pour les sans-abri en occupant les logements vides dans les grandes villes

UNITÉ 5 - *Leçon 15*

1. Types d'habitation.

a. château – b. maison de campagne – c. HLM – d. immeuble – e. résidence – f. studio – g. appartement – h. villa.

2. Inventaire d'actions. Exemple :

1. Ils ont installé les meubles. Ils ont tout rangé. Ils ont tout nettoyé. Ils ont fait la liste de leurs amis. Ils les ont invité à venir voir leur nouvel appartement. Ils ont préparé une petite fête. Ils ont reçu leurs amis. Les amis ont offert des fleurs et des chocolats à Mireille. Ils font la fête. Ils s'amusent beaucoup.

2. Elle cherche une robe pour offrir à sa sœur. Elles ont la même taille. Elle demande sa taille. Elle essaie la robe. Elle se regarde. La robe lui plaît beaucoup. Elle la choisit. Elle fait faire un paquet cadeau. Elle paye. Elle hésite. Elle aime beaucoup cette robe. Elle préfère la garder pour elle. Elle achète un parfum pour sa sœur. Elle trouve des bijoux pour mettre avec la robe. Elle s'achète aussi les bijoux. Elle met la robe et les bijoux pour l'anniversaire de sa sœur. Tout lui va très bien. Elle fait le petit cadeau à sa sœur.

3. Il a envie d'avoir de l'argent. Il surveille la villa du milliardaire. Il voit le milliardaire sortir. Il n'y a plus personne dans la villa. Il essaye d'entrer. Il passe le mur. Il casse la fenêtre. Il entre. Il fouille partout. Il cherche de l'argent. Il trouve un petit coffre derrière un tableau. Il le touche. Il déclenche le signal d'alarme. Il s'enfuit. La police arrive. La police l'arrête. On le met en prison.

3. La maison.

a. une antenne : 2 – une cheminée : 3 – un escalier : 6 – une fenêtre : 5 – un mur : 4 – une porte : 7 – un toit : 1 – un volet : 8.

b. *un mur d'incompréhension* : de très grandes difficultés de communication. *un couloir de sécurité* : une route pour passer en sécurité. *deux volets* : deux grandes parties. *les personnes sans toit* : les personnes sans logement. *la porte ouverte* : le début. *une antenne à Paris* : une filiale.

4. Rapporter les paroles de quelqu'un.

a. D'abord, on te dit de t'asseoir. Après, on te demande ton nom et ton CV. Ensuite, on te demande ce que tu sais faire. Alors, on te dit qu'il n'y a pas beaucoup d'offres d'emploi dans ta spécialité. Enfin, on te demande si tu parles une langue étrangère. […]

b. Martine nous conseille de voir le musée d'Art moderne. Elle dit qu'elle l'aime beaucoup. Elle nous conseille aussi de visiter le musée Chagall. Elle dit qu'elle l'aime bien. Elle nous déconseille de boire l'eau du robinet. Valérie, elle te demande deux petits services. D'abord, elle te demande de changer l'eau des poissons. Ensuite, elle te demande de ne pas oublier le chat. Yves, elle te demande de réparer le robinet. Elle nous dit d'utiliser sa voiture. Et elle dit que ses papiers et les clés sont sur la table. Enfin, elle nous souhaite de bonnes vacances et nous fait des bises.

5. Faire + verbe à l'infinitif.

– Ces émissions font découvrir la politique aux jeunes.
– Elles nous font réfléchir.
– Elles nous font oublier nos problèmes.
– Leur succès fait monter l'audimat.

6. Irrégularités de quelques verbes en – er.

… J'*achète*… Je *pèse*… Nous *changeons*… Nous *partageons*… nous *mangeons*…
J'*appelle* François… il se *lève*… je l'*emmène*… Nous *appelons*…

7. Pluriel des noms et des adjectifs en – al.

des centres commerciaux – des spécialités régionales – des guerres coloniales – des artistes originaux – des prix normaux – des échanges internationaux – des pays natals – des fêtes nationales.

UNITÉ 6 - *Leçon 16*

1. Les objets de la maison.

• **Répartition des objets dans les pièces.** (Il peut bien sûr y avoir d'autres possibilités de répartition).

la cuisine	3, 8, 10, 12, 14, 15, 16, 18, 27, 28, 29, 32, 34, 35, 40
le salon, la salle à manger	5, 9, 11, 12, 17, 20, 22, 26, 30, 35, 37, 36, 38
les chambres	1, 13, 22, 23, 37
le bureau	5, 12, 22, 35
la salle de bain	7, 19, 24, 25, 31, 33, 34, 39
la pièce de rangement	2, 4, 6, 27

• **Tableau des fonctions**

dormir	9, 23
préparer le repas	10,14, 15, 16, 18, 29, 32
manger	3, 12, 14, 15, 18, 28, 34, 35, 40
jouer – se distraire	5, 11, 20, 26, 30, 38
nettoyer	2, 4, 6
ranger	1, 8, 13, 27, 32
autres	travailler : 5, 12, 22, 35 ; cirer : 6 se laver : 7, 19, 33, 39 se reposer : 17 ; s'éclairer : 22 se raser, se maquiller : 24, 31 se coiffer : 25 ; décorer : 36, 37 s'asseoir : 12, 17

2. Jeune / vieux – nouveau / ancien, etc.

• … acheter une maison *neuve*…
Les Dupuis ont tout le confort *moderne*…
avec des meubles *anciens* de leurs grands-parents.
• J'ai acheté une voiture *d'occasion* de 10 ans.
… j'ai fait mettre un moteur *neuf*. Les sièges sont un peu *usés*…
• … Mais un *nouveau* est arrivé !
… Il a 60 ans. Ce n'est donc pas un *jeune*. Mais comme il est très dynamique il ne paraît pas très *âgé*.

3. La radio et la télévision.

• Ce soir, il y a *une émission* intéressante… je consulte le *programme* de la semaine.
• … le matin sur *la station* de radio Europe 1. Le soir sur *la chaîne* de télévision France 3,…
• Je vais écouter les *informations* à la radio et le *journal* de 13 heures à la télévision. Il y a des *nouvelles* importantes…
• PPDA est le *présentateur* le plus connu du journal télévisé de 20 heures sur TF1. Michel Drucker est un *animateur* célèbre d'émission de variétés.
• La société LADOR a fait de la *publicité* mensongère… son directeur a reçu un *avertissement* et la société a été condamnée à mettre une *annonce* dans un grand journal.

4. Les comparatifs.

a. L'électricité est moins polluante que l'essence.
Michel est aussi grand que François.
Les croissants sont meilleurs que le pain.

b. Pierre gagne moins que Cédric.
Michel parle moins longtemps que Marie.
Michel lit autant que Sophie.

c. Hélène saute moins haut que Sophie.
Hélène lance le poids plus loin que Sophie.
Hélène monte aussi vite à la corde que Sophie.
Hélène est meilleure en sport que Sophie.

d. Il y a plus d'habitants à Rennes qu'à Montpellier.
Au petit déjeuner, Pierre mange autant que Marie.
Pierre lit moins de livres que Marie en un an.

5. Le superlatif.

L'Himalaya : c'est la plus haute montagne du monde.
La fosse des Mariannes : c'est la plus profonde fosse du monde.
La Russie : c'est le plus grand pays du monde.
Le Sahara : c'est le plus grand désert du monde.
L'État du Vatican : c'est le plus petit État du monde.

6. Quelques régularités de l'orthographe des mots.

a. un <u>em</u>pire – un <u>im</u>perméable – le m<u>on</u>de – une ch<u>am</u>bre – une <u>am</u>bassade – une <u>im</u>migration – l'<u>im</u>agination

b. – une jeune fille – un feu rouge – une jolie plage
– un garçon gentil mais gourmand
– nous ne bougeons pas d'ici

UNITÉ 6 - *Leçon 17*

1. Les sentiments.

a. 1. Il éprouve de la fierté → il est fier.
2. Elle éprouve de la peur. → Elle a peur.
3. Elle éprouve de l'amour. → Elle est amoureuse.
4. Il éprouve de la jalousie. → Il est jaloux.
5. Il a des soucis. → Il est soucieux.
6. Il éprouve de l'indignation. → Il est indigné.

b. – l'amitié → l'amour
– l'angoisse → la peur
– la colère → l'indignation
– l'envie → la jalousie
– l'orgueil → la fierté
– la préoccupation → les soucis

2. Les suffixes « – ité » et « – tié ».

a. – rapide → la rapidité
– méchant → la méchanceté
– moderne → la modernité
– stupide → la stupidité
– facile → la facilité
– difficile → la difficulté

b. – La stupidité de sa remarque a fait rire tout le monde.
– L'abbé Pierre est apprécié pour sa générosité.
– La rapidité du service après-vente des magasins Darty a fait leur succès.

3. Géographie : La Côte d'Ivoire.

- situation : Afrique de l'Ouest.
- pays voisins : Liberia, Guinée, Mali, Haute-Volta, Ghena.
- superficie : 322 000 km2.
- capitale : Yamoussoukro.
- langues parlées : baoulé, dioula etc.
- langue officielle : français.
- population : 12 100 000 habitants.
- monnaie : franc CFA.
- histoire : colonie française de 1893 à 1960. Puis pays indépendant.
- agriculture : café, cacao, bananes, ananas.
- matières premières : fer, bois.

4. L'histoire.

a. un esclave, un théâtre romain, la colonisation pour les Romains.

b. un chevalier, un roi, une reine, une église romane / gothique, un château féodal, une croisade au Moyen-Orient, de nombreuses invasions par les peuples venus de l'Est.

c. les châteaux de la Loire, une guerre de religions, un roi, une reine.

d. le château de Versailles, une grande révolution, la fin de l'autonomie des Provinces, une monarchie absolue.
e. un Président de la République, la création d'un grand empire colonial.

5. Conjugaison du subjonctif présent.

« … Il faut que je fasse les courses, que je prenne des rendez-vous, que je passe à la Sécurité sociale et que j'aille chercher les enfants à l'école. »

« Je suis content qu'il fasse beau, qu'il y ait beaucoup de spectateurs, que les comédiens soient excellents et que nous ayons un metteur en scène génial. »

6. Présent de l'indicatif ou présent du subjonctif.

Lucien : « Je pense que l'école doit aider les jeunes. Et pour cela, il faut que les élèves y reçoivent une vraie formation. Je voudrais que chacun sorte de l'école avec un métier. »

Samia : « Je crois que les inégalités… sont trop importantes. Je voudrais que vous construisiez un monde plus juste. Je souhaite que les gens puissent circuler dans tous les quartiers… »

Gilles : « Il faut que les jeunes sachent quel avenir les attend. Je souhaite que nous discutions pour qu'on nous comprenne mieux. Je regrette que cette consultation soit si tardive. »

7. La lettre finale non prononcée des noms.

a. – souhaiter→ un souhait
– regretter → un regret
– emprunter → un emprunt
– sauter → un saut
– partir → un départ

b. – produire → un produit
– permettre → le permis
– mourir → la mort
– écrire → un écrit
– recevoir → un reçu
– sortir → la sortie
– voir → la vue
– surprendre → la surprise
– suivre → le suivi

8. Orthographe du son [j].

a. [j] écrit y :
1. → payer
2. → voyager
3. → employer

b. [j] écrit « ill » entre 2 voyelles :
1. → les oreilles
2. → les feuilles
3. → le billet

c. [j] écrit « ail », « eil », « euil » à la fin d'un mot :
1. → le soleil
2. → le bureau d'accueil
3. → le travail

1. Caractériser

a. automatique – robuste – simple – utile

b. beau – commode – confortable – pratique – superbe – souple – transformable

c. magnifique – harmonieuse – légère – précise – robuste – programmée

2. Les adjectifs et leurs contraires.

agréables ≠ désagréables, confortables ≠ inconfortables, propres ≠ sales, bon marché ≠ chers, belles ≠ laides, en ordre ≠ en désordre, expérimenté ≠ inexpérimenté, compétent ≠ incompétent, intéressant ≠ inintéressant, capable ≠ incapable, sympathiques ≠ antipathiques, gais ≠ tristes, contente ≠ mécontente

3. Convaincre.

a1 – b2 – c5 – d3 – e4

4. Les pronoms relatifs.

a. … une région qui a changé de visage… des monuments qu'on peut voir… une région que les touristes apprécient pour… ses ports… où on peut faire de la voile… l'image que donne la région… la pêche qui était une activité traditionnelle…
L'agriculture que les Bretons ont su développer… Rennes qui est la capitale de la région… la langue bretonne qu'on étudie à l'école.

b. … le film Subway qui raconte une aventure se déroulant dans le métro parisien.
• … Le Grand Bleu que la critique accueille très mal mais qui attire beaucoup les jeunes.
• … deux amis qui font de la plongée sous-marine.
• … Léon où on retrouve l'acteur préféré du cinéaste et que le public accueille très bien.

5. Mise en valeur avec « c'est… qui » / « c'est… que ».

a. C'est Véra qui vous donnera la beauté.
C'est Véra que vous essayerez.
C'est avec Véra qu'on vous aimera.

b. C'est Savoir qui vous cultivera.
C'est Savoir que vous consulterez à tout moment.
C'est dans Savoir que vous trouverez la réponse à toutes vos questions.

6. Définition.

a. le contrôleur – le présentateur – une armoire – les entrées – le parapluie

b. lave-vaisselle : appareil qui lave la vaisselle.
presse-citron : appareil qui sert à presser les citrons pour avoir du jus.
coupe-papier : objet qu'on utilise pour couper les pages d'un livre.
pharmacien : commerçant qui vent des médicaments.
député : homme politique qu'on élit pour aller à l'Assemblée nationale et qui vote les lois.
styliste : dessinateur qui crée des vêtements.

7. Quelques homonymes grammaticaux.

• – Où est-ce que Pierre a fait ses études ? À Paris ou à Marseille ?
– Je ne sais pas où aller. Je vais à droite ou à gauche ?
• Marie est allée à la poste. Elle a pris la voiture de Pierre. Elle ne se rappelle plus où elle l'a garée. Elle devra la chercher pendant une demi-heure.
• Henri est photographe. Voici les photos qu'il a prises en Australie. Les plus beaux paysages qu'il a photographiés seront présentés au festival d'Arles. C'est l'organisateur qui l'a invité qui les a choisies.
• Quel cadeau pouvons-nous faire à Sylvie ? Il faut qu'elle ait un bon souvenir de nous. Je crois que c'est la musique classique qu'elle préfère. Mais quel disque choisir ?

Lexique

This is a comprehensive list of the words introduced in the 18 lessons and exercises with their English equivalents. The word's grammatical function is given in brackets, and with nouns the gender is given too.

The abbreviations used are:

(n) : noun; (m) : masculine; (f): feminine; (pl) : plural; (v) : verb; (adj): adjective; (adv) : adverb; (prep) : preposition; (conj) : conjunction; (int): interjection.

SOS explains what these terms mean.

There is a code to show where the word first occurs, giving the lesson number, and part

A document ou grammaire
B document ou vocabulaire
C document ou civilisation
E exercices

The translation given shows the meaning that the word has in the context it is found in, but does not give any meaning not relevant here.

A

abonné (nm) 18 B	subscriber
abord (d') (adv) 9 A	firstly / at first
accent (nm) 8 A	accent
accepter (v) 5 A	to accept
accès (nm) 11 B	access
accident (nm) 9 B	accident
accompagner (v) 6 A	to accompany
accord (d') (nm) 5 A	in agreement
accueil (nm) 10 A	reception
accueillir (v) 12 A	to welcome
acheter (v) 2 C	to buy
acteur (nm) 12 C	doer / actor
actif (adj) 10 B	active
action (nf) 13 C	action
actuel (adj.) 17 C	present
adapter (v) 12 C	to adapt
addition (nf) 2 C	bill
administration (nf) 12 C	administration
admirateur (nm) 1 B	admirer / fan
adolescent (nm) 16 B	adolescent
adopter (v) 18 C	to adopt
adorer (v) 3 B	to adore
adresser (s') (v) 17 B	to contact
adroit (adj) 16 A	skilful
adulte (nm) 12 B	adult
aéroport (nm) 9 B	airport
affaire (nf) 4 C	business
affaires (nf.pl) 5B	belongings
affiche (nf) 2 A	poster
âge (nm) 6 C	age
agence (nf) 4 C	agency
agenda (nm) 5 B	diary
agent (nm) 14 B	agent
agir (v) 16 C	to act
agneau (nm) 8 B	lamb
agréable (adj) 6 B	pleasant
agression (nf) 11 C	assault / aggression
aider (v) 6 B	to help
ailleurs (adv) 8 A	elsewhere
aimer (v) 1 A	to like / to love
air (nm) 8 C	air
air (avoir l'-) (v) 14 B	to look like
aise (à l'-) (adv) 14 B	comfortable
ajouter (v) 14 C	to add

alcool (nm) 2 A	alcohol / spirits
alcoolique (nm) 11 C	alcoholic
alerte (nf) 17 A	alert
aliment (nm) 12 C	food
alimentaire (adj) 12 C	food
aller (v) 3 A	to go
allemand (adj/nm) 4 A	German
alors (adv) 6 B	so
amateur (nm) 1 E	enthusiast
ambassade (nf) 4 A	embassy
ambition (nf) 18 A	ambition
améliorer (v) 12 C	to improve
aménager (v) 15 B	to fix up
amener (v) 12 B	to bring (person)
ami (nm) 1 C	friend
amusant (adj) 7 B	funny
an (nm) 1 C	year
ancien (adj) 2 B	old
angoisse (nf) 16 B	stress / anxiety
animal (nm) 17 C	animal
animé (adj) 15 B	busy
année (nf) 1 C	year
anniversaire (nm) 3 C	birthday
annonce (nf) 10 C	newspaper ad
annuaire (nm) 17 B	directory
annuler (v) 10 C	to cancel
Antiquité (nf) 13 A	Antiquity
apéritif (nm) 2 A	aperitif
appareil (nm) 18 A	machine
appartement (nm) 2 A	flat
appartenir (v) 7 C	to belong to
appeler (v) 9 A	to call
appeler (s'-) (v) 1 A	to be called / named
applaudir (v) 7 A	to applaud
apporter (v) 11 A	to bring
appréciation (nf) 17 B	assessment
apprendre (v) 13 A	to learn
après (adv) 2 A	after
après (d') (prép) 7 B	according to
après-demain (adv) 4 B	the day after tomorrow
après-midi (nm) 4 B	afternoon
arbre (nm) 5 B	tree
architecte (nm) 1 B	architect
argent (nm) 2 C	money

argumenter (v) 18 A	to argue
arme (nf) 13 C	arm / weapon
armoire (nf) 15 B	cupboard / wardrobe
arrêt (nm) 18 B	stop
arrêter (v) 6 A	to stop
arrivée (nf) 7 A	arrival
arriver (v) 4 B	to arrive
arrondissement (nm) 14 C	district
art (nm) 4 C	art
article (nm) 11 B	article
artiste (nm) 1 B	artist
aspiration (nf) 16 B	hope
asseoir (s'-) (v) 7 B	to sit down
assiette (nf) 8 B	plate
atelier (nm) 6 A	class
athlétisme (nm) 16 A	athletics
atmosphère (nm) 18 B	atmosphere
atomique (adj) 13 C	atomic
attendre (v) 6 A	to wait
attentat (nm) 17 A	attack
attention (int) 4 B	watch out
attirer (v) 18 C	to attract
attraction (nf) 12 C	attraction
auberge (nf) 8 A	inn
auditeur (nm) 16 B	listener
augmentation (nf) 12 B	pay rise
augmenter (v) 10 B	to increase
aujourd'hui (adv) 1 B	today
au revoir (int) 1 C	goodbye
aussi (adv) 1 B	also
auto (nf) 1 A	car
automatisation (nf) 18 B	automation
automne (nm) 9 B	autumn
autonome (adj) 17 C	autonomous
autoriser (v) 11 B	to permit
autoroute (nf) 9 A	motorway
autour de (prép) 9 A	around
autre (adj) 7 C	other
avance (en -) (adv) 4 B	in advance
avant-hier (adv) 4 A	the day before yesterday
avantage (nm) 12 B	advantage
avec (prép) 3 A	with
aventure (nf) 7 A	adventure
aventurier (nm) 7 A	adventurer

avion *(nm)* 12 C	aircraft	boire *(v)* 8 A	to drink	cas *(nm)* 11 C	case
avis *(nm)* 6 B	opinion	bombe *(nf)* 17 A	bomb	casser (se) *(v)* 11 C	to break
avocat *(nm)* 10 B	lawyer	bon *(adj)* 2 A	good	catalogue *(nm)* 10 C	catalogue
avoir *(v)* 2 A	to have	bonjour *(int)* 1 B	hello / good morning	cause *(nf)* 9 B	reason
		bonne nuit *(int)* 1 C	good night	ceinture *(nf)* 14 B	belt
B		bonnet *(nm)* 7 B	bonnet	célèbre *(adj)* 1 B	famous
		bonsoir *(int)* 1 C	good evening	célibataire *(adj)* 1 B	single (person)
BD = bande dessinée	comic strip	bord (au - de) *(prép)* 5 B	at the edge of	celte *(adj)* 14 C	celtic
baccalauréat *(nm)* 4 A	exam at 18, university	botte *(nf)* 14 B	boot	centrale *(nf)* 17 A	(power) station
(bac)	entrance	bouche *(nf)* 7 B	mouth	centre *(nm)* 4 C	centre
bagage *(nm)* 11 B	luggage	boucle (-d'oreille) *(nf)*	earring	céréale *(nf)* 8 B	cereal
baguette *(nf)* 8 B	French stick (bread)	14 B		certain *(adj)* 6 B	sure
baignade *(nf)* 11 B	swimming	bouger *(v)* 12 C	to move	certainement *(adv)* 3 B	certainly
baignoire *(nf)* 10 C	bath tub	bougie *(nf)* 6 C	candle	chaîne *(nf)* 12 C	production line
baiser (la main) *(v)* 10 A	to kiss (someone's	boulangerie *(nf)* 17 B	bakery	chaise *(nf)* 15 B	chair
	hand)	boulevard *(nm)* 1 A	boulevard	chambre *(nf)* 4 C	bedroom
baisse *(nf)* 9 B	drop	boulot *(nm)* 13 A	job	champignon *(nm)* 8 B	mushroom
ballon *(nm)* 5 B	ball	bourse (d'études) *(nf)* 13 C	student grant	championnat *(nm)* 16 A	championship
banane *(nf)* 8 B	banana	bourgeois *(nm)* 13 A	«bourgeois» / middle	chance *(nf)* 6 B	chance / luck
bande *(nf)* 14 C	band / group		class person	changer *(v)* 2 C	to change
bande dessinée *(nf)* 2 B	comic strip	boutique *(nf)* 4 C	shop	chanteur *(nm)* 1 B	singer
banlieue *(nf)* 3 A	suburb	bracelet *(nm)* 14 B	bracelet	chapeau *(nm)* 14 B	hat
banque *(nf)* 1 B	bank	braderie *(nf)* 4 C	junk market	chaque *(adj)* 12 B	each / every
barbe *(nf)* 7 B	beard	branche *(nf)* 8 C	branch	charme *(nm)* 7 B	charm
barque *(nf)* 12 C	small boat	bras *(nm)* 7 B	arm	chasse *(nf)* 16 B	hunt
bas (en -) *(adv)* 5 B	at the bottom	bravo *(int)* 12 B	bravo	chat *(nm)* 9 C	cat
bassin *(nm)* 5 B	pond	bref *(adv)* 5 A	in short	châtain *(adj)* 7 B	chestnut
bataille *(nf)* 14 C	battle	bronzer *(v)* 18 A	to get a tan	château *(nm)* 4 C	castle
bateau *(nm)* 4 C	boat	brouillon *(adj)* 14 C	untidy	chaud *(adj)* 9 B	hot
bateau-mouche *(nm)* 18 C	sight-seeing boat	bûche *(nf)* 6 C	log, (wood or cake)	chauffage *(nm)* 18 B	heating
bâtiment *(nm)* 18 A	building	bruit *(nm)* 4 C	noise	chaussette *(nf)* 14 B	sock
battre (se) *(v)* 14 C	to fight	brun *(adj)* 7 B	dark brown	chaussure *(nf)* 14 B	shoe
bavard *(adj)* 9 C	chatty	budget *(nm)* 12 B	budget	chef *(nm)* 10 B	boss
beau *(adj)* 1 A	beautiful	bureau *(nm)* 4 A	office	chemin *(nm)* 5B	path
beaucoup *(adv)* 3 B	a lot	but *(nm)* 16 C	goal	chemise *(nf)* 14 B	shirt
beau-frère *(nm)* 5 C	brother-in-law			chemisier *(nm)* 14 B	blouse
beau-père *(nm)* 5 C	father-in-law			chèque *(nm)* 2 C	cheque
belle-mère *(nf)* 5 C	mother-in-law	**C**		cher *(adj)* 2 C	expensive / dear
belle-sœur *(nf)* 5 C	sister-in-law	ça *(pron)* 10 C	that	chercher *(v)* 2 B	to look for
besoin (avoir) *(v)* 10 C	to need	cabine (téléphonique) *(nf)*	(telephone) box	chéri *(nm)* 5 B	darling
betterave *(nf)* 12 C	beetroot	10 C		cheval *(nm)* 8 C	horse
beurre *(nm)* 8 B	butter	cadeau *(nm)* 6 C	present / gift	chevalier *(nm)* 17 A	knight
bibliothèque *(nf)* 2 B	library / bookcase	cadre *(nm)* 10 B	executive	cheveu *(nm)* 7 B	hair
bien *(adv)* 4 C	well	café *(nm)* 2 B	café / coffee	chez *(prép)* 3 A	at the house of
bien sûr *(int)* 11 B	of course	cahier *(nm)* 2 B	exercise book	chiffre(s) *(nm)* 8 B	number / figures
bientôt (à-) *(int)* 1 C	see you soon	caisse *(nf)* 2 A	cash-till	chien *(nm)* 9 C	dog
bière *(nf)* 2 B	beer	caissier *(nm)* 2 A	cashier	chirurgien *(nm)* 12 C	surgeon
bifteck *(nm)* 8 B	steak	calculer *(v)* 10 B	to calculate	choc *(nm)* 16 C	shock / impact
bilingue *(adj)* 9 C	bilingual	calme *(adj)* 7 B	calm / quiet	chocolat *(nm)* 8 A	chocolate
billet *(nm)* 2 C	bank note	cambriolage *(nm)* 11 C	burglary	choisir *(v)* 8 B	to chose
biotechnologie *(nf)* 12 C	biotechnology	camping *(nm)* 10 C	camping	choix *(nm)* 8 B	choice
biscuit *(nm)* 18 B	biscuit	canapé *(nm)* 15 B	sofa	chômage *(nm)* 10 B	unemployment
bise *(nf)* 3 C	kiss	car *(nm)* 5 A	coach	chômeur *(nm)* 5 C	an unemployed
blanc *(adj)* 7 C	white	caractère *(nm)* 7 B	character		person
blé *(nm)* 11 A	wheat / corn	carburant *(nm)* 12 C	fuel	chorale *(nf)* 15 A	choir
blesser (se) *(v)* 11 C	to injure oneself	caresse *(nf)* 16 B	caress	chose *(nf)* 14 A	thing
bleu *(adj)* 7 B	blue	carnet *(nm)* 9 A	note-book	chou *(nm)* 8 B	cabbage
blond *(adj)* 7 B	blond	carotte *(nf)* 8 B	carrot	christianisme *(nm)* 17 A	Christianity
blouson *(nm)* 14 B	jacket	carrière *(nf)* 16 C	career	ciel *(nm)* 5 B	sky
bœuf *(nm)* 8 A	beef	carte (bancaire) *(nf)* 2 C	(banker's) card	cigarette *(nf)* 11 C	cigarette

igogne *(nf)* 4 B — stork
inéma *(nm)* 2 A — cinema
inéphile *(nm)* 15 C — film fan
ircuit *(nm)* 8 C — tour
irculation *(nf)* 4 C — traffic
iter *(v)* 8 C — to quote
itoyen *(nm)* 13 A — citizen
itron *(nm)* 2 B — lemon
lair *(adj)* 15 B — light
lassique *(adj)* 14 B — classical
lient *(nm)* 10 A — customer
limat *(nm)* 17 B — climate
limatisation *(nf)* 16B — air conditioning
lochard *(nm)* 2 A — tramp
loison *(nf)* 15 B — partition
lown *(nm)* 14 B — clown
ocotier *(nm)* 17 C — coconut tree
ocktail *(nm)* 8 C — cocktail
ode *(nm)* 13 C — code
cœur *(nm)* 8 C — heart
coffre *(nm)* 16 B — car boot
colère *(nf)* 7 B — anger
collaborateur *(nm)* 11 A — colleague
colle *(nf)* 12 C — glue
collection *(nf)* 4 C — collection
coller *(v)* 12 C — to stick
collier *(nm)* 14 B — necklace
collège *(nm)* 13 B — secondary school
collègue *(nm)* 6 B — colleague
colonie *(nf)* 17 C — colony
combat *(nm)* 14 C — combat
combien *(adv)* 2 C — how much / many
comédien *(nm)* 1 A — actor
commander *(v)* 8 B — to order
comme *(adv)* 1 B — like
commencer *(v)* 4 B — to begin
comment *(adv)* 1 A — what / how
commerçant *(nm)* 8 A — shopkeeper
commissaire *(nm)* 14 B — superintendent
commode *(adj)* 18 E — useful
commun (mettre en -) — to share
    (v) 17 A
commune *(nf)* 13 C — commune
communication *(nf)* 10 A — communication
compagnie *(nf)* 10 A — company
complet *(adj)* 9 B — full up
compliqué *(adj)* 18 C — complicated
comportement *(nm)* 10 A — behaviour
comprendre *(v)* 2 B — to understand
comptabilité *(nf)* 10 B — accounting
comptable *(nm)* 10 B — accountant
compter *(v)* 7 C — to count
concert *(nm)* 3 A — concert
concurrence *(nf)* 10 B — competition
concours *(nm)* 13 B — competitive exam
condition *(nf)* 14 A — condition
conduire *(v)* 12 B — to take / drive
    someone
confiance *(nf)* 16 B — confidence
confident *(nm)* 16 B — confidant

confirmer *(v)* 10 C — to confirm
confiture *(nf)* 9 C — jam
confort *(nm)* 16 B — comfort
congé *(nm)* 3 C — holiday
connaissance *(nf)* 1C — acquaintance
connaître *(v)* 1 C — to know
conquête *(nf)* 14 C — conquest
conseil *(nm)* 6 B — piece of advice
conséquence *(nf)* 11 C — consequence
conserver *(v)* 12 C — to keep
consommateur *(nm)* 11 C — consumer
construire *(v)* 17 B — to build
consulter *(v)* 12 C — to consult
content *(adj)* 6 B — happy / pleased
continuer *(v)* 5 B — to continue
contrat *(nm)* 11 A — contract
contre *(prép)* 13 C — against
contrôleur *(nm)* 9 A — controller
convaincre *(v)* 18 A — to convince
conversation *(nf)* 18 A — conversation
coopération *(nf)* 12 C — co-operation
copain *(nm)* 13 A — friend
corps *(nm)* 7 B — body
correspondant *(nm)* 10 C — correspondent
corriger *(v)* 11 A — to correct
costume *(nm)* 14 B — suit
costumé *(adj)* 14A — in fancy dress
côté (à - de) *(prép)* 5 B — next to
coton *(nm)* 14 B — cotton
coucher (se -) *(v)* 6 A — to go to bed
couleur *(nf)* 8 C — colour
couloir *(nm)* 10 C — corridor
coupe *(nf)* 15 C — glass (champagne)
courageux *(adj)* 7 B — brave
courant *(adj)* 18 A — common
courir *(v)* 16 B — to run
courrier *(nm)* 10 A — mail
coureur *(nm)* 16 A — runner
couronne *(nf)* 6 C — crown
cours *(nm)* 13 B — lesson
court *(adj)* 7 B — short
cousin *(nm)* 5 C — cousin
couteau *(nm)* 8 B — knife
coûter *(v)* 2 C — to cost
couvrir *(v)* 17 C — to cover
cravate *(nf)* 14 B — tie
crayon *(nm)* 2 B — pencil
créer *(v)* 12 C — to create
crème *(nf)* 8 A — cream
crier *(v)* 11 A — to shout
crise *(nf)* 12 C — crisis
critiquer *(v)* 8 B — to criticize
croire *(v)* 15 A — to believe
croisade *(nf)* 17 — crusade
crudités *(nf.pl)* 8 A — raw vegetables
cueillir *(v)* 12 C — to pick
cuillère *(nf)* 8 B — spoon
cuir *(nm)* 14 B — leather
cuisine *(nf)* 14 C — cooking / kitchen
cuisinière *(nf)* 3 A — cook

culotte *(nf)* 14 B — knickers
cultiver *(v)* 17 B — to grow
curieux *(adj)* 7 B — inquisitive

D

dactylographie *(nf)* 18 C — typing
dangereux *(adj)* 3 B — dangerous
danse *(nf)* 3 B — dance
date *(nf)* 1 B — date
débat *(nm)* 17 A — debate
debout *(adv)* 7 B — standing
début *(nm)* 13 B — beginning
débutant *(nm)* 18 C — beginner
décaféiné *(adj)* 12 C — decaffeinated
décalage horaire *(nm)* 4 B — time difference
déception *(nf)* 7 A — deception / disappointment
décider *(v)* 6 C — to decide
déclaration *(nf)* 12 B — declaration
décolleté *(adj)* 14 C — low-necked
découvrir *(v)* 7 C — to discover / to find out
décrire *(v)* 9 A — to describe
décrocher *(v)* 13 B — to pick up (the phone)
défaut *(nm)* 7 B — fault
défendre *(v)* 7B — to defend
défilé *(nf)* 6 C — procession
défiler *(v)* 13 C — to march
déguisement *(nm)* 6 C — fancy dress
déjeuner *(v)* 6 B — to have lunch
déjeuner *(nm)* 6 B — lunch
délicieux *(adj)* 8 B — delicious
demain *(adv)* 3 A — tomorrow
demander *(v)* 5 A — to ask for
démission *(nf)* 11 B — resignation
démolir *(v)* 15 B — to destroy
dent *(nf)* 7 B — tooth
départ *(nm)* 4 C — departure
département *(nm)* 13 C — department
dépêcher (se -) *(v)* 6 A — to hurry up
déprimé *(adj)* 11 C — depressed
depuis *(prép)* 7 C — since
député *(nm)* 13 C — deputy
déranger *(v)* 11 A — to disturb
dernier *(adj)* 9 A — last
dernièrement *(adv)* 9 A — recently
dérouler (se-) *(v)* 11 B — to take place
derrière *(prép)* 5 B — behind
désagréable *(adj)* 9 B — unpleasant
descendre *(v)* 9 A — to go down
désert *(nm)* 10 B — desert
désir *(nm)* 16 B — wish
désordre *(nm)* 16 B — untidiness
désorganisé *(adj)* 14 C — disorganised
dessin *(nm)* 12 B — drawing
dessous *(prép)* 5 B — under
dessous *(adv)* 5 B — underneath
dessus *(prép)* 5 B — on top of
dessus *(adv)* 5 B — above
destination *(nf)* 10 C — destination

détail (nm) 15 B	detail	économique (adj) 12 C	economical	époque (nf) 7 A	epoch / time
détester (v) 3 B	to hate / to detest	écouter (v) 2 A	to listen to	équilibré (adj) 16 B	balanced
devant (prép) 5 B	in front of	écrasé (adj) 7 E	crushed	équipe (nf) 10 A	team
développer (se -) (v) 13 A	to develop	écrire (v) 2 B	to write	équiper (v) 15 B	to fit out
devenir (v) 7 C	to become	écrivain (nm) 1 B	writer / author	escalier (nm) 4 C	staircase
devoir (v) 3 C	to have to	éditer (v) 18 C	to publish	escargot (nm) 9 C	snail
devoirs (nm pl) 6 B	homework	édition (nf) 2 B	edition	esclavage (nm) 17 B	slavery
dialoguer (v) 10 A	to discuss	éducation (nf) 13 B	education	espace (nm) 17 C	space
dictionnaire (nm) 2 A	dictionary	effort (nm) 16 A	effort	espèces (nf pl) 2 C	cash
différent (adj) 6 C	different	égalité (nf) 17 B	equality	espérer (v) 12 B	to hope
difficile (adj) 2 A	difficult / fussy	église (nf) 4 C	church	esprit (nm) 17 B	mind
diminuer (v) 10 B	to decrease	égoïste (adj) 7 B	egoist	essayer (v) 11 B	to try
dîner (v) 6 B	to have dinner	électrique (adj) 12 C	electrical	essence (nf) 12 C	petrol
dîner (nm) 6 B	dinner, evening meal	éléphant (nm) 17 A	elephant	essuie-glace (nm) 12 C	windscreen wipers
diplôme (nm) 4 A	diploma	élever (v) 5 C	to bring up, raise	est (nm) 4 C	east
dire (v) 11 A	to tell	élire (v) 13 C	to elect	établir (v) 17 C	to set up / to establish
direct (adj) 10 C	direct	emballage (nm) 10 B	packaging	étage (nm) 9 C	floor
directeur (nm) 4 B	manager	embarcadère (nm) 18 C	pier	étape (nf) 9 A	stage
direction générale (nf) 10 A	management	embarquer (v) 11 A	to board / to go aboard	été (nm) 6 C	summer
				étiquette (nf) 14 C	etiquette
diriger (v) 7 B	to manage	embêtant (adj) 11 A	awkward	étoile (nf) 8 C	star
disparition (nf) 17 A	disappearance	embêté (adj) 12 B	bothered	étonné (adj) 9 C	astonished / surprised
disposition (nf) 15 B	lay-out	embouteillage (nm) 12 C	traffic jam	étranger (adj) 1 A	foreign / foreigner /
disputer (se-) (v) 12 A	to argue	émission (nf) 12 B	TV programme		stranger
disque (nm) 2 A	record	emmener (v) 12 B	to take someone away	être (v) 1 A	to be
distance (nf) 12 B	distance			étroit (adj) 14 B	tight
distingué (adj) 13 B	distinguished	empire (nm) 14 C	empire	études (nf) 4 A	studies, qualifications
division (nf) 13 C	division	emploi (nm) 4 B	job	étudiant (nm) 1 B	student
divorce (nm) 5 C	divorce	employé (nm) 1 B	employee	européen (adj) 1 A	European
documentation (nf) 11 A	documentation	emporter (v) 12 B	to take something away	événement (nm) 14 C	event
doigt (nm) 7 B	finger			évidemment (adv) 11 C	obviously
dominer (v) 17 A	to dominate	emprunter (v) 12 B	to borrow	exagérer (v) 11 C	to exaggerate
dommage (nm) 15 B	pity	encore (adv) 8 A	again	examen (nm) 13 B	exam
donc (conj) 6 B	therefore	encyclopédie (nf) 14 A	encyclopedia	excellent (adj) 6 C	excellent
donner (v) 6 C	to give	endroit (nm) 14 A	place	excuser (s'-) (v) 2 B	to excuse oneself /
dormir (v) 6 B	to sleep	énergie (nf) 4 A	energy		to apologise
dossier (nm) 16 A	file	enfant (nm/nf) 5 C	child	exemple (nm) 12 B	example
double (adj) 4 A	double	enfer (nm) 14 B	hell	exister (v) 14 C	to exist
doucement (adv) 15 B	slowly	enfin (adv) 9 A	at last / finally	exotisme (nm) 17 B	exoticism
douceur (nf) 16 B	gentleness	engager (v) 11 B	to hire	expérience (nf) 4 A	experience
douche (nf) 6 B	shower	enlèvement (nm) 11 C	kidnapping	explication (nf) 8 B	explanation
doute (nm) 17 A	doubt	ennuyer (s'-) (v) 14 A	to be bored	expliquer (v) 11 A	to explain
dramatique (adj) 14 B	dramatic	enquête (nf) 14 B	investigation	explorateur/trice (nm/f) 7 C	explorer
drapeau (nm) 6 C	flags	enquêter (v) 14 B	to investigate		
drogué (nm) 11 C	drug addict	enregistrer (v) 9 A	to record	exporter (v) 10 A	to export
droit (nm) 13 B	law	enrichir (v) 17 B	to enrich	exposé (nm) 13 B	exposition / talk
droite (à - de) (prép) 5 B	on the right of	enseignant (nm) 10 B	teacher	exposition (nf) 3 B	exhibition
durée (nf) 17 B	duration	enseignement (nm) 13 B	education	exprès (adv) 15 A	on purpose
durer (v) 12 C	to last	ensemble (nm) 14 C	collection / group	expression (nf) 17 C	expression
dynamique (adj) 12 C	dynamic	ensuite (adv) 9 A	then	extérieur (nm) 16 B	outside
		ensoleillé (adj) 9 B	sunny	extraordinaire (adj) 4 A	extraordinary
		entendre (v) 4 A	to hear		
		entre (prép) 5 B	between		
E		entrée (nf) 2 C	entrance / first course	**F**	
eau (nf) 2 A	water	entreprise (nf) 6 C	company / enterprise	fabriquer (v) 10 A	to make
échange (nm) 12 B	exchange	entretien (nm) 13 C	interview	façade (nf) 17 B	front / façade
écharpe (nf) 14 B	scarf	envie (avoir - de) (v) 16 B	to want to	face (en - de) (prép) 5 B	opposite
échec (nm) 11 B	failure	environ (adv) 12 C	around / about	facile (adj) 2 B	easy
école (maternelle) (nf) 13 B	nursery school	environnement (nm) 7 B	environment	facultatif (adj) 11 B	optional
école (primaire) (nf) 13 B	(primary) school	envoyer (v) 12 A	to send	faim (nf) 8 A	hunger

...ire (v) 3 A	to do
...ire-part (nm) 12 B	invitation
...it divers (nm) 16 C	local news
...laise (nf) 5 C	cliff
...lloir (v) 11 B	to need
...mille (nf) 5 B	family
...tigué (adj) 4 C	tired / unwell
...uteuil (nm) 15 B	armchair
...ux (adj) 10 C	wrong
...liciter (v) 12 B	to congratulate
...mme (nf) 3 D	woman / wife
...nêtre (nf) 5 B	window
...rmer (v) 4 B	to close
...te (nf) 6 C	feast
...u (nm) 11 B	fire
...uille (nf) 8 C	leaf
...ancé (nm) 13 A	fiancé
...cher la paix (v) 18 C	to leave alone
...délité (nf) 16 B	fidelity
...er (adj) 14 C	proud
...erté (nf) 17 B	pride
...gurer (se-) (v) 15 C	to imagine
...lle (nf) 5 C	daughter / girl
...m (nm) 2 A	film
...ls (nm) 5 C	son
...n (nf) 6 C	end
...nale (nf) 16 C	final
...nalement (adv) 14 B	in the end
...nir (v) 4 B	to finish
...amand (adj) 4 C	Flemish
...èche (nf) 5 B	arrow
...eur (nf) 6 C	flower
...euve (nm) 8 C	river
...is (nf) 9 A	time
...nction (nf) 16 B	function
...nctionnaire (nm) 5 A	civil servant
...nder (v) 13 C	to found
...otball (nm) 3 B	football
...rêt (nf) 8 C	forest
...rmation (nf) 13 C	training / education
...rme (nf) 11 C	health
...rmidable (adj) 6 B	wonderful
...rt (adj) 9 B	strong
...ule (nf) 11 A	crowd
...ulard (nm) 14 B	(head) scarf
...urchette (nf) 8 B	fork
...anc (nm) 2 C	franc (money)
...ancophone (adj) 17 C	French-speaking
...équemment (adv) 10 A	frequently
...ère (nm) 5 C	brother
...ic (nm) 13 A	money (slang)
...ite (nf) 8 B	chip
...oid (adj) 7 B	cold
...omage (nm) 8 B	cheese
...ont (nm) 13 C	front
...uit (nm) 2 B	fruit
...mer (v) 7 C	to smoke
...sil (nm) 16 B	gun / rifle
...tur (adj) 13 A	future

G

gaieté (nf) 16 B	happiness
gagner (v) 9 C	to earn
garagiste (nm) 9 A	garage owner / mechanic
garantir (v) 18 B	to guarantee
garçon (nm) 1 B	boy
garçon de café (nm) 1 B	waiter
garder (v) 17 C	to keep
gardien (nm) 4 A	caretaker
gare (nf) 4 B	station
gâteau (nm) 8 B	cake
gauche (à - de) (prép) 5 B	on the left of
gaulois (nm) 14 C	Gaul
gauloiserie (nf) 14 C	joke
géant (nm) 17 A	giant
géométrie (nf) 14 C	geometry
gendarmerie (nf) 11 C	police station
généreux (adj) 7 B	generous
génial (adj) 15 A	great
genre (nm) 14 A	style
gens (nm pl) 1 B	people
gentil (adj) 3 B	kind
gérer (v) 10 B	to manage
gestion (nf) 10 A	management
glace (nf) 8 B	ice cream
gloire (nf) 15 A	fame
gôut (nm) 8 B	taste
goûter (v) 8 B	to taste
gouvernement (nm) 13 C	government
gramme (nm) 8 B	gramme
grand (adj) 2 B	big / tall
grand-mère (nf) 5 C	grandmother
grand-père (nm) 5 C	grandfather
graphique (nm) 10 B	graph
gratuit (adj) 2 C	free
grave (adj) 9 B	serious
grenouille (nf) 9 C	frog
grève (nf) 9 B	strike
gris (adj) 8 C	grey
gros (adj) 7 B	fat
grotte (nf) 9 C	cave
guêpe (nf) 11 C	wasp
guérir (v) 11 C	to cure
guerre (nf) 6 C	war
guide (nm) 10 C	guide

H

habiller (s'-) (v) 6 A	to dress (oneself)
habiter (v) 1 B	to live
habitude (nf) 9 C	habit
habituer (s'-) (v) 17 A	to get used to
haine (nf) 17 B	hatred
haricot (nm) 8 B	(green) bean
harmonie (nf) 14 C	harmony
haut (en - de) (prép) 5 B	at the top of
hebdomadaire (nm) 16 C	weekly paper / magazine
hein (int) 11 B	eh

hélas (int) 4 A	alas
hémisphérique (adj) 12 C	hemispheric
héritage (nm) 5 C	inheritance
hésiter (v) 14 B	to hesitate
heure (nf) 4 B	time
heureux (adj) 6 C	happy
heureusement (adv) 2 A	fortunately
hier (adv) 1 B	yesterday
histoire (nf) 4 C	history
hiver (nm) 9 B	winter
homme (nm) 3 D	man
honnête (adj) 16 B	honest
homonyme (nm)	words that sound the same
hôpital (nm) 1 B	hospital
horaire (nm) 11 B	time table
horreur (avoir - de) (v) 3 B	to hate
hors-d'œuvre (nm) 14 A	starter (food)
huile (nf) 8 B	oil
humanisme (nm) 17 A	humanism
humoriste (nm) 11 B	humorist
humour (nm) 16 B	humour
hygiène (nf) 18 B	hygiene
hypermarché (nm) 10 A	hypermarket
hypocrisie (nf) 17 B	hypocrisy

I

ici (adv) 4 C	here
idéal (adj) 7 B	ideal
idée (nf) 14 C	idea
identité (nf) 18 B	identity
île (nf) 4 C	island
il y a (v) 2 A	there is / are
image (nf) 12 B	picture
imaginer (v) 9 A	to imagine
immédiatement (adv) 18 A	immediately
immense (adj) 14 A	immense
immeuble (nm) 15 B	building
immigration (nf) 4 C	immigration
imperméable (nm) 14 B	raincoat
impoli (adj) 9 C	impolite
importance (nf) 10 A	importance
impossible (adj) 5 A	impossible
impôt (nm) 8 A	tax
impression (nf) 12 C	impression
imprimer (v) 10 A	to print
inattendu (adj) 9 A	unexpected
incapable (adj) 11 C	unable
incendie (nm) 11 C	fire
inconvénient (nm) 12 B	disadvantage
Inde (nf) 7 C	India
indépendance (nf) 17 C	independence
indicatif (nm) 10 C	code
indifférent (adj) 7 B	indifferent
indiquer (v) 8 B	to tell / to indicate
individuel (adj) 12 B	individual
industrie (nf) 4 C	industry
inégalité (nf) 17 B	inequality
infidélité (nf) 17 B	infidelity

infirmier *(nm)* 9 C	nurse	**L**		maillot (de bain) *(nm)* 12 B	swimming suit
influencer *(v)* 17 A	to influence	là *(adv)* 5 B	there	main *(nf)* 7 B	hand
information *(nf)* 10 C	information	là-bas *(adv)* 5 B	down there	maintenant *(adv)* 4 A	now
informatique *(nf)* 3 C	data processing	là-haut *(adv)* 5 B	up there	maire *(nm)* 13 C	mayor
ingénieur *(nm)* 1 B	engineer	lac *(nm)* 17 C	lake	mairie *(nf)* 3 D	town hall
initier (s'-) *(v)* 18 B	to be introduced to something / to learn	laid *(adj)* 7 B	ugly	mais *(conj)* 1 B	but
		laïque *(adj)* 13 B	secular	maison *(nf)* 4 C	house
inquiéter (s'-) *(v)* 12 B	to worry	lait *(nm)* 8 B	milk	majeur *(adj)* 12 A	of (legal) age
inscription *(nf)* 1 B	enrolment	laine *(nf)* 14 B	wool	malade *(adj)* 11 B	sick
inscrire (s'-) (v) 13 B	to enrol	laisser *(v)* 8 B	to leave	malaise *(nm)* 11 C	faintness
insister *(v)* 18 B	to insist	lame *(nf)* 16 B	blade	maman *(nf)* 6 C	mum
insonorisation *(nf)* 16 B	soundproofing	lancer *(v)* 16 A	to throw	manger *(v)* 8 A	to eat
installer *(v)* 10 A	to install	langouste *(nf)* 9 C	crayfish	manière *(nf)* 12 C	manner
institut *(nm)* 3 B	institute	langue *(nf)* 17 C	language	manifestation *(nf)* 15 A	demonstration
instituteur *(nm)* 9 C	primary school teacher	large *(adj)* 14 B	large / wide	mannequin *(nm)* 1 B	model
		laver (se -) *(v)* 6 A	to wash oneself	manquer *(v)* 12 A	to be missing / to miss
instrument *(nm)* 12 C	instrument	lecture *(nf)* 14 B	reading	manteau *(nm)* 14 B	coat
insupportable *(adj)* 4 C	unbearable	léger *(adj)* 12 C	light	maquillage *(nm)* 18 B	make-up
intégrer *(v)* 18 B	to integrate	légume *(nm)* 8 B	vegetable	marche *(nf)* 3 A	walking
intellectuel *(nm)* 14 C	intellectual	lent *(adj)* 16 A	slow	marché (aux Puces) *(nm)* 2 B	(flea) market
intelligent *(adj)* 7 B	intelligent	lettre *(nf)* 10 A	letter		
intéressant *(adj)* 2 B	interesting	lever (se-) *(v)* 6 A	to get up	mari *(nm)* 4 A	husband
intérêt *(nm)* 17 B	interest	libéral *(adj)* 10 B	self-employed	marier (se -) *(v)* 4 A	to get married
intérieur *(nm)* 16 B	inside	liberté *(nf)* 13 C	freedom	marque *(nf)* 12 C	mark / brand
interpète *(nm)* 18 A	interpreter	libraire *(nm)* 3 B	bookseller	matériel *(nm)* 16 A	material
interroger *(v)* 12 B	to question	librairie *(nf)* 2 B	bookshop	matière *(nf)* 14 B	material
intime *(adj)* 16 B	intimate	libre *(adj)* 13 B	free / available	matin *(nm)* 4 B	morning
itinéraire *(nm)* 5 B	route	licencier *(v)* 15 B	to sack	mauvais *(adj)* 2 B	bad
inventer *(v)* 12 C	to invent	lieu *(nm)* 3 C	place	méchant *(adj)* 7 B	nasty / wicked
invitation *(nf)* 3 C	invitation	limiter *(v)* 11 B	to limit	médecin *(nm)* 1 B	doctor
ironique *(adj)* 18 C	ironic	lin *(nm)* 14 B	linen	médicament *(nm)* 11 C	medicine
		lire *(v)* 3 B	to read	meilleur *(adj)* 13 C	better
		lit *(nm)* 9 A	bed	mélanger *(v)* 14 C	to mix
J		livre *(nm)* 1 A	book	mélomane *(nm)* 16 B	music lover
jaloux *(adj)* 14 B	jealous	local *(adj)* 11 C	local	même *(adj)* 7 A	same
jamais (ne -) *(adv)* 10 A	never	logement *(nm)* 17 B	housing	menthe *(nf)* 2 B	mint
jambe *(nf)* 7 B	leg	loger (se -) *(v)* 15 B	to find accomodation	mensonge *(nm)* 15 A	lie
jambon *(nm)* 8 A	ham	logiciel *(nm)* 11 A	computer programme	mentir *(v)* 15 A	to lie
jardin *(nm)* 12 C	garden			menu *(nm)* 8 B	menu
jaune *(adj)* 8 C	yellow	loi *(nf)* 13 C	law	mer *(nf)* 3 B	sea
jeu *(nm)* 3 B	game	loisirs *(nm pl)* 3 B	leisure	merci *(int)* 2 A	thank you
jeune *(adj)* 4 A	young	long *(adj)* 7 B	long	mère *(nf)* 5 C	mother
jeune *(nm)* 10 B	young person	longtemps *(adv)* 9 A	a long time	merveille *(nf)* 7 B	wonder
joli *(adj)* 1 B	pretty	louer *(v)* 15 B	to rent	mésaventure *(nf)* 9 B	mishap
jouer *(v)* 3 B	to play	lourd *(adj)* 11 A	heavy	message *(nm)* 10 C	message
jouet *(nm)* 5B	toy	loyauté *(nf)* 17 B	loyalty	mesure *(nf)* 10 B	measure
jour *(nm)* 1 B	day	lune *(nf)* 8 C	moon	métal *(nm)* 14 B	metal
journal *(nm)* 1 A	newspaper	lycée *(nm)* 4 B	tertiary school	météo *(nf)* 9 B	weather forecast
journée *(nf)* 4 B	day			métro *(nm)* 4 C	underground
joyeux *(adj)* 6 C	happy			mettre *(v)* 14 C	to put
jupe *(nf)* 14 B	skirt			meuble *(nm)* 15 B	piece of furniture
jurer *(v)* 13 A	to swear	**M**		midi *(nm)* 4 B	midday
jus *(nm)* 2 B	juice	machin *(nm)* 3 D	thingummy	mignon *(adj)* 13 A	cute
jusqu'à *(prép)* 5 B	until	machine *(nf)* 12 C	machine	milieu (au - de) *(prép)* 14 C	in the middle of
juste *(adv)* 4 A	just	madame *(nf)* 1 C	Mrs.		
		mademoiselle *(nf)* 1 B	Miss	millier *(nm)* 7 A	thousand
		magasin *(nm)* 4 C	shop	million *(nm)* 9 B	million
K		magazine *(nm)* 11 C	magazine	minéral *(adj)* 14 A	mineral
kilomètre *(nm)* 5 B	kilometre	magie *(nf)* 15 C	magic	mince *(adj)* 7 B	thin
klaxon *(nm)* 18 A	horn (motor)	magnifique *(adj)* 5 A	magnificent		

ministre *(nm)* 13 C	minister	nouvelle *(nf)* 6 B	news (piece of)
Minitel *(nm)* 10 C	telephone information	noyade *(nf)* 11 C	drowning accident
minute *(nf)* 11 B	minute	nu *(adj)* 14 B	bare
miroir *(nm)* 15 B	mirror	nuage *(nm)* 9 B	cloud
mobilité *(nf)* 17 A	mobility	nucléaire *(adj)* 17 A	nuclear
mode *(nf)* 14 B	fashion	nuit *(nf)* 4 B	night
modèle *(nm)* 12 C	model	numéro *(nm)* 1 B	number
moderne *(adj)* 4 C	modern	nymphéa *(nm)* 5 B	water lily
modeste *(adj)* 14 A	modest		
modification *(nf)* 13 C	modification		
moins *(adv)* 16 A	less	**O**	
moitié *(nf)* 10 E	half	objectif *(adj)* 16 B	objective
moment *(nm)* 4 B	moment	objet *(nm)* 9 B	object
monnaie *(nf)* 2 C	money / small change	obligatoire *(adj)* 5 C	obligatory
monsieur *(nm)* 1 C	Mr.	observer *(v)* 10 B	to observe
montagne *(nf)* 3 B	mountain	occuper *(v)* 4 B	to occupy
monter *(v)* 9 A	to go up	occuper (s'-) *(v)* 6 A	to look after
montre *(nf)* 5 A	watch	océan *(nm)* 7 B	ocean
montrer *(v)* 7 B	to show	œil *(nm)* 7 B	eye
monument *(nm)* 6 C	monument	œuf *(nm)* 6 C	egg
morale *(nf)* 14 C	morality	œuvre *(nf)* 13 B	work (of art)
mort *(nm)* 9 B	dead person	oiseau *(nm)* 6 C	bird
mot *(nm)* 16 C	word	office du tourisme *(nm)* 10 C	tourist office
moteur *(nm)* 12 C	engine		
mouillé *(adj)* 18 A	wet	officiel *(adj)* 17 C	official
mourir *(v)* 11 C	to die	offrir *(v)* 6 C	to offer
moustache *(nm)* 7 B	moustache	ombre *(nf)* 15 C	shadow
moyen *(adj)* 5 C	average / means, method	oncle *(nm)* 5 C	uncle
		opéra *(nm)* 3 C	opera
Moyen Âge *(nm)* 17 A	Middle Ages	opération *(nf)* 10 A	campaign
muguet *(nm)* 6 C	lily of the valley	opinion *(nf)* 15 A	opinion
municipal *(adj)* 13 C	municipal	opposer (s'-) *(v)* 13 C	to oppose
musée *(nm)* 1 A	museum	or *(nm)* 14 B	gold
musicien *(nm)* 1 B	musician	orage *(nm)* 9 B	storm
musique *(nf)* 3 A	music	orange *(nf)* 2 B	orange
multimédia *(adj)* 12 C	multimedia	orchestre *(nm)* 6 C	orchestra
mystérieux *(adj)* 14 B	mysterious	ordinateur *(nm)* 10 A	computer
		ordre *(nm)* 12 A	order
		oreille *(nf)* 7 B	ear
N		organigramme *(nm)* 10 A	graph of organisation
naïf *(adj)* 18 C	naive	organiser *(v)* 7 B	to organize
naissance *(nf)* 1 B	birth	organisme *(nm)* 11 C	organisation / body
natation *(nf)* 3 B	swimming	orgueilleux *(adj)* 18 B	proud
nature *(nf)* 3 A	nature	original *(adj)* 14 A	original
nécessaire *(adj)* 11 B	necessary	orthographe *(nm)* 1B	spelling
neige *(nf)* 9 B	snow	oser *(v)* 18 A	to dare
neveu *(nm)* 5 C	nephew	où *(adv)* 3 A	where
nez *(nm)* 7 B	nose	oublier *(v)* 6 C	to forget
nid *(nm)* 4 B	nest	ouest *(nm)* 4 C	west
nièce *(nf)* 5 C	niece	ouvrier *(nm)* 6 C	worker
niveau *(nm)* 17 B	level	ouvrir *(v)* 4 B	to open
noir *(adj)* 7 B	black		
nom *(nm)* 1 B	name		
nombreux *(adj)* 10 C	numerous	**P**	
nommer *(v)* 13 C	to appoint	pain *(nm)* 8 B	bread / loaf
nord *(nm)* 4 C	north	paix *(nf)* 16 B	peace
normal *(adj)* 6 C	normal	panne *(nf)* 9 A	breakdown
note *(nf)* 12 B	bill	panneau *(nm)* 11 B	signpost
nourrir *(v)* 16 B	to feed	pantalon *(nm)* 14 B	trousers
nouveau *(adj)* 1 A	new	papa *(nm)* 5 B	dad

Pâques *(n)* 5 A	Easter
paquet *(nm)* 11 C	packet
paradis *(nm)* 15 C	paradise
parc *(nm)* 12 C	park
parce que *(conj)* 6 B	because
pardon *(int)* 2 B	sorry
pareil *(adj)* 9 C	similar
paresse *(nf)* 17 B	laziness
paresseux *(adj)* 6 A	lazy
parfait *(adj)* 11 A	perfect
parier *(v)* 13 A	to bet
parking *(nm)* 5 B	car park
parler *(v)* 1 A	to speak
parmi *(prép)* 11 A	among
partage *(nm)* 10 B	sharing
partager *(v)* 2 C	to share
partenaire *(nm)* 12 B	partner
participer *(v)* 15 A	to participate
particularité *(nf)* 9 A	characteristic / feature
partir *(v)* 4 A	to leave
passé *(nm)* 16 B	past
passer *(v)* 5 C	to spend / to drop in
passionnant *(adj)* 18 A	fascinating
pâtes *(nf pl)* 8 B	pasta
patron *(nm)* 8 A	owner
pauvre *(adj)* 17 A	poor
payer *(v)* 2 C	to pay
pays *(nm)* 10 A	country
paysan *(nm)* 14 C	countryman / peasant
peine *(nf)* 13 C	punishment
peintre *(nm)* 5 B	painter
pendant *(prép)* 7 C	for
penser *(v)* 6 C	to think
perdre *(v)* 5 A	to lose
père *(nm)* 5 B	father
performant *(adj)* 14 A	efficient
permettre *(v)* 11 B	to allow
personnage *(nm)* 11 B	character
personnalité *(nf)* 14 C	personality
personne *(nf)* 11 B	person
personnel *(nm)* 10 B	staff
personnel *(adj)* 11 B	personal
petit *(adj)* 2 B	small
petit-déjeuner *(nm)* 4 A	breakfast
peu *(adv)* 9 C	few
peuple *(nm)* 13 C	people
peur *(nf)* 16 B	fear
peur (avoir) *(v)* 12 C	to be scared of
peut-être *(adv)* 6 B	perhaps / maybe
pharmacien *(nm)* 11 C	chemist
philosophie *(nf)* 14 C	philosophy
pièce *(nf)* 2 A	room
pièce (de théâtre) *(nf)* 2 A	play
pièce (de monnaie) *(nf)* 2 A	coin
pied *(nm)* 7 B	foot
pierre *(nf)* 15 C	stone
pilule *(nf)* 16 B	pill
pilote *(nm)* 1 A	pilot / racing-driver

pipe *(nf)* 14 B	pipe
piscine *(nf)* 3 B	swimming pool
place *(nf)* 1 A	place / square
placement *(nm)* 18 B	investment
placer *(v)* 18 A	to place
plage *(nf)* 8 C	beach
plaisanter *(v)* 14 B	to joke
planche *(nf)* 4	surf-board
plaque (de voiture) *(nf)* 13 C	registration plate
plaire *(v)* 14 A	to please
plaisir *(nm)* 18 B	pleasure
plan *(nm)* 13 C	plan
plantation *(nf)* 17 C	plantation
plat *(nm)* 8 B	dish
plein *(adj)* 13 A	full
pleurer *(v)* 15 A	to cry
pleuvoir *(v)* 9 B	to rain
plomb *(nm)* 7 C	lead
pluie *(nf)* 9 B	rain
plutôt *(adv)* 13 A	rather
poétique *(adj)* 15 C	poetic
poli *(adj)* 9 C	polite
poids *(nm)* 16 A	weight
point *(nm)* 16 B	point
point-accueil *(nm)* 10 A	information terminal
points cardinaux *(nm)* 4 C	points of the compass
pointure *(nf)* 14 B	shoe size
poire *(nf)* 8 B	pear
pois *(nm)* 8 B	pea
poisson *(nm)* 8 B	fish
poivre *(nm)* 8 B	pepper
police *(nf)* 11 C	police
politique *(nf)* 13 A	politics
polluant *(adj)* 12 C	polluting
pomme *(nf)* 8 B	apple
pomme de terre *(nf)* 8 B	potato
pompier *(nm)* 11 C	fireman
pont *(nm)* 5 B	bridge
population *(nf)* 10 B	population
porc *(nm)* 8 B	pork
port *(nm)* 4 C	port
portatif *(adj)* 16	portable
porte *(nf)* 4 C	door
portefeuille *(nm)* 12 B	wallet
porter *(v)* 14 A	to wear
portrait *(nm)* 14 C	portrait
possible *(adj)* 6 B	possible
poste *(nm)* 4 A	position (job)
pote *(nm)* 7 C	mate, friend
poubelle *(nf)* 15 B	rubbish bin
poulet *(nm)* 8 A	chicken
pour *(prép)* 2 C	for
pourquoi *(adv)* 6 B	why
pouvoir *(v)* 3 B	to be able to
pouvoir *(nm)* 13 C	power
pratique *(adj)* 10 C	practical
précis *(adj)* 16 B	precise
préfecture *(nf)* 5 A	prefecture
préférer *(v)* 3 B	to prefer
premier *(adj)* 5 B	first
prendre *(v)* 5 B	to take
prénom *(nm)* 1 B	first name
préparer *(v)* 6 B	to get ready
présenter *(v)* 12 C	to present
préserver *(v)* 17 A	to preserve
président *(nm)* 13 C	president
pressé *(adj)* 6 C	in a hurry
prestigieux *(adj)* 16 A	prestigious
prêt *(adj)* 11 A	ready
prêter *(v)* 12 B	to lend
principal *(adj)* 13 C	main
printemps *(nm)* 9 B	spring
privé *(adj)* 13 B	private
prix *(nm)* 2 C	price
problème *(nm)* 10 C	problem
prochain *(adj)* 13 A	next
proche *(adj)* 16 A	near / close
produit *(nm)* 10 A	product
professeur *(nm)* 1 B	teacher / professor
profession *(nf)* 1 B	profession
programme *(nm)* 13 C	course (edu)
projet *(nm)* 6 C	project
promener (se-) *(v)* 6 A	to go for a walk
promeneur *(nm)* 5 B	walker
promettre *(v)* 18 B	to promise
promotion *(nf)* 10 C	special offer
prononcer *(v)* 18 A	to pronounce
proposer *(v)* 12 B	to propose
propre *(adj)* 12 C	clean
province *(nf)* 10 C	province
proximité *(nf)* 17 B	proximity
prudent *(adj)* 12 B	careful
psychologue *(nm)* 11 C	psychologist
public *(adj)* 10 C	public
publicité *(nf)* 10 A	advertising / advertisement
puce (à +) *(adj)* 7 C	"smart" (card)
puis *(adv)* 9 A	then
pull-over *(nm)* 14 B	pullover

Q

qualifié *(adj)* 9 C	skilled / qualified
qualité *(nf)* 6 B	quality
quand *(adv)* 3 A	when
quantité *(nf)* 9 C	quantity
quartier *(nm)* 4 C	quarter (district)
quelque chose *(pron)* 8 A	something
quelquefois *(adv)* 10 A	sometimes
quelqu'un *(pron)* 8 A	someone
question *(nf)* 4 A	question
quitter *(v)* 6 B	to leave
quotidien *(adj)*	daily
quotidien *(nm)* 16 C	daily newspaper

R

raconter *(v)* 5 C	to tell (a story)
radio *(nf)* 3 B	radio
raisin *(nm)* 8 B	grapes
raison (avoir-) *(v)* 6 B	to be right
râler *(v)* 15 B	to grumble
râleur *(nm)* 15 B	grumbler
ranger *(v)* 6 B	to tidy
rapide *(adj)* 16 A	quick
rappeler *(v)* 6 A	to call back
rappeler (se-) *(v)* 6 C	to remember
rapporter *(v)* 15 B	to report
raser *(v)* 16 B	to shave
rassurer (se-) *(v)* 12 B	to reassure
réaliser *(v)* 12 C	to create / to produce
réalité *(nf)* 12 C	reality
recevoir *(v)* 12 B	to receive
recherche *(nf)* 10 B	research
récit *(nm)* 6 B	account
réclamer *(v)* 13 C	to demand
réclamation *(nf)* 12 A	claim
recommander *(v)* 18 B	to recommend
réfléchir *(v)* 14 A	to think about
réfrigérateur *(nm)* 15 B	fridge
refuge *(nm)* 15 C	refuge
regarder *(v)* 2 B	to look
régime *(nm)* 3 B	diet
région *(nf)* 4 C	region
règlement *(nm)* 11 B	regulation
regretter *(v)*	to miss / to be sorry
reine *(nf)* 13 C	queen
relations *(nf pl)* 10 B	relationship
remercier *(v)* 12 A	to thank
rencontrer *(v)* 3 C	to meet
rendez-vous *(nm)* 10 C	meeting
rendre *(v)* 12 B	to give back
rénover *(v)* 15 B	to renovate
renseignements *(nm, usu.pl)* 4 B	information / enquiries
renseigner *(v)* 10 C	to inform
réparer *(v)* 9 A	to repare
repas *(nm)* 2 C	meal
répéter *(v)* 18 A	to repeat
répondeur *(nm)* 10 C	answering machine
répondre *(v)* 3 A	to answer
reposer (se-) *(v)* 6 B	to rest
réputation *(nf)* 15 C	reputation
réserver *(v)* 10 C	to reserve
résistance *(nf)* 14 C	resistance
résoudre *(v)* 17 A	to resolve
respecter *(v)* 11 B	to respect
responsable *(nm)* 10 B	person in charge (of)
ressembler *(v)* 9 C	to look like
restauration *(nf)* 9 B	renovation
restaurant *(nm)* 4 C	restaurant
rester *(v)* 6 B	to stay
restructuration *(nf)* 13 C	restructuring
résultat *(nm)* 16 A	result
résumé *(nm)* 10 C	summary
retard *(nm)* 4 B	delay / late
retouche *(nf)* 18 B	alteration
retour *(nm)* 10 C	return
retourner *(v)* 6 B	to go back

réunion (nf) 10 C	meeting
réunir (v) 11 A	to bring together / reunite
réussir (à un examen) (v) 11 B	to pass (an exam)
revanche (en-) (adv) 14 A	on the other hand
réveiller (se-) (v) 6 A	to wake up
revenir (v) 6 B	to come back
rêve (nm) 11 A	dream
rêver (v) 7 C	to dream
révolter (se-) (v) 13 A	to rebel
révolution (nf) 14 C	revolution
rez-de-chaussée (nm) 15 B	ground floor
rhum (nm) 7 A	rum
riche (adj) 4 A	rich
rien (pron) 8 A	nothing
rire (v) 7 B	to laugh
rivière (nf) 8 C	river
riz (nm) 8 B	rice
robe (nf) 14 A	dress
rocher (nm) 8 C	rock
roi (nm) 5 C	king
romancier (nm) 16 B	novelist
romain (adj) 14 C	roman
roman (nm) 17	novel
romantique (adj) 7 B	romantic
rond (adj) 7 B	round
rôti (nm) 8 A	roast
rouge (adj) 7 B	red
routard (nm) 7 C	back-packer
rue (nf) 1 A	street

S

sac (nm.) 5 B	bag
saison (nf) 9 B	season
salade (nf) 8 B	lettuce / salad
salaire (nm) 9 C	wages
sale (adj) 12 C	dirty
salle (de sport) (nf) 3 B	gymnasium
salle (à manger) (nf) 15 B	dining room
salle (de bains) (nf) 15 B	bathroom
salon (nm) 3 A	trade fair
salut (int) 1 C	hello
santé (nf) 3 A	health
sans (prép) 7 A	without
sapin (nm) 6 C	pine tree
sardine (nf) 8 A	sardine
saucisse (nf) 18 A	sausage
sauf (prép) 13 A	except
sauter (v) 16 A	to jump
sauvage (adj) 17 C	wild
savoir (v) 2 B	to know
savon (nm) 16 B	soap
scénario (nm) 18 A	scenario
science (nf) 13 B	science
scientifique (nm/f) 7 B	scientist
scientifique (adj) 7 B	scientific
secours (nm) 11 C	help

secret (adj) 14 B	secret
secrétaire (nm/nf) 1 B	secretary
secrétariat (nm) 4 B	central administration
secteur (nm) 12 C	sector
sécurité (nf) 11 C	security
séduire (v) 16 B	to charm / to seduce
séduisant (adj) 14 B	charming
sel (nm) 8 B	salt
sélection (nf) 15 A	selection
selon (prép) 6 C	according to
sembler (v) 15 A	to seem
sénateur (nm) 13 C	senator
sentir (se-) (v) 11 C	to feel
séparation (nf) 16 C	separation
sérieusement (adv) 11 A	seriously
serrer (se la main) (v) 10 B	to shake hands
service (nm) 10 A	department / section
servir (v) 8 B	to wait on
seul (adj) 6 C	single / alone
seulement (adv) 11 C	only
si (conj) 12 B	if
sida (nm) 11 C	aids
siècle (nm) 4 C	century
siège (nm) 12 C	seat
sigle (nm) 1 C	initials, (ONU : UNO, etc)
signature (nf) 16 A	signature
signifier (v) 17 C	to signify / to mean
simple (adj) 6 C	simple
situer (v) 4 C	to situate
ski (nm) 3 B	ski
slip (nm) 14 B	underpants
slogan (nm) 18 A	slogan
société (nf) 4 A	company
sœur (nf) 5 C	sister
soie (nf) 14 B	silk
soif (nf) 8 B	thirst
soir (nm) 4 B	evening
soirée (nf) 12 B	evening party
soleil (nm) 5 A	sun
solidarité (nf) 17 B	solidarity
solitaire (adj) 15 C	solitary
solution (nf) 10 B	solution
sombre (adj) 15 B	dark
son (nm) 12 B	sound (track)
sondage (nm) 14 A	opinion poll
sonner (v) 18 B	to ring
sortie (nf) 3 D	outing
sortir (v) 4 A	to go out
souffle (nm) 12 C	breath
souhaiter (v) 6 C	to wish
sourd (adj) 11 A	deaf
souriant (adj) 7 A	smiling
sourire (v) 5 C	to smile
sous (prép) 5 B	under
soutien-gorge (nm) 14 B	bra
souvenir (nm) 2 A	memory
souvent (adv) 6 C	often
spacieux (adj) 15 B	spacious
spécialisation (nf) 13 B	specialization

spécialité (nf) 4 A	speciality
spectacle (nm) 3 C	show
spontané (adj) 18 C	spontaneous
spot publicitaire (nm) 18 C	TV commercial
stage (nm) 3 A	training course
stable (adj) 10 B	stable
star (nf) 14 C	star
stationner (v) 11 B	to park
steak (nm) 8 A	steak
studio (nm) 9 C	one-roomed flat
stupide (adj) 7 B	stupid
style (nm) 14 A	style
styliste (nm) 13 A	designer
stylo (nm) 2 B	pen
succès (nm) 11 C	success
sucre (nm) 8 B	sugar
sud (nm) 4 C	south
suffire (v) 14 C	to be sufficient
suffissant (adj) 17 B	enough
sujet (nm) 3 C	subject
suivant (adj) 1 C	following
suivi (nm) 10 A	follow-up
suivre (v) 5 B	to follow
supporter (v) 9 A	to bear
supposer (v) 12 A	to suppose
suppression (nf) 13 C	suppression
supprimer (v) 12 C	to remove / suppress
sur (prép) 5 B	on
sûr (adj) 6 B	sure / safe
surface (nf) 17 C	surface
surprise (nf) 6 C	surprise
surveiller (v) 17 A	to supervise
survol (nm) 13 B	overview
symbolique (adj) 14 C	symbolic
symétrique (adj) 14 C	symmetrical
sympathique (adj) 3 A	likeable / nice
syndicat (nm) 13 C	trade union
système (nf) 13 B	system

T

table (nf) 8 B	table
tableau (nm) 3 D	picture
tag (nm) 15 A	tag (graffiti)
taille (nf) 7 B	size
tant mieux! (adv) 15 B	so much the better!
tant pis! (adv) 15 B	too bad!
tante (nf) 5 C	aunt
taper (v) 10 A	to type
tapis (nm) 12 C	carpet
tarte (nf) 8 B	tart
tartine (nf) 9 C	slice of bread
tasse (nf) 8 B	cup
taux (nm) 10 B	rate
technicien (nm) 4 A	technician
technologie (nf) 4 A	technology
téléchirurgie (nf) 12 C	laser surgery
téléconférence (nf) 10 A	teleconference
télécopie (nf) 10 A	fax
télévision (nf) 3 B	television

température *(nf)* 9 B	temperature	très *(adv)* 3 B	very	vide *(adj)* 16 B	empty
temple *(nm)* 17 B	temple	triste *(adj)* 7 B	sad	vidéo-conférence	video-conference
temps *(nm)* 9 B	weather	trouver *(v)* 4 A	to find	*(nf)* 10 A	
tendresse *(nf)* 16 B	tenderness	type *(nm)* 6 B	type	vie *(nf)* 7 B	life / living
tennis *(nm)* 3 B	tennis			vieux *(adj)* 4 C	old
tenue *(nf)* 15 C	outfit (clothes)			vigne *(nf)* 17 B	vineyard
terminer *(v)* 13 B	to finish	**U**		villa *(nf)* 15 A	villa
territoire *(nm)* 17 C	territory	université *(nf)* 4 C	university	village *(nm)* 6 C	village
texte *(nm)* 18 A	text	urgence *(nf)* 11 C	emergency	ville *(nf)* 3 C	city / town
TGV (Train à Grande	High-speed train	utile *(adj)* 2 B	useful	vin *(nm)* 8 A	wine
Vitesse) *(nm)* 4 B				vinaigre *(nm)* 8 B	vinegar
théâtre *(nm)* 2 A	theatre			violet *(adj)* 8 C	purple
théorique *(adj)* 13 B	theoretical	**V**		virtuel *(adj)* 12 B	virtual
ticket *(nm)* 2 C	ticket	vacances *(nf pl)* 3 A	holiday	visage *(nm)* 7 B	face
timide *(adj)* 7 B	timid	valeur *(nf)* 17 A	value	visiter *(v)* 8 A	to visit
tissu *(nm)* 14 B	fabric	valise *(nf)* 12 A	suitcase	vite *(adv)* 6 C	quickly
titre *(nm)* 4 C	title	vallée *(nf)* 8 C	valley	vivement *(adv)* 13 B	greatly / really
toilettes *(nf pl)* 10 C	toilet	variétés *(nf pl)* 3 C	variety show	vivre *(v)* 7 B	to live
toit *(nm)* 11 C	roof	veau *(nm)* 8 B	veal	voici *(prép)* 1 C	here is / are
tomate *(nf)* 8 B	tomato	végétarien *(adj)* 3 B	vegetarian	voilà *(prép)* 2 C	there is / are
tomber (en panne) *(v)* 9 A	to break down	végétal *(nm)* 8 C	plant	voir *(v)* 3 B	to see
tonalité *(nf)* 10 C	tonality	véhicule *(nm)* 12 C	vehicle	voiture *(nf)* 1 A	car
tort (avoir-) *(v)* 6 B	to be wrong	veille *(nf)* 12 B	the day before	voix *(nf)* 14 C	voice
toujours *(adv)* 10 A	always	vélo *(nm)* 3 A	bicycle (cycling)	vol *(nm)* 10 C	flight
tour (de taille) *(nm)* 16 A	waistline	velours *(nm)* 14 B	velvet	volcan *(nm)* 8 C	volcano
touriste *(nm)* 5 B	tourist	vendre *(v)* 10 B	to sell	volonté *(nf)* 17 A	will
tourner *(v)* 5 B	to turn	venger (se-) *(v)* 18 C	to take revenge	voter *(v)* 13 C	to vote
tout de suite *(adv)* 5 C	immediately	venir *(v)* 3 A	to come	vouloir *(v)* 3 C	to want
tout le monde *(nm)* 1 A	everyone	vente *(nf)* 17 A	sales	voyager *(v)* 3 A	to travel
traducteur *(nm)* 18 A	translator	verbal *(adj)* 14 C	verbal	vrai *(adj)* 7 C	true
traduction *(nf)* 12 C	translation	vérification *(nf)* 11 A	check	vraiment *(adv)* 3 C	really
trahir *(v)* 16 B	to betray	vérifier *(v)* 11 A	to check / to verify	vue *(nf)* 15 B	view
train *(nm)* 4 B	train	vérité *(nf)* 15 A	truth		
traitement *(nm)* 12 B	treatment	verre *(nm)* 8 B	glass		
trajet *(nm)* 9 A	journey	verser *(v)* 14 C	to pour	**Y**	
tranche *(nf)* 8 B	slice	vert *(adj)* 8 C	green	yaourt *(nm)* 8 B	yoghurt
tranquille *(adj)* 15 B	quiet	veste *(nf)* 14 B	jacket		
transformer (se-) *(v)* 12 C	to change	vestiges *(nm pl)* 9 C	remains		
transporter *(v)* 16 B	to carry / to transport	vêtement *(nm)* 2 B	piece of clothing	**Z**	
travailler *(v)* 1 B	to work	vétérinaire *(nm)* 11 C	veterinary	zapper *(v)* 16 B	to zap / to change
traversée *(nf)* 7 A	crossing	viande *(nf)* 8 D	meat		channels
traverser *(v)* 5 B	to cross	victoire *(nf)* 14 C	victory		